100 %
VISUEL

WINDOWS 10

Thierry MILLE

MA éditions

SOMMAIRE

1 DÉCOUVERTE DE WINDOWS 10

001 • Ouvrir une session ..... p. 8
002 • Utiliser un mot de passe image ..... p. 10
003 • Utiliser un code PIN ..... p. 12
004 • Découvrir le menu Démarrer ..... p. 14
005 • Organiser le menu Démarrer ..... p. 18
006 • Cortana : l'assistante personnelle ..... p. 20
007 • Travailler avec les fenêtres ..... p. 22
008 • Utiliser la barre des tâches ..... p. 24
009 • Utiliser les bureaux virtuels ..... p. 26
010 • Arrêter ou redémarrer l'ordinateur ..... p. 28

2 PREMIER DÉMARRAGE DE WINDOWS 10

011 • Mettre à niveau de Windows 8.1 vers 10 ..... p. 32
012 • Premier démarrage de Windows 10 ..... p. 34
013 • Créer et utiliser un compte Microsoft ..... p. 36
014 • Changer son mot de passe Microsoft ..... p. 38
015 • Activer Windows 10 ..... p. 40

3 LES APPLICATIONS MODERNES DU STORE

016 • Installer une application depuis le Store ..... p. 44
017 • Configurer l'application Météo ..... p. 46
018 • Noter, désinstaller une application ..... p. 48
019 • Trouver de la musique dans le Store ..... p. 50
020 • Jouer sur le réseau Xbox ..... p. 52
021 • Jouer avec des applications du Store ..... p. 54
022 • Se cultiver avec des applications du Store ..... p. 58
023 • Fréquenter les réseaux sociaux ..... p. 60

4:15

4 INTERNET AVEC EDGE

024 • Surfer sur le Web avec Microsoft Edge .... p. 64
025 • Modifier le moteur de recherche .... p. 68
026 • Modifier la page d'accueil .... p. 70
027 • Définir Google en page d'accueil .... p. 72
028 • Trouver avec Google .... p. 74
029 • Chercher un itinéraire .... p. 76
030 • Consulter les dernières informations .... p. 78
031 • Chercher dans les encyclopédies .... p. 80
032 • Organiser l'historique de sa navigation et ses favoris.. p. 82
033 • Annoter une page .... p. 84
034 • Créer un compte Facebook .... p. 86
035 • Personnaliser son compte Facebook .... p. 88
036 • Interagir sur Facebook .... p. 90
037 • Retrouver des amis sur Facebook et discuter avec eux .... p. 94

5 LE COURRIER : ÉLECTRONIQUE

038 • Prendre en main l'application Courrier .... p. 98
039 • Ajouter un compte Outlook ou POP3 .... p. 100
040 • Envoyer un courrier électronique .... p. 102
041 • Répondre ou transférer un courrier électronique reçu .. p. 104
042 • Envoyer et détacher des pièces jointes .... p. 106
043 • Créer un contact .... p. 108
044 • Rechercher un contact .... p. 110
045 • Créer un rendez-vous dans le calendrier .... p. 112
046 • Accéder à ses courriers, contacts et calendrier Outlook .... p. 114

6 L'EXPLORATEUR WINDOWS

047 • Créer, renommer un dossier .... p. 118
048 • Déplacer, copier un dossier .... p. 120
049 • Afficher et comprendre les extensions de fichiers..... p. 122
050 • Utiliser les dossiers compressés (ZIP) .... p. 124
051 • Gérer la Corbeille .... p. 126
052 • Ouvrir ou graver une image ISO .... p. 128

SOMMAIRE

053 • Stocker ses fichiers dans OneDrive .... p. 130
054 • Partager ses fichiers stockés dans OneDrive .... p. 132
055 • Rechercher grâce à l'indexation .... p. 134
056 • Retrouver la version précédente .... p. 136

7 LE MULTIMÉDIA

057 • Retoucher ses photos avec l'outil intégré Photos .... p. 140
058 • Parcourir ses photos avec l'outil intégré Photos.... p. 146
059 • Retoucher ses photos avec PicsArt........................ p. 148
060 • Prendre et modifier ses photos avec PicsArt.......... p. 150
061 • Faire de l'effet avec PicsAr.. p. 152
062 • Écouter de la musique avec Groove .... p. 154
063 • Regarder des Films.. p. 156
064 • Utiliser VLC et Best YouTube Downloader............... p. 158

8 LA SÉCURITÉ

065 • Protéger l'ordinateur avec Defender .... p. 162
066 • Nettoyer avec Rogue Killer.. p. 164
067 • Nettoyer avec MalwareBytes .... p. 166
068 • Configurer le pare-feu .... p. 168
069 • Configurer le pare-feu avec fonctions avancées de sécurité... p. 170
070 • Configurer SmartScreen .... p. 172
071 • Configurer le contrôle de compte d'utilisateur .... p. 174
072 • Conserver l'historique des fichiers........................... p. 176
073 • Sauvegarder les fichiers .... p. 178

9 LES PARAMÈTRES

074 • Configurer l'affichage ... p. 182
075 • Configurer l'affichage des couleurs du menu Démarrer ... p. 184
076 • Configurer la résolution d'affichage ... p. 186
077 • Connecter plusieurs écrans ... p. 188
078 • Paramétrer les notifications ... p. 190
079 • Gérer les applications ... p. 192
080 • Gérer l'énergie ... p. 194
081 • Économiser l'énergie ... p. 196
082 • Créer un compte pour un autre utilisateur Windows ... p. 198
083 • Gérer l'accès d'un compte Microsoft ... p. 200
084 • Synchroniser les paramètres et gérer vos mots de passe ... p. 202
085 • Configurer la confidentialité ... p. 204
086 • Configurer Cortana ... p. 206
087 • Ajuster la date et l'heure et leurs formats ... p. 208
088 • Configurer le Narrateur et la Loupe ... p. 210
089 • Connecter l'ordinateur en Wi-Fi ... p. 212
090 • Ajouter un périphérique d'impression réseau ... p. 214
091 • Connecter un périphérique Bluetooth ... p. 216
092 • Configurer les mises à jour Microsoft ... p. 218

10 OPTIMISER ET DÉPANNER

093 • Utiliser le Gestionnaire des tâches ... p. 222
094 • Accéder aux services ... p. 228
095 • Suivre les performances de l'ordinateur ... p. 230
096 • Collecter les données de performances ... p. 232
097 • Reproduire des problèmes ... p. 234
098 • Analyser l'historique de fiabilité ... p. 236
099 • Observer les événements ... p. 238
100 • Diagnostiquer sa mémoire vive ... p. 242
101 • Utiliser le Centre Réseau et partage ... p. 244
102 • Créer un groupe résidentiel ... p. 246
103 • Gérer les périphériques ... p. 248
104 • Planifier des tâches ... p. 250
105 • Rendre compatibles des applications ... p. 252
106 • Actualiser ou réinstaller Windows ... p. 254

CHAPITRE 1

001 • Ouvrir une session
002 • Utiliser un mot de passe image
003 • Utiliser un code PIN
004 • Découvrir le menu Démarrer
005 • Organiser le menu Démarrer
006 • Cortana : l'assistante personnelle
007 • Travailler avec les fenêtres
008 • Utiliser la barre des tâches
009 • Utiliser les bureaux virtuels
010 • Arrêter ou redémarrer l'ordinateur

DÉCOUVERTE DE WINDOWS 10

Ouvrir une session et changer son mot de passe

Pour utiliser l'ordinateur, vous devez ouvrir une session : c'est à dire vous authentifier en fournissant un nom d'utilisateur et un mot de passe reconnu par Windows.

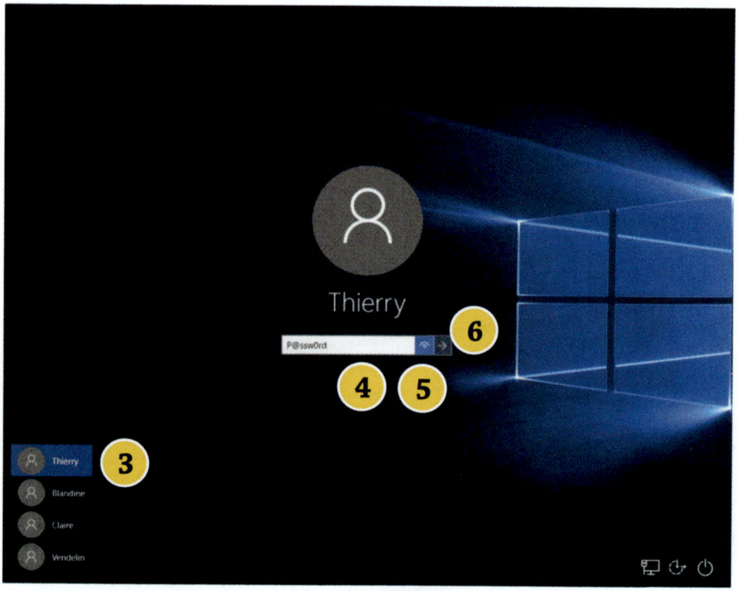

1 Après avoir mis l'ordinateur sous tension, patientez quelques secondes.

2 Appuyez sur la barre d'espace du clavier ou cliquez sur l'écran.

3 Cliquez sur votre portrait.

4 Saisissez votre mot de passe en veillant à respecter la casse, c'est-à-dire la différence entre minuscules et majuscules.

5 Éventuellement, maintenez l'œil enfoncé pour visualiser votre mot de passe en cas de doute dans la saisie.

6 Appuyez sur la touche **Entrée** ou cliquez sur la flèche : votre session s'ouvre.

SECURITÉ Le mot de passe de votre session Windows protège l'accès à vos données tels que les courriers électroniques ainsi que d'autres informations que vous stockez. Veuillez à conserver ce mot de passe confidentiel.

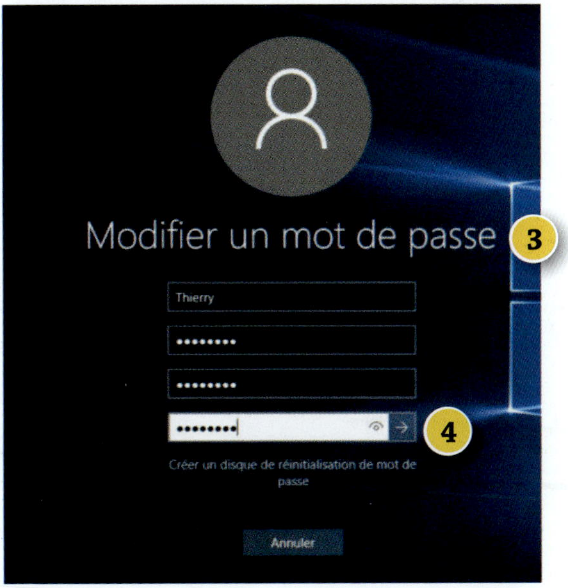

1 Appuyez simultanément sur les touches **Ctrl** + **Alt** + **Suppr**.

2 Cliquez sur le bouton **Modifier un mot de passe**.

3 Saisissez une fois votre ancien mot de passe, puis deux fois le nouveau mot de passe.

4 Cliquez sur la flèche ou appuyez sur **Entrée**. Votre mot de passe est désormais modifié, cliquez sur le bouton OK.

Utiliser un mot de passe image

Plutôt que saisir un mot de passe à chaque ouverture de session, vous pouvez opter pour l'utilisation d'un mot de passe comme sur certains téléphones. Vous devrez alors reproduire une succession de 3 formes géométriques à l'aide de vos doigts sur une tablette ou de la souris pour un ordinateur de bureau.

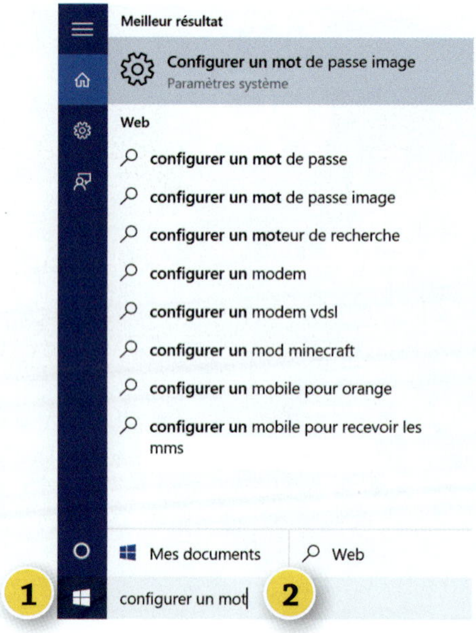

1 Cliquez sur le bouton **Démarrer** en bas à gauche de l'écran.

2 Saisissez directement les mots **Configurer un mot de passe image** jusqu'à voir apparaître la commande **Configurer un mot de passe image** dans le menu **Démarrer**.

3 Cliquez sur le bouton **Ajouter** dans la rubrique **Mot de passe image**.

4 Saisissez votre mot de passe pour confirmer que vous êtes bien l'utilisateur actuellement authentifié.

5 Cliquez sur le bouton **Choisir une image**. Puis parcourez vos dossiers d'images pour en sélectionner une.

6 Cliquez sur le bouton **Utiliser cette image**.

DESSINEZ des formes géométriques en vous appuyant sur les traits de l'image. N'utilisez pas de formes trop faciles à deviner pour autant.

SACHEZ que le mot de passe image ne peut être utilisé si votre affichage est dupliqué sur un écran externe.

7 Dessinez sur l'écran à l'aide de votre doigt (tablette) ou de votre souris des formes telles que cercles, traits ou points.

8 Reproduisez à deux reprises la même série de trois formes géométriques.

9 Une fois que vous avez réussi, cliquez sur le bouton **Terminer**.

Utiliser un code PIN comme mot de passe

Une alternative à votre mot de passe long et complexe peut consister à utiliser un code PIN (Personal Identifiant Number) composé de 4 chiffres. Avec cet identifiant, vous pouvez accéder aux services en ligne fournis par Microsoft : il vous faudra donc un compte Microsoft (traité dans le chapitre suivant).

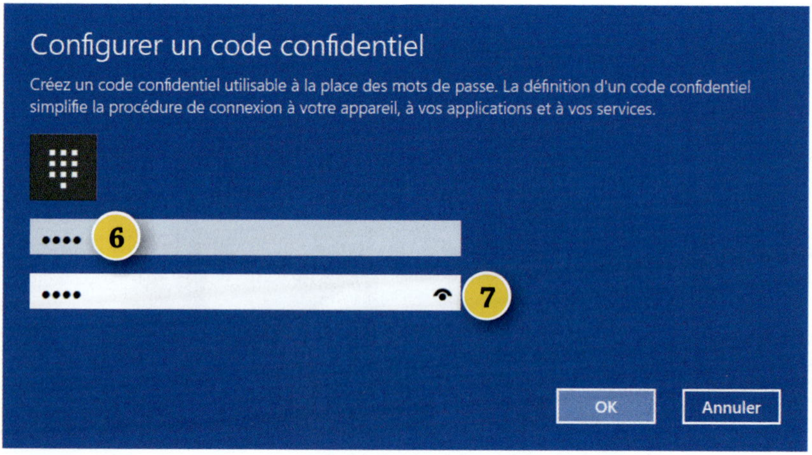

1 Cliquez sur le bouton **Démarrer** en bas à gauche de l'écran.

2 Saisissez directement les mots **Configurer la connexion par code PIN** jusqu'à voir apparaître la commande **Configurer la connexion par code PIN** dans le menu **Démarrer**.

3 Cliquez sur le bouton **Ajouter** dans la rubrique **Code PIN**.

4 Saisissez votre mot de passe Windows pour confirmer que vous êtes bien l'utilisateur actuellement authentifié.

5 Saisissez ensuite le mot de votre compte Microsoft.

6 Vous pouvez saisir à deux reprises votre code PIN.

SÉCURITÉ DU CODE PIN bien que plus simple et rapide à saisir, le code PIN n'offre pas le même niveau de sécurité qu'un mot de passe classique. Veuillez à ne pas utiliser des codes PIN trop simples (0000, 1234, 4444, 8520 ou 0258 par exemple).

7 Cliquez sur l'œil en cas de doute sur le code PIN défini puis cliquez sur le bouton OK.

Pour changer votre code PIN :

1 Cliquez sur le bouton **Modifier**.

2 Saisissez une fois l'ancien code PIN puis deux fois le nouveau code PIN.

En cas d'oubli de votre code PIN ou pour le supprimer :

1 Cliquez sur le lien **J'ai oublié le code PIN**.

2 Saisissez votre mot de passe Windows puis cliquez sur **Continuer**.

3 Vous pouvez modifier votre code PIN ou cliquer deux fois sur **Annuler**. pour supprimer votre code PIN.

Découvrir le menu Démarrer

Après une disparition du menu Démarrer dans Windows 8 et 8.1, il revient sous Windows 10. Le nouveau menu Démarrer combine l'affichage connu depuis Windows 95 et les vignettes apparues avec Windows 8.

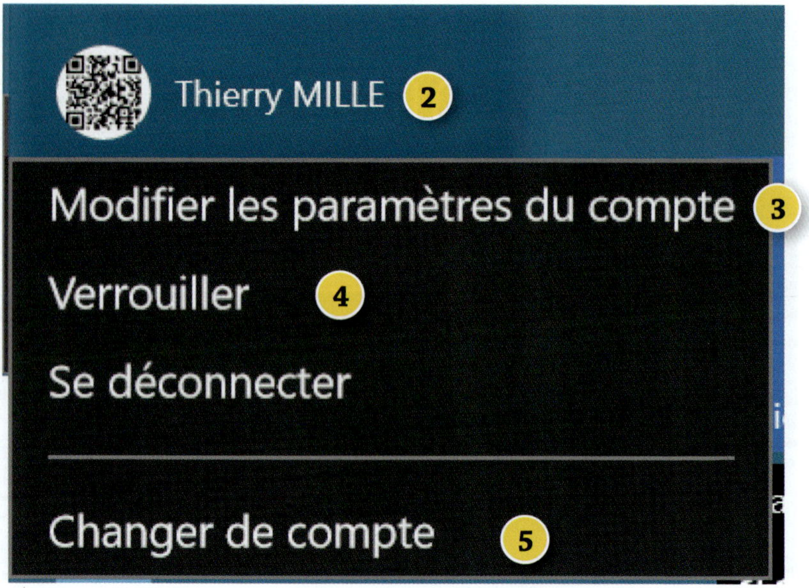

1 Cliquez sur le bouton **Démarrer** en bas à gauche de l'écran.

2 En haut à gauche du menu **Démarrer**, cliquez sur votre nom pour faire apparaître un sous menu

3 Cliquez sur **Modifier les paramètres du compte** si vous souhaitez changer votre photo (Avatar), vos mots de passe ou les paramètres synchronisés.

4 Cliquez sur **Verrouiller** si vous souhaitez empêcher d'autres utilisateurs d'accéder à vos programmes démarrés en votre absence.

5 **Se déconnecter** ferme votre session alors que **Changer de compte** permet à un autre utilisateur de travailler sur l'ordinateur tout en laissant vos programmes actifs.

5 PROGRAMMES De manière, générale, un utilisateur démarre régulièrement cinq applications : un navigateur pour surfer sur le Web, un client pour la messagerie électronique, un traitement de texte (Word par exemple) ou un tableur (Excel) et quelques applications en fonction de son métier ou son activité (cela peut être des jeux).

1 Dans le menu **Démarrer**, vous pouvez cliquer directement sur un programme que vous avez l'habitude de démarrer en utilisant la rubrique **Les plus utilisés**.

2 Pour certains programmes, cliquez sur la flèche située à droite du programme pour accéder aux fichiers ouverts récemment avec ce programme.

3 Pour supprimer un programme de cette liste, cliquez du bouton droit sur le nom du programme puis choisissez la commande **Ne pas afficher dans cette liste**.

4 Sous les programmes les plus utilisés, vous retrouverez les nouveaux programmes installés dans l'ordinateur.

Découvrir le menu Démarrer

En jargon informatique, une application est un programme : c'est-à-dire un outil conçu pour réaliser des tâches précises. Par défaut, vous ne voyez pas tous les programmes qui sont installés dans votre ordinateur.

1 Cliquez sur le bouton **Démarrer** en bas à gauche de l'écran.

2 Cliquez sur le bouton **Toutes les applications**.

3 En haut du menu **Démarrer**, vous retrouvez les nouveaux programmes installés. En cliquant sur la croix située à droite de **Récemment ajoutés** : vous effacerez cette liste.

4 En utilisant la barre de défilement verticale (parfois appelée ascenseur), vous pouvez parcourir la liste des programmes présents dans l'ordinateur.

5 Lorsqu'une flèche est présente à droite du nom du programme : il s'agit d'un groupe de programme. En cliquant sur cette flèche vous verrez les programmes du groupe.

LES VIGNETTES sont une des nouveautés de Windows 8 reprises dans le nouveau menu Démarrer de Windows 10. Comme sur les téléphones, elles simplifient l'accès aux programmes dans un environnement tactile. Ces vignettes peuvent être personnalisées : il n'existe pas deux menus Démarrer identiques.

1 Dans la partie **Toutes les applications** du menu **Démarrer**, cliquez du bouton droit sur un programme puis choisissez **Épingler à l'écran de démarrage**.

2 Une fois l'application épinglée, cliquez du bouton droit sur la vignette pour faire apparaître un menu contextuel.

3 Dans le menu contextuel, vous pouvez redimensionner la vignette pour lui donner une taille qui vous convienne.

4 Si vous cliquez sur **Désactiver la vignette**, l'animation de la vignette sera désactivée. Par exemple, la météo ne s'affichera plus ou les photos n'apparaîtront plus en arrière-plan régulièrement.

Organiser le menu Démarrer

Le menu Démarrer et ses vignettes peuvent être personnalisés à l'infini. Vous allez pouvoir organiser les vignettes les unes par rapport aux autres, créer des groupes nommés.

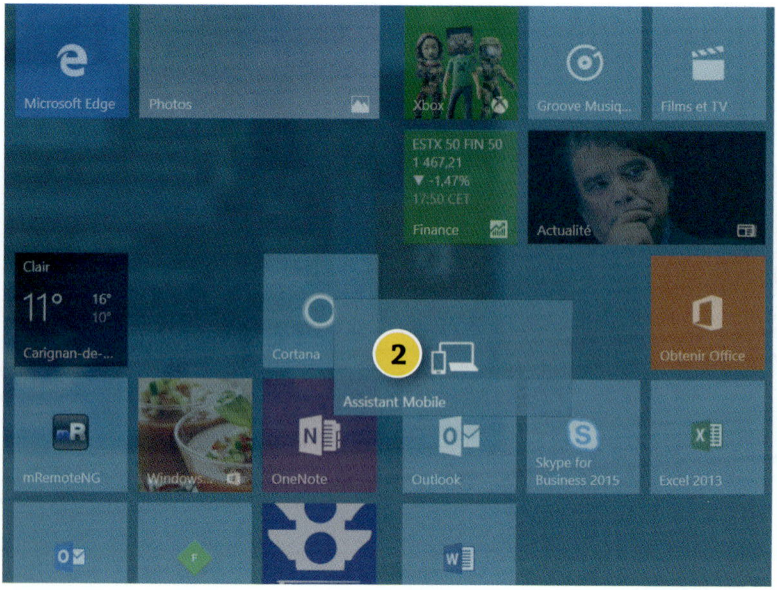

1 Cliquez sur le bouton **Démarrer** en bas à gauche de l'écran.

2 Par cliquer-glisser, déplacez les vignettes les unes par rapport aux autres. Le cliquer-glisser consiste à cliquer sur un élément puis tout en maintenant le bouton gauche de la souris enfoncé à déplacer la souris. Une fois l'élément déplacé : relâchez le bouton de la souris.

3 Par un clic du bouton droit sur une vignette, vous pouvez la supprimer de l'écran d'accueil.

4 Vous pouvez aussi faire glisser une vignette vers le Bureau : un lien sera alors créé.

CHANGER Les noms des groupes de l'écran d'accueil du menu Démarrer vous permettent de mieux définir quelles vignettes vous y placez. N'hésitez pas à employer vos propres mots : il n'y aura jamais deux écrans d'accueil identiques dans les menus Démarrer de Windows 10.

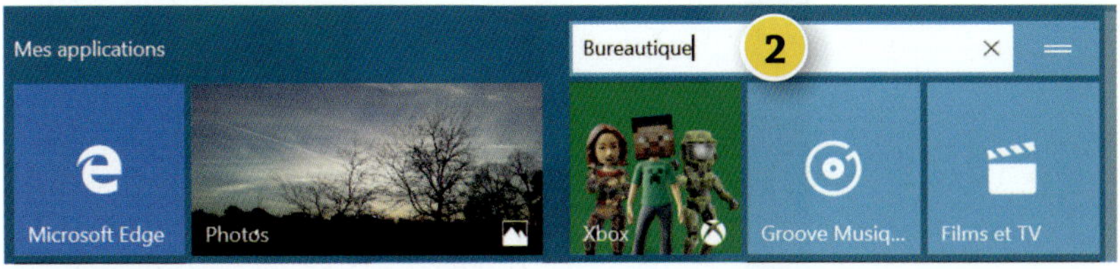

1 Cliquez sur **Coup d'œil sur les activités** ou le titre actuellement affiché au-dessus d'un groupe de vignettes.

2 Vous pouvez renommer le groupe de vignettes.

3 Appuyez sur la touche **Entrée** pour valider.

Cortana
L'assistante personnelle

Cortana est une assistante personnelle capable de comprendre vos demandes et y répondre. Pour fonctionner, vous devez disposer d'un compte Microsoft et d'une connexion Internet.

1 Cliquez dans la zone Recherche sur le web et dans Windows située à droite du bouton **Démarrer**.

2 Saisissez votre prénom, puis cliquez sur le bouton **Suivant**. Si vous n'avez pas activé la localisation de votre emplacement, vous devrez le faire pour continuer.

3 Si vous disposez d'un microphone, cliquez sur le micro situé ou utilisez le raccourci **Windows** + **C** puis dictez votre demande en parlant normalement.

4 Si vous n'avez pas de microphone, saisissez votre question au clavier puis appuyez sur la touche **Entrée**.

5 Si Cortana connait la réponse : elle vous la donne oralement et sur l'écran sinon Bing affiche la réponse.

DÉCOUVERTE DE WINDOWS 10 006

CORTANA inaugure l'ère des assistants personnels virtuels que nous trouverons plus tard dans une multitude d'équipements comme les véhicules automobiles. Cortana s'appuie essentiellement sur Bing pour fournir les réponses à vos demandes.

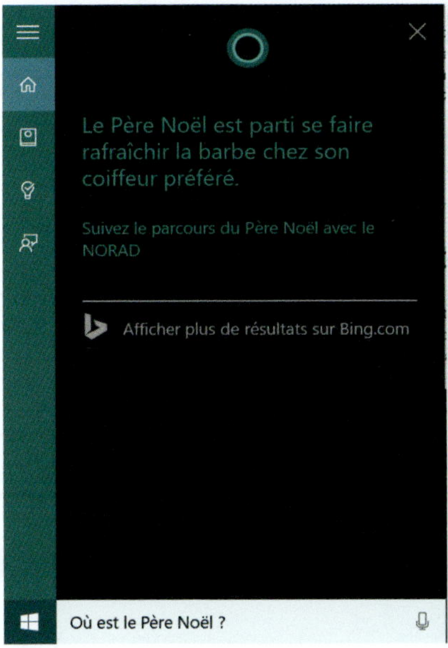

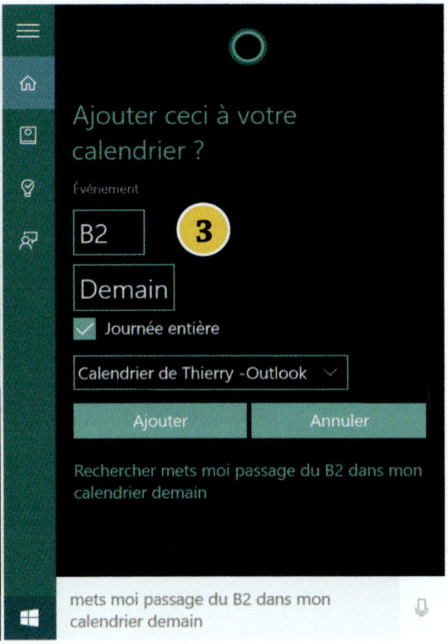

1 Demandez à Cortana : **Raconte-moi une blague**.

2 Demandez à Cortana : **Chante une chanson**.

3 Demandez à Cortana : **Mets moi B2 demain dans mon calendrier**.

4 Demandez à Cortana : **Quand est l'anniversaire de Céline**.

5 Demandez à Cortana : **Réveille moi a 5 heures (ou dans 30 minutes)**.

6 Demandez à Cortana : **Démarrer Word**.

7 Demandez à Cortana : **Montre moi ton carnet de notes**.

8 Demandez à Cortana : **Que puis-je dire ? pour d'autres astuces**.

Travailler avec les fenêtres

L'origine du nom du système d'exploitation Windows sous-entend que les programmes s'affichent dans des fenêtres. La notion de fenêtre réapparaît pour les applications modernes (celles que vous téléchargez depuis le Windows Store) dans Windows 10.

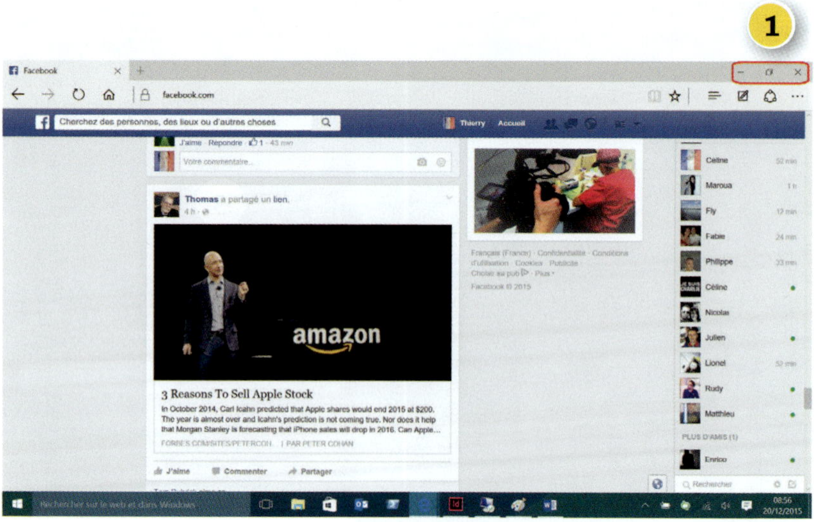

1 Lorsque vous démarrez un programme il s'affiche dans une fenêtre. Dans la barre de titre, les trois boutons en haut à droite de la fenêtre permettent de gérer rapidement ses dimensions.

2 Cliquez sur le bouton de gauche, vous réduisez la fenêtre. Pour la restaurer à sa taille et position initiale, cliquez sur son icône dans la barre des tâches.

3 Le bouton du milieu permet de restaurer la fenêtre, c'est à dire la rendre redimensionnable si elle n'occupe pas toute la surface du Bureau. Si la fenêtre n'occupe qu'une partie de l'écran, cliquez sur le bouton du milieu pour qu'elle prenne toute la place.

4 Enfin, la croix permet de fermer la fenêtre, c'est-à-dire quitter le programme.

EFFETS VISUELS Depuis Windows 7, la gestion des fenêtres s'est considérablement améliorée. Windows 10 apporte également une nouveauté en matière de redimensionnement : la possibilité de placer une fenêtre sur un quart de l'écran en un clic.

1 Pour que la fenêtre occupe un quart de l'écran : par cliquer-glisser déplacez la barre de titre de la fenêtre dans un coin de l'écran.

2 Pour que la fenêtre occupe la moitié de l'écran : par cliquer-glisser déplacez la barre de titre de la fenêtre vers le côté gauche ou droit de l'écran

3 Pour que la fenêtre occupe la totalité de l'écran : par cliquer-glisser déplacez la barre de titre de la fenêtre vers le haut de l'écran. Remarquez que vous pouvez aussi double cliquer sur la barre de titre.

4 Pour réduire toutes les fenêtre sauf une : restaurez la fenêtre, cliquez sur sa barre de titre puis secouez la. Les autres fenêtres disparaissent.

Utiliser la barre des tâches

La barre des tâches permet de démarrer les programmes, voir ceux qui sont démarrés, restaurer ou réduire les fenêtres. Elle est souvent sous utilisée, découvrons quelques un de ses petits secrets.

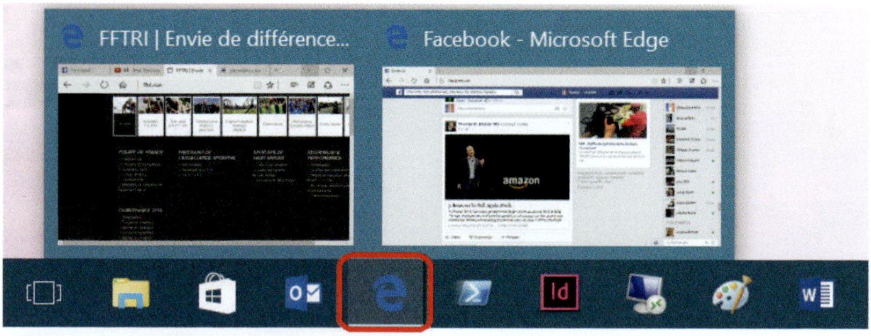

1 Pour épingler un programme dans la barre des tâches, vous pouvez cliquer du bouton droit sur un programme dans le menu **Démarrer** puis cliquez sur la commande **Épingler à la barre des tâches.**

2 Une autre technique consiste à cliquer du bouton droit sur la tâche d'un programme déjà démarré puis de cliquer sur la commande **Épingler à la barre des tâches**.

3 Pour démarrer un programme épinglé, cliquez une fois sur son icône dans la barre des tâches.

4 Vous pouvez aussi démarrer un programme en utilisant le raccourci clavier **Windows** + **n°** où n° est la position de l'icône dans la barre des tâches. Par exemple, si Edge est en quatrième position, utilisez le raccourci **Windows** + **4**. Attention, la touche **4** a utiliser est celle du clavier alphanumérique (et sans basculer en majuscule).

5 Si le programme est démarré, l'icône est soulignée par un liseré. En cliquant sur la tâche vous réduisez ou restaurez la fenêtre du programme.

6 Sachant que lorsque vous cliquez sur l'icône d'une tâche : la fenêtre se réduit ou restaure, pour démarrer une seconde fois le programme : maintenez la touche **Maj** enfoncée et cliquez du la tâche.

TACHE Une tâche au sens informatique est un programme qui fonctionne. Windows est un système dit multitâches : il est capable d'exécuter plusieurs programmes en même temps. Par exemple, Windows peut récupérer vos courriers électroniques tout en jouant de la musique pendant que vous surfez sur le Web.

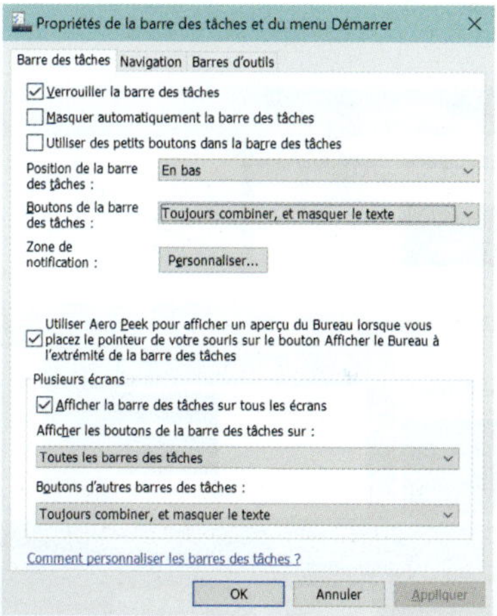

7 Pour démarrer un programme en tant qu'administrateur lorsque le contrôle de comptes d'utilisateur (UAC) est activé, utilisez la combinaison de touche **Ctrl** + **Maj** + **Clic** sur l'icône de la tâche.

8 En survolant, c'est à dire sans cliquer, la miniature vous pouvez voir la fenêtre restaurée ou agrandie. Cliquez si vous souhaitez l'activer.

9 Vous pouvez changer la position des tâches dans la barre par cliquer-glisser des icônes représentant les tâches pour les disposer dans votre ordre préféré.

10 Pour déplacer la barre des tâches sur les côtés ou en haut, vous devez d'abord la déverrouiller en cliquant dessus, puis en cliquant sur la commande **Verrouiller la barre des tâches**.

11 Cliquez du bouton droit sur la barre des tâches puis sur **Propriétés** pour configurer la barre des tâches. Par exemple, vous pouvez la masquer pour gagner un peu de place dans l'affichage des informations sur votre écran.

Utiliser les Bureaux virtuels

Les bureaux virtuels sont une nouveauté de Windows 10. Ils permettent de regrouper les fenêtres par affichage de bureaux. Par exemple, vous pouvez avoir un bureau pour travailler et un autre pour le multimédia et Internet.

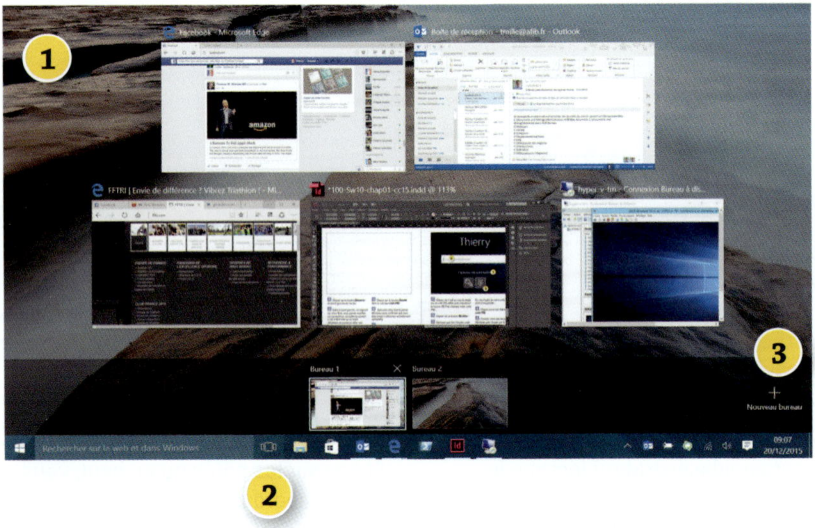

1 Pour utiliser la fonctionnalité des Bureaux virtuels, démarrez quelques applications.

2 Dans la barre des tâches, cliquez sur la première icône **Affichage des tâches**.

3 Cliquez sur le bouton **Nouveau Bureau**. Un second Bureau virtuel est créé.

4 Cliquez sur la miniature du second Bureau pour l'utiliser.

5 Si vous souhaitez créer des bureaux supplémentaires, reprenez l'étape 2.

LES BUREAUX VIRTUELS existaient depuis longtemps dans les systèmes d'exploitation concurrents de Windows notamment UNIX et son pendant open source : GNU/Linux. Avec des logiciels tiers, il était possible d'utiliser les bureaux virtuels sous Windows XP.

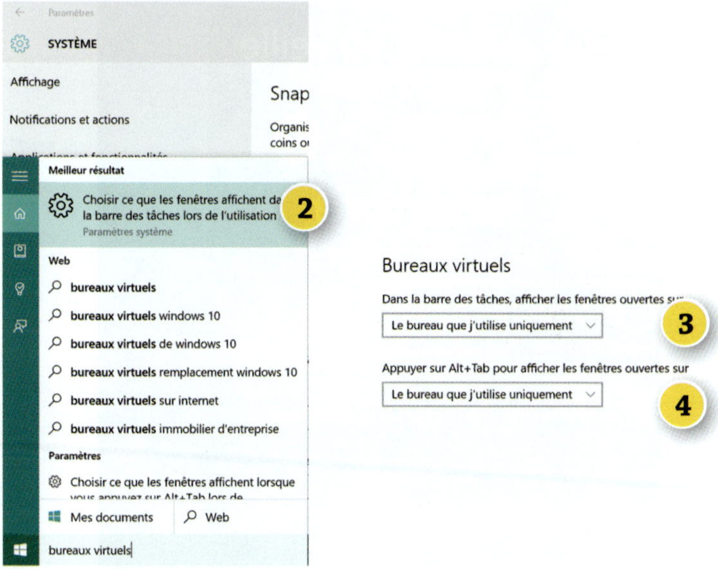

1 Pour modifier les propriétés d'affichage des fenêtres et des Bureaux virtuels, saisissez **Bureaux virtuels** dans la zone de recherche de la barre des tâches.

2 Cliquez sur la commande **Choisir ce que les fenêtres affichent dans la barre des tâches lors de l'utilisation des Bureaux virtuels**.

3 Vous pouvez configurer l'affichage des fenêtres ouvertes par Bureau virtuel ou globalement.

4 Le raccourci clavier **Alt** + **Tab** permet de basculer entre fenêtres, choisissez d'isoler les Bureaux virtuels ou de mutualiser toutes les fenêtres entre Bureaux (cela peut être pratique si vous créez de nombreux Bureaux pour retrouver rapidement une fenêtre déjà ouverte dans un Bureau non affiché).

Arrêter et redémarrer l'ordinateur

Vous ne devez pas arrêter l'ordinateur en utilisant le bouton situé sur le capot. En effet, dans ce cas il s'arrêtera mais Windows risque de ne pas redémarrer correctement.

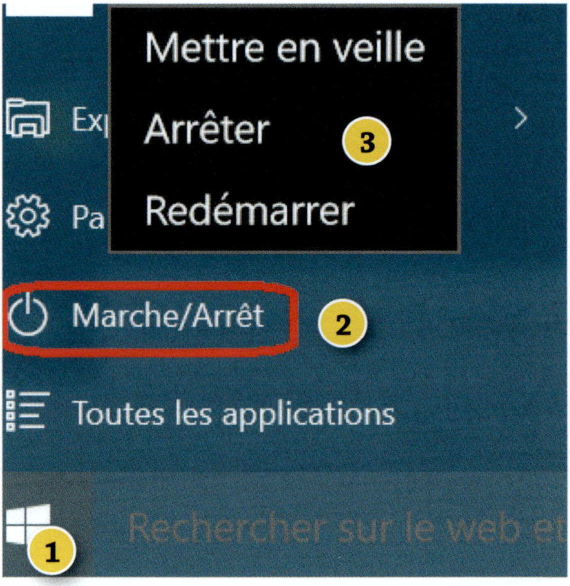

1 Cliquez sur le bouton **Démarrer** en bas à gauche de l'écran

2 Cliquez sur **Marche / Arrêt**.

3 Cliquez sur **Arrêter** ou **Redémarrer** en fonction de l'action souhaitée.

4 L'action de redémarrage peut être utilisée si votre ordinateur réagi lentement ou si vous avez installé des mises à jour ou un programme nécessitant un redémarrage.

Si Windows ne répond plus, patientez plusieurs dizaines de secondes avant de vous en inquiéter. Si passé ce délai, il ne répond toujours pas lorsque vous utilisez le clavier ou la souris : vous devrez alors l'arrêter à l'aide du bouton de mise sous tension. Dans ce cas, maintenez le bouton enfoncé pendant 4 secondes.

STABILITÉ Windows 10 et ses versions successives est de plus en plus stable et efficient. Néanmoins, il peut arriver que des programmes cessent de répondre. Dans ce cas, vous ne pouvez plus interagir avec eux. Il peut alors être nécessaire de les "tuer".

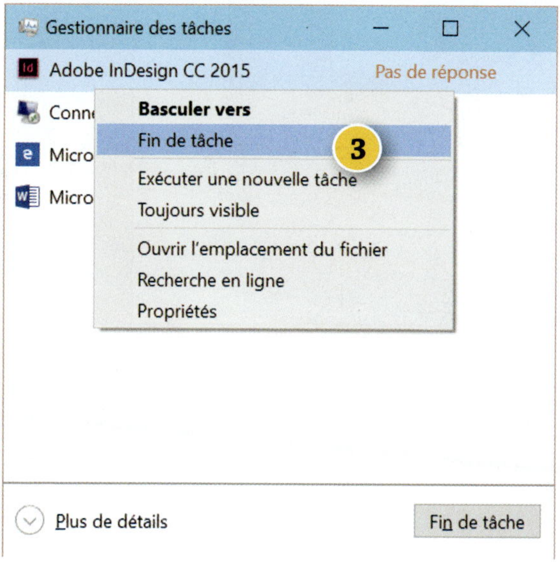

1 Lorsqu'un programme ne répond plus, Windows inscrit (pas de réponse) dans la barre de titre du programme. Dans ce cas, patientez plusieurs dizaines de secondes. Souvent, il s'agit d'une surcharge temporaire des ressources matérielles (processeur ou disque) et la situation revient à la normale d'elle-même.

2 Cliquez du bouton droit sur la barre des tâches puis cliquez sur **Gestionnaire des tâches** ou utilisez le raccourci **Ctrl** + **Maj** + **Echap**.

3 Cliquez du bouton droit sur le programme qui ne répond plus, puis cliquez sur la commande **Fin de tâche**.

4 Si vous êtes un utilisateur plus expérimenté, vous pouvez aussi cliquer sur le bouton **Plus de détails** et utiliser les onglets **Processus** ou **Détails**.

CHAPITRE 2

011 • Mettre à niveau de Windows 8.1 vers 10
012 • Premier démarrage de Windows 10
013 • Créer et utiliser un compte Microsoft
014 • Changer son mot de passe Microsoft
015 • Activer Windows 10

PREMIER DÉMARRAGE DE WINDOWS 10

Mettre à jour Windows 8.1 vers Windows 10

Vous pouvez mettre à jour Windows 7 ou Windows 8.1 vers Windows 10 gratuitement jusqu'au 29 juillet 2016. Cette mise à niveau vous permettra de bénéficier des nouvelles fonctionnalités de Windows 10 qui seront développées par Microsoft pour votre ordinateur dans les prochaines années.

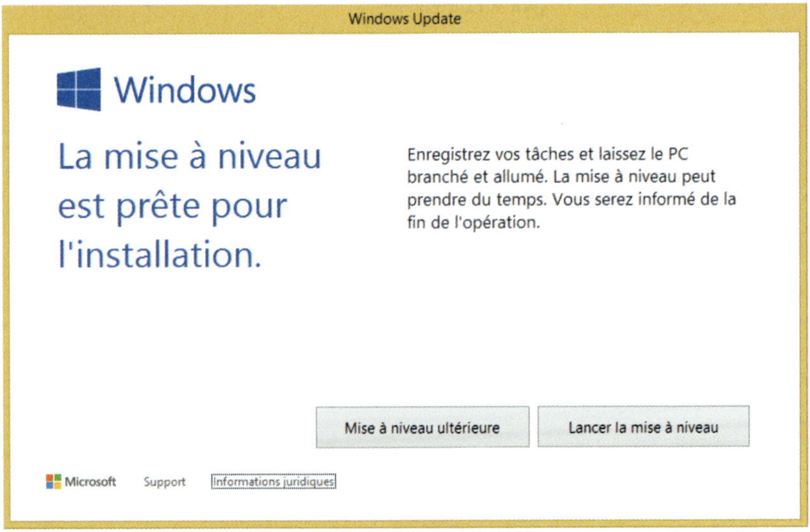

1 Depuis l'écran d'accueil de Windows 8.1, saisissez Update puis cliquez sur **Windows Update**.

2 Installez toutes les mises à jour disponibles depuis Windows Update. Il peut être nécessaire de redémarrer plusieurs fois.

3 Cliquez sur le bouton **Prise en main** ou sur l'icône de Windows dans la zone de notification.

4 Patientez pendant quelques minutes, voir quelques jours pour que les fichiers nécessaires pour Windows 10 soient téléchargés.

5 Une fois les fichiers téléchargés, cliquez sur le bouton **Accepter**.

6 Cliquez sur **Lancer la mise à niveau**, l'ordinateur redémarrera plusieurs fois jusqu'à ce que Windows 10 soit installé.

RETOUR ARRIÈRE **Si vous souhaitez revenir en arrière, vous disposez d'un délai d'au moins 30 jours pour revenir à la version précédente de Windows. Avant de rebasculer dans l'ancien système d'exploitation, vérifiez que votre copie de Windows 10 est bien activée. Dans ce cas, vous pourrez retenter une mise à niveau même après le 29 juillet 2016 sans acheter de licence pour Windows 10.**

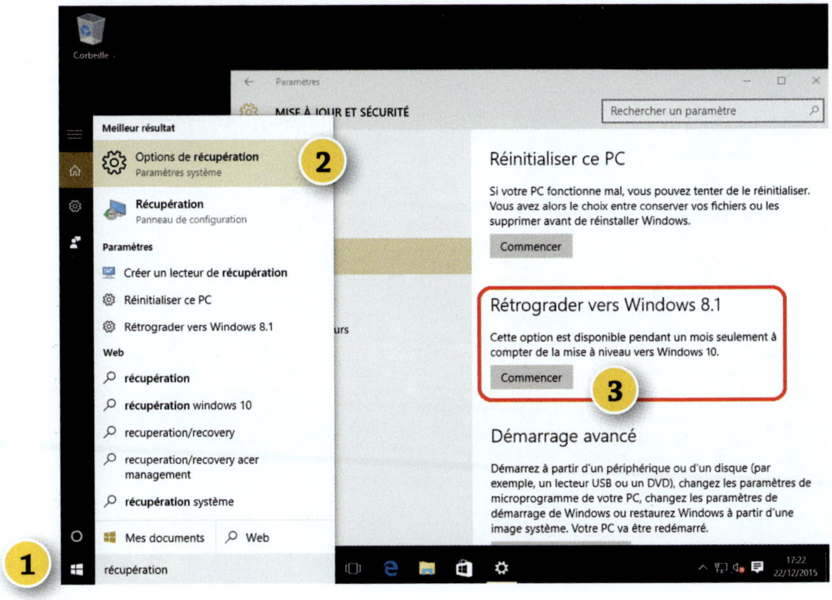

1 Si Windows 10 vous déçoit, rendez-vous dans les forums Microsoft pour demander de l'aide à d'autres utilisateurs et des experts.

2 Si vous souhaitez revenir à la version précédente, saisissez **récupération** dans le menu **Démarrer** puis cliquez sur **Options de récupération**.

3 Dans la rubrique **Rétrograder vers Windows 7 ou 8.1**, cliquez sur le bouton **Commencer**.

4 Fournissez la raison pour laquelle vous faites marche arrière, si vous ne le souhaitez pas, cochez **Une autre raison** puis cliquez sur **Suivant**.

5 Cliquez sur **Non, merci**. Après avoir lu les messages, cliquez deux fois sur **Suivant** puis **Revenir à Windows 7 ou 8.1**.

Premier démarrage de Windows 10

Les étapes du premier démarrage de Windows 10 sont légèrement différentes entre une mise à niveau ou celle d'un nouvel ordinateur. Vous allez configurer Windows 10 de manière sommaire sur cette page, suite à une mise à jour depuis Windows 8.1.

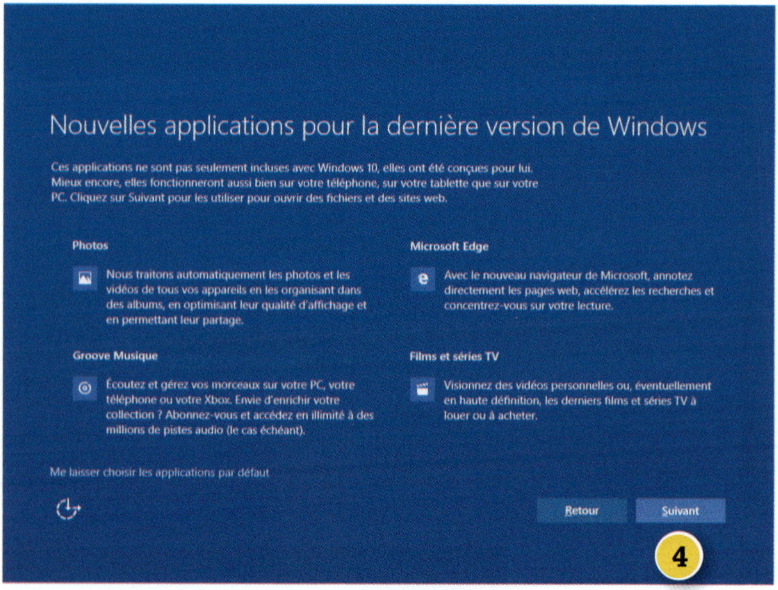

1 Cliquez sur **Suivant** dans l'écran de Bienvenue de Windows 10.

2 Cliquez sur le bouton **Utiliser la configuration rapide**.

3 Cliquez sur le bouton **Utiliser Cortana.**

4 Puis cliquez sur le bouton **Suivant**. Éventuellement, vous pouvez choisir quelles applications seront utilisées pour utiliser certaines extensions de fichiers en cliquant sur le lien **Me laisser choisir les applications par défaut**.

5 Après quelques minutes d'attente, le Bureau de Windows 10 s'affiche.

NOUVELLE INSTALLATION Windows 10 est plus fiable et stable si vous l'installez sans passer par une mise à niveau. Si vous en avez la possibilité, après avoir activé la version que vous avez mis à niveau. Sauvegardez toutes vos données et téléchargez l'outil de création de média d'installation http://go.microsoft.com/fwlink/?LinkId=691209 pour réinstaller Windows 10 et bénéficer d'une installation propre, fiable et performante.

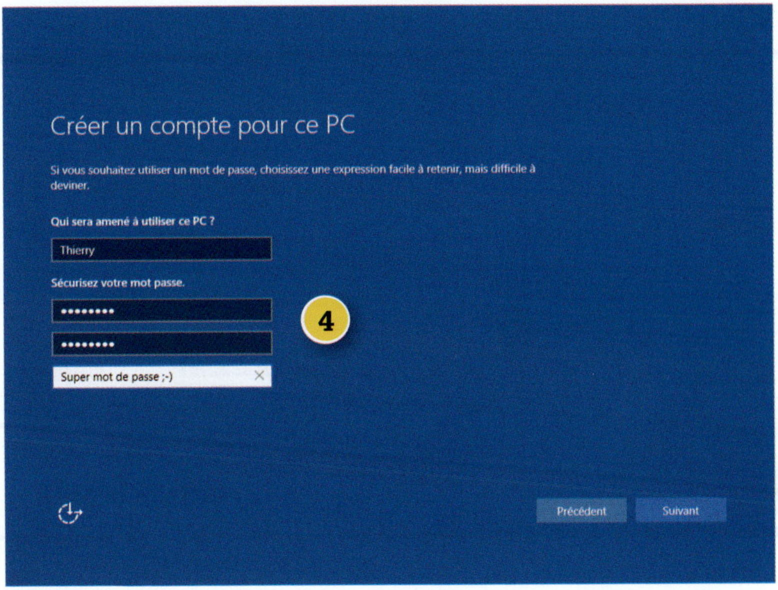

1 Si vous avez acquis un nouvel ordinateur ou réalisé une nouvelle installation, le premier démarrage varie sensiblement.

2 Cliquez sur le bouton **Utiliser la configuration rapide**.

3 Si vous avez installé une édition Professionnelle ou Entreprise, il est possible que vous deviez spécifier si vous intégrez l'ordinateur dans Azure AD ou un domaine. Si vous êtes un particulier, cliquez sur **Joindre un domaine** puis cliquez sur le bouton **Suivant**.

4 Saisissez le nom du premier utilisateur qui sera créé, éventuellement vous pouvez saisir son mot de passe : dans ce cas vous devrez renseigner une indication pour la récupération du mot de passe puis cliquez sur le bouton **Suivant**.

Créer et utiliser un compte Microsoft

Pour bénéficier de toutes les fonctionnalités de Windows 10, ce dernier doit être activé et vous devez disposer d'un compte Microsoft. Ces fonctionnalités incluent de manière non exhaustive l'accès au Store ou le courrier électronique. Vous allez créer un compte Microsoft puis configurer Windows pour l'utiliser.

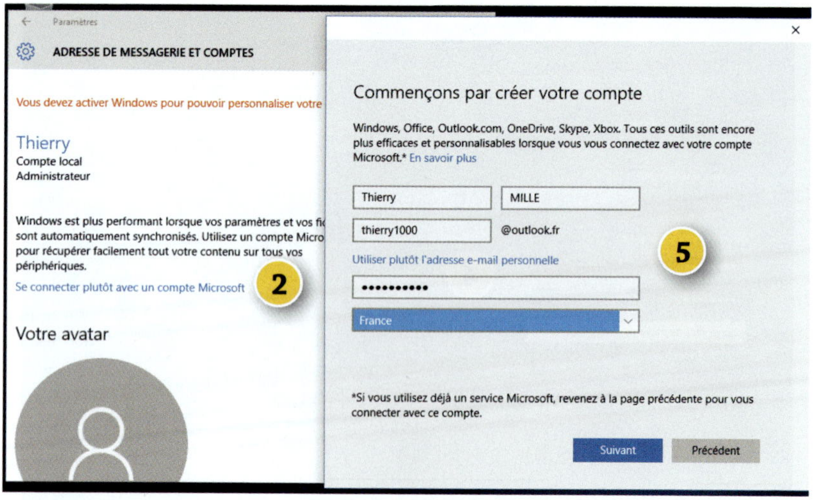

1 En haut à gauche du menu Démarrer, cliquez sur votre portrait puis sur **Modifier les paramètres du compte**.

2 Cliquez sur le lien **Se connecter plutôt avec un compte Microsoft**.

3 Cliquez sur le lien **Créez-en un !** dans la rubrique Vous n'avez pas de compte ?

4 Cliquez sur le lien **Obtenez une nouvelle adresse e-mail** pour utiliser une adresse dédiée à Windows 10.

5 Renseignez les champs requis puis cliquez sur le bouton **Suivant**.

6 Ajoutez votre numéro de téléphone pour plus de sécurité, sinon cliquez sur le lien **Ajouter une adresse de messagerie de substitution**.

SÉCURITE DU MOT DE PASSE **Votre compte Microsoft devrait comporter au moins une lettre en majuscule, une en minuscule, des chiffres et des caractères spéciaux (*, ?, $, €, @, etc.). Les chiffres et caractères spéciaux étant placés plutôt au milieu de votre mot de passe.**

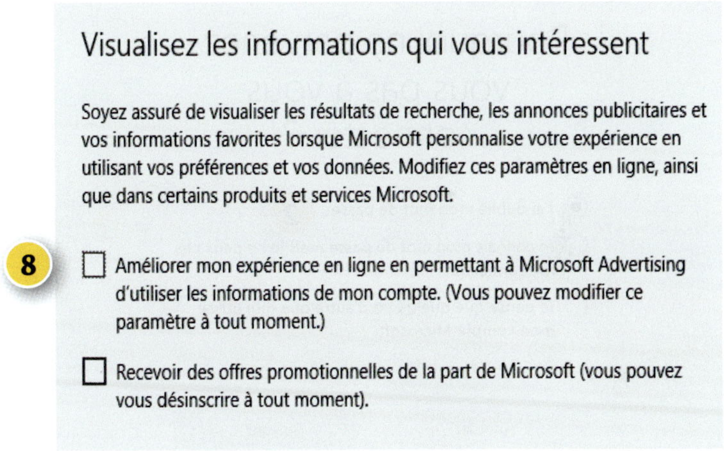

7 Cliquez sur le bouton **Suivant**.

8 Décochez la case **Améliorer mon expérience en ligne en permettant à Microsoft Advertising d'utiliser les informations de mon compte** puis cliquez sur **Suivant**.

9 De retour dans les paramètres du compte, cliquez sur le lien **Se connecter plutôt avec un compte Microsoft**.

10 Saisissez l'adresse électronique de votre compte Microsoft et votre mot de passe.

11 Cliquez sur le bouton **Se connecter**.

12 Saisissez votre mot de passe Windows puis cliquez sur le bouton **Suivant**. Vous êtes connectés avec un compte Microsoft.

Changer le mot de passe du compte Microsoft

Votre compte Microsoft étant utilisé pour l'ouverture de la session Windows et l'accès à des services en ligne. Vous devriez modifier régulièrement le mot de passe associé au compte. Pour modifier votre mot de passe de votre compte Microsoft, suivez les étapes suivantes.

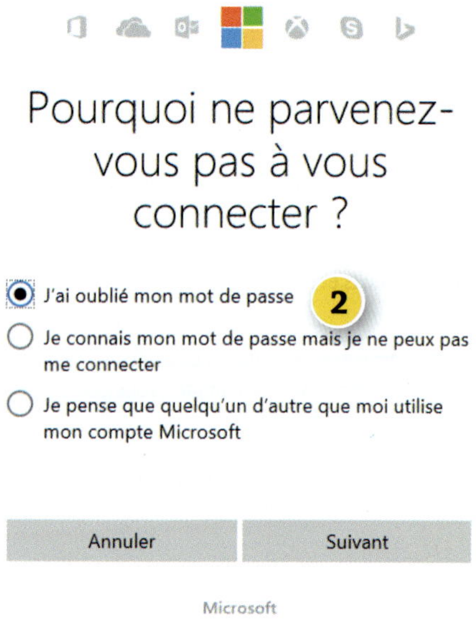

1 Dans le menu **Démarrer**, cliquez sur votre nom d'ouverture de session puis cliquez sur **Modifier les paramètres du compte**.

2 Cliquez sur le lien **Gérer mon compte Microsoft**.

3 Cliquez sur le lien **Modifier le mot de passe**.

4 Saisissez une fois votre ancien mot de passe puis deux fois votre mot de passe. Si vous utilisez le compte Microsoft pour accéder au réseau Xbox 360, le nouveau mot de passe doit comporter que 16 caractères au maximum.

5 Cliquez sur le bouton **Enregistrer**.

6 Vous pouvez fermer toutes les fenêtres, votre nouveau mot de passe est immédiatement pris en compte.

AUTHENTIFICATION En informatique, l'authentification peut être réalisée par trois facteurs : ce que vous connaissez (mot de passe), ce que vous possédez (carte à puce ou carte SIM pour la réception de SMS) et ce que vous êtes (biométrie). Le mot de passe est la solution d'authentification la plus économique, néanmoins toute la sécurité repose sur ce mot de passe. En cas d'oubli du mot de passe, vous pouvez le faire réinitialiser.

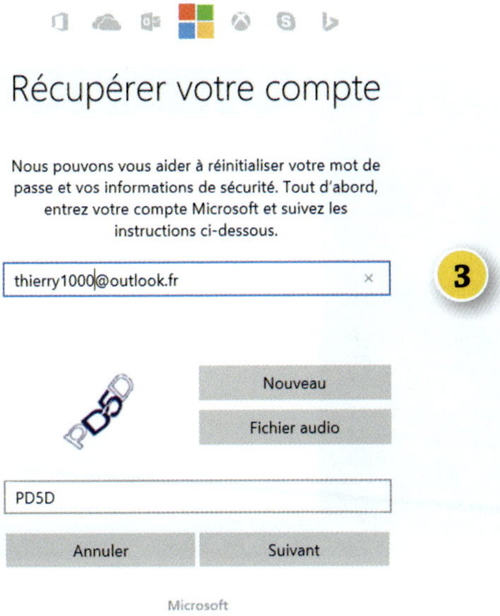

1 Depuis Edge, rendez-vous à l'adresse **https://account.live.com/resetpassword.aspx**

2 Sélectionnez l'option **J'ai oublié mon mot de passe** puis cliquez sur le bouton **Suivant**.

3 Saisissez l'adresse du compte Microsoft puis la catcha c'est-à-dire les lettres et chiffres affichés. Puis, cliquez sur le bouton **Suivant**.

4 Choisisez d'envoyer un SMS au numéro de téléphone utilisé lors de l'inscription, saisissez les 4 derniers chiffres de votre numéro puis cliquez sur **Envoyer le code**.

5 Saisissez le code reçu par SMS, puis cliquez sur **Suivant**.

6 Saisissez à deux reprises votre nouveau mot de passe puis cliquez deux fois sur **Suivant**.

Activer Windows 10

Afin de limiter le piratage de ses logiciels, Microsoft a mis en place une protection basée sur le matériel présent dans l'ordinateur et un numéro de licence. Pour bénficier de toutes les fonctionnalités de Windows 10, ce dernier doit être activé par Internet ou par téléphone.

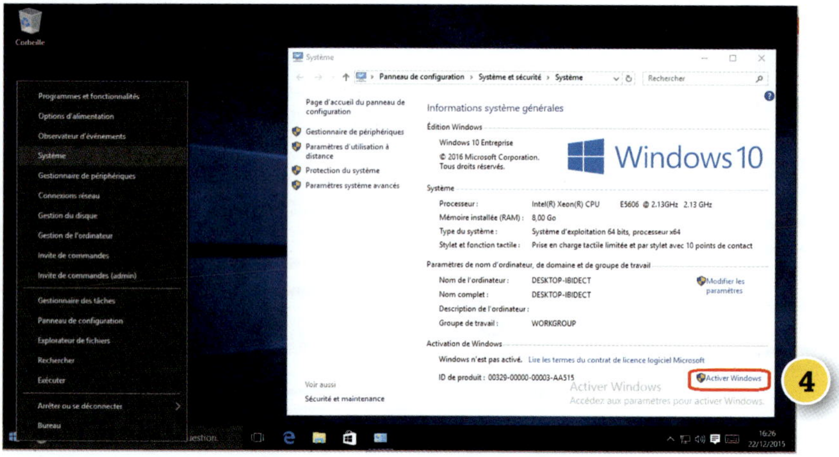

1 Si vous avez réalisé une mise à niveau de Windows 7 ou 8.1 : Windows 10 s'active automatiquement lorsqu'une connexion Internet est disponible.

2 Pour activez Windows 10 manuellement, cliquez du bouton droit sur le bouton **Démarrer** puis cliquez sur la commande **Système**.

3 Cliquez sur lien **Activer Windows**.

4 Tentez d'activer Windows en cliquant sur le bouton **Activer**.

5 Si l'activation ne fonctionne pas, cliquez sur le bouton **Modifier la clé de produit**.

6 Cliquez sur le bouton **Oui** dans la fenêtre du contrôle de compte d'utilisateur.

7 Saisissez la clé de produit, les tirets s'ajoutent automatiquement.

STATUT DE L'ACTIVATION **Pour récupérer des informations sur l'état de l'activation de votre licence Windows 10, vous pouvez utiliser le script slmgr.vbs. Dans une invite de commandes démarrée en tant qu'administrateur, saisissez la commande slmgr /dlv. Vous verrez alors apparaître le mode d'acquisition de la licence, le nombre de réinitialisations restantes ou encore les 5 derniers caractères du numéro de licence utilisé.**

Administrateur : Invite de commandes

```
Microsoft Windows [version 10.0.10586]
(c) 2016 Microsoft Corporation. Tous droits réservés.

C:\Windows\system32>slmgr /ipk 77VNH-MP2VC-77VNH-MP2VC-77VNH

C:\Windows\system32>slmgr /ato

C:\Windows\system32>slui 4

C:\Windows\system32>_
```

12 13

8 Cliquez sur **Suivant** pour tenter l'activation avec ce numéro de produit.

9 Si l'activation échoue, saisissez cmd dans le menu **Démarrer**.

10 Cliquez du bouton droit sur **Invite de commandes**, puis cliquez sur **Exécuter en tant qu'administrateur**.

11 Cliquez sur **Oui** pour augmenter vos privilèges.

12 Saisissez dans l'invite de commandes : **slmgr /ipk XXXXX-XXXXX-XXXXX-XXXXX-XXXXX** ou les XXXXX représentent votre clé.

13 Saisissez **slmgr /ato** pour activer le produit par Internet ou **slui 4** pour réaliser une activation par téléphone.

CHAPITRE 3

016 • Installer une application depuis le Store
017 • Configurer l'application Météo
018 • Noter, désinstaller une application
019 • Trouver de la musique dans le Store
020 • Jouer sur le réseau Xbox
021 • Jouer avec des applications du Store
022 • Se cultiver avec des applications du Store
023 • Fréquenter les réseaux sociaux

LES APPLICATIONS MODERNES DU STORE

Installer une application depuis le Store

Comme pour les téléphones, Microsoft propose un magasin (Store) qui permet de télécharger des applications, de la musique ou des films. Vous allez installer une application pour trouver des idées de recettes.

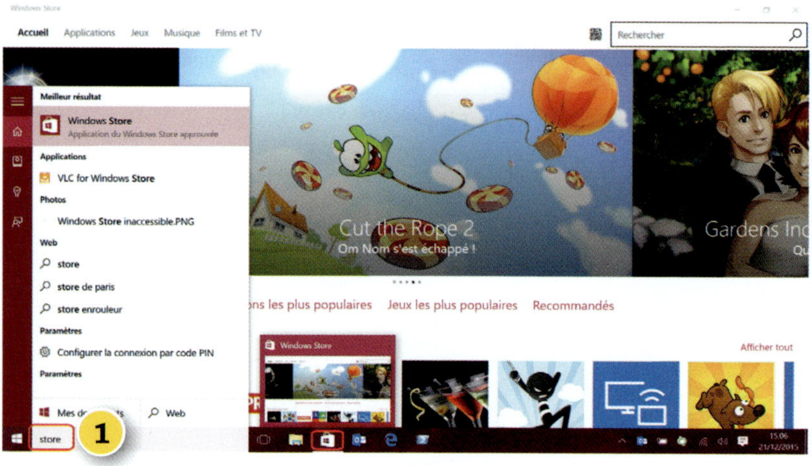

1 Cliquez sur l'icône **Windows Store** dans la barre des tâches ou saisissez **Store** dans la zone de recherche de Cortana.

2 Dans la barre de menus, cliquez sur **Applications**.

3 Saisissez **recettes** dans la zone de recherche puis appuyez sur la touche **Entrée**.

4 Cliquez sur le lien **Afficher tout**.

5 Cliquez sur une application qui semble convenir à vos besoins.

6 Pour savoir si l'application est bien conçue, regardez combien d'étoiles elle a obtenu (et combien de votes pour chaque étoile : s'il y a plusieurs milliers de votes, la pertinence des étoiles sera plus importante que quelques votes.

STORE Le store contient plusieurs dizaines de milliers d'applications vérifiées par Microsoft avant leur mise à disposition. Certaines applications gratuites sont proposées sans aucune contrepartie par leur développeur, d'autres permettent affichent de la publicité. Dans ce cas, le produit vendu : c'est vous !

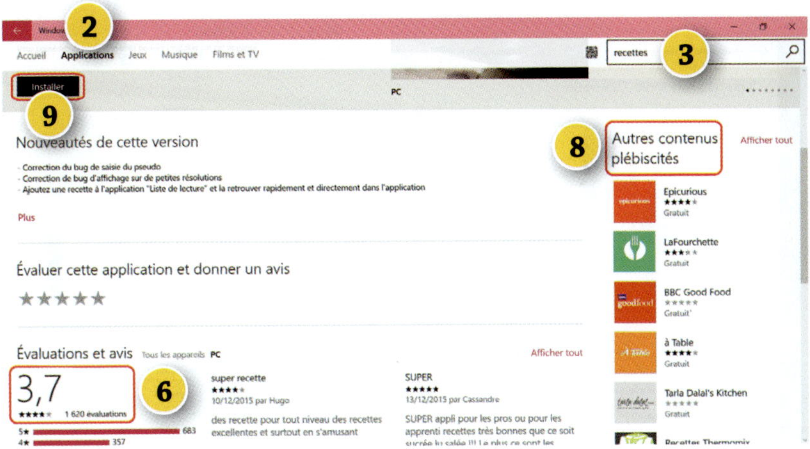

7 Regardez quelles fonctionnalités l'application offre, ce qu'elle est autorisée à faire avec votre ordinateur (utilisation de la webcam, du microphone, emplacement géographique, accès Internet, etc.).

8 Éventuellement, vous pouvez changer d'application en regardant du côté droit les autres contenus plébiscités par d'autres utilisateurs ou revenir en arrière.

9 Pour installer l'application, cliquez sur le bouton **Gratuit** ou **Installer**.

10 Une fois l'application installée, elle apparaît directement dans le menu **Démarrer** : pensez à l'épingler à l'écran du menu **Démarrer** si vous comptez l'utiliser régulièrement.

Configurer l'application Météo

Certaines applications peuvent nécessiter une configuration supplémentaire après leur téléchargement et leur installation. Vous allez pouvoir configurer l'application Météo fournie de manière standard dans Windows 10.

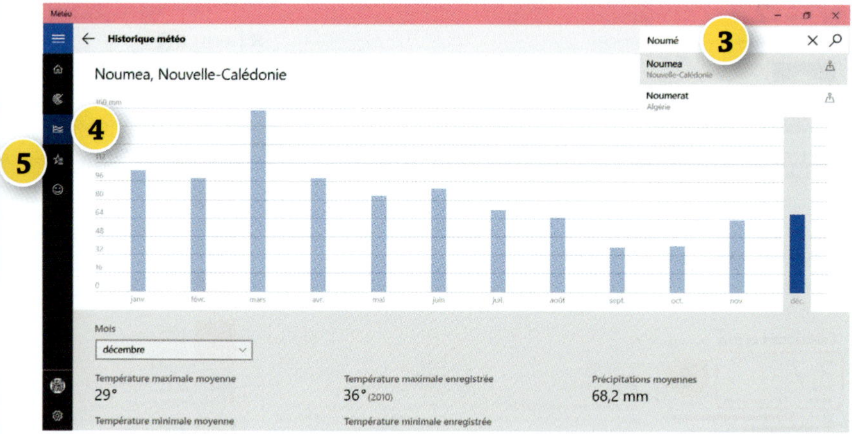

1 Cliquez sur le bouton **Démarrer** en bas à gauche de l'écran.

2 Saisissez directement les mots **Météo** puis appuyez sur la touche **Entrée** ou cliquez sur **Météo**.

3 Commencez à saisir en haut à droite le nom de la ville pour laquelle vous souhaitez obtenir les prévisions météorologiques. Puis cliquez sur la ville une fois qu'elle apparaît.

4 Utilisez les boutons situés dans la partie gauche pour voir les cartes, les amplitudes thermiques ou pluviométriques en fonction des mois.

5 En cliquant sur l'étoile du ruban situé à gauche, vous pouvez ajouter ce lieu à vos emplacements favoris.

MÉTÉO L'application Météo fournie dans Windows 10 utilise les services de prévisions météorologiques américains. Il peut arriver parfois qu'elle ne soit pas aussi que les prévisions de votre pays. Si vous résidez en France, vous pouvez télécharger l'application conçue par Météo France pour savoir s'il pleuvra dans la prochaine heure.

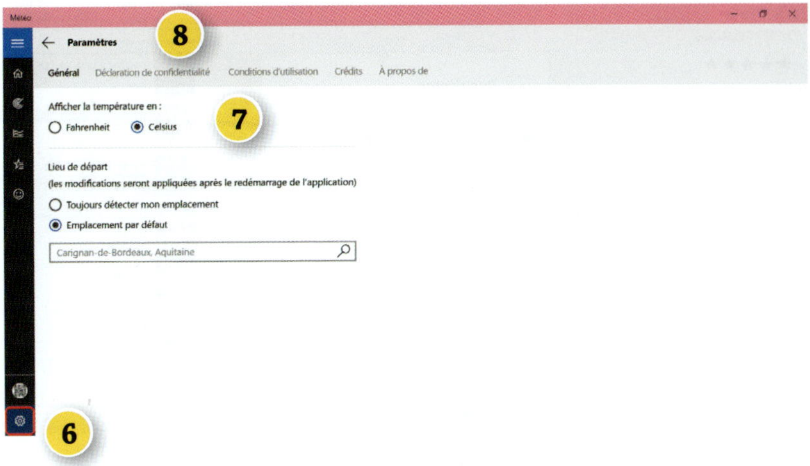

6 Vous pouvez configurer les options de l'application en cliquant sur la roue crantée en bas à gauche de la fenêtre ou souvent en utilisant le coin supérieur gauche de l'application.

7 L'application Météo ne propose que peu d'options : le choix de l'unité d'affichage des températures et le choix de votre emplacement.

8 Pour toutes les applications du Store, vous pouvez consulter à tout moment la déclaration de confidentialité et les conditions d'utilisation.

Noter, désinstaller une application du Store

Après avoir téléchargé, installé et utilisé une application du Store, vous pouvez la noter pour exprimer votre satisfaction par rapport à l'application. Vous pouvez aussi ajouter des remarques constructives qui aideront le développeur à améliorer son application.

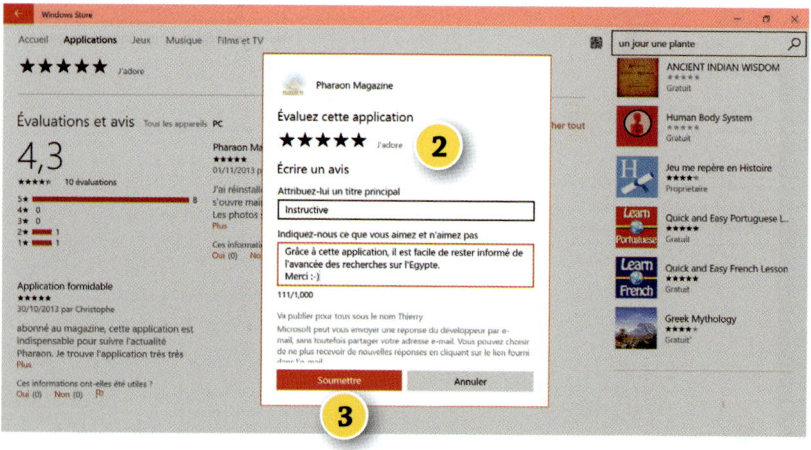

1 Certaines applications permettent de publier directement un commentaire sur le Store.

D'autres applications vous incitent même à en laisser un après quelques jours d'utilisation.

De manière générale, rendez-vous sur le Store à la recherche de l'application pour laquelle vous souhaitez publier un commentaire.

2 Depuis la fiche de l'application, affectez un certain nombre d'étoiles à l'application

3 Si vous souhaitez justifier votre choix du nombre d'étoiles ou faire part de vos remarques aux autres utilisateurs ou au développeur de l'application, saisissez un titre ainsi qu'un texte indiquant ce que vous aimez et ce que vous n'aimez pas, puis cliquez sur **Soumettre**.

DÉSINSTALLATION **Si vous n'avez plus l'utilité d'une application ou si vous trouvez qu'elle ne répond pas à vos attente, vous pouvez la désinstaller : c'est-à-dire la supprimer de votre ordinateur. Si vous changez d'avis, vous pourrez la réinstaller sous réserve qu'elle soit toujours disponible dans le Store.**

1 Localisez l'application que vous souhaitez supprimer de votre ordinateur dans le menu **Démarrer** (côté gauche) ou l'écran d'accueil.

2 Cliquez du bouton droit sur la vignette puis cliquez sur la commande **Désinstaller**.

3 Confirmez en cliquant sur le bouton **Désinstaller**. L'application est alors désinstallée.

Trouver de la musique dans le Store

Comme les Stores des téléphones mobiles, Microsoft propose des applications gratuites et payantes mais aussi de la musique et des films en téléchargement. Avant d'acheter de la musique, vous pourrez écouter un extrait sonore.

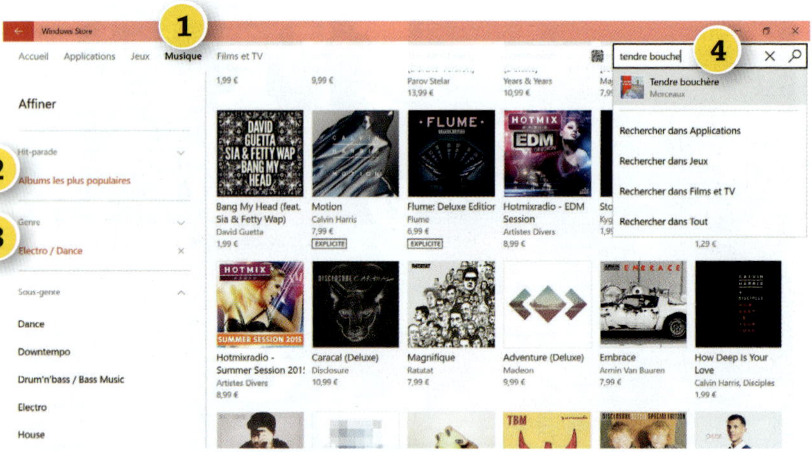

1 Depuis le Store, cliquez sur **Musique**.

2 Si vous êtes en manque d'inspiration, vous pouvez consulter les nouveaux morceaux, les plus vendus, les albums ou les artistes les plus populaires, etc. N'hésitez pas à faire défiler les listes de gauche à droite pour voir encore plus de choix.

3 Vous pouvez aussi utiliser les classements par Genres, puis affiner vos choix par sous-genre pour trouver votre bonheur musical.

4 Si vous connaissez le titre du morceau recherché, saisissez son titre ou celui de l'album ou encore le nom de l'artiste dans la zone de recherche puis validez.

5 N'hésitez pas à écouter le morceau avant de l'acheter.

ÉCOUTE DE MUSIQUE EN LIGNE Si vous souhaitez écouter de la musique en ligne pour le plaisir ou avant d'acheter un titre ou un album, vous pouvez vous rendre sur des plateformes légales telles que Deezer, YouTube, Spotify et bien d'autres.
SHAZAM est une application du Store qui permet de trouver le titre d'un morceau de musique entendu dans une publicité, à la radio pour ensuite l'acheter directement.

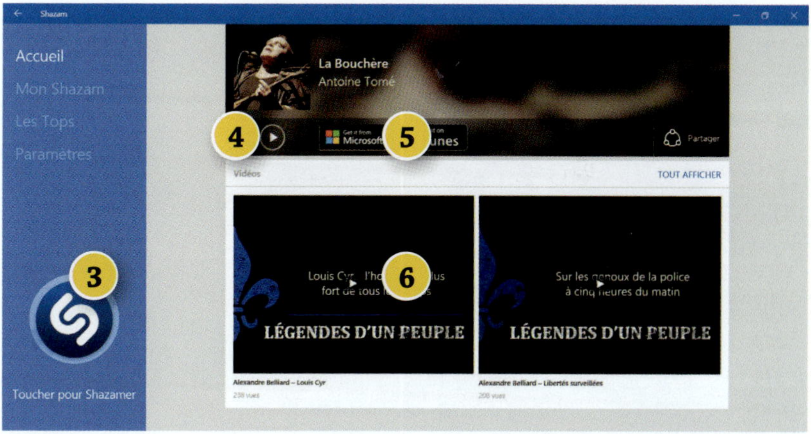

1 Depuis le Store, téléchargez l'application gratuite nommée Shazam.

2 Démarrez Shazam depuis le menu **Démarrer**. Éventuellement, vous pouvez l'épingler pour la retrouver plus rapidement lorsque vous entendez une publicité ou un morceau à la radio.

3 Une fois Shazam démarré, cliquez sur le bouton **Toucher pour Shazamer**.

4 Après quelques secondes d'écoute Shazam reconnaît le titre du morceau de musique. Vous pouvez alors en écouter un extrait.

5 Vous pouvez acheter le morceau identifié dans le Store Microsoft ou iTunes.

6 Pour certains titres vous pourrez aussi les écouter gratuitement en version complète sur YouTube.

Jouer sur le réseau Xbox

Vous pouvez vous rendre sur le réseau Xbox pour échanger entre amis sur les jeux et vos exploits. Windows 10 ajoute un nouveau raccourci clavier : Windows + G pour enregistrer des vidéos de vos meilleures parties, découvrez la.

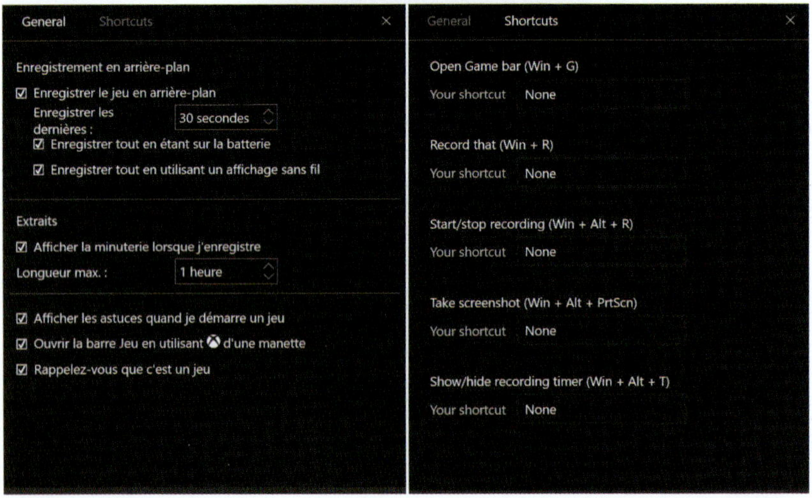

1 Depuis un jeu, utilisez le raccourci clavier **Windows** + **G**.

2 Enregistrer cet élément permet de capturer 30 secondes de l'affichage couplé au son. Cet extrait est stocké sur votre disque dur dans votre profil utilisateur dans le dossier vidéo\captures.

3 Capture d'écran permet de faire une photo de tout l'écran et la stocker directement dans le dossier captures (%userprofile%\Videos\Captures).

4 Vous permet de démarrer puis arrêter manuellement l'enregistrement d'une vidéo de votre écran.

5 Cliquez sur le bouton **Paramètres** pour modifier les paramètres de la barre de jeux notamment les raccourcis clavier configurés par défaut.

LA BARRE DE JEUX **Vous pouvez personnaliser les raccourcis clavier pour capturer des vidéos en pleine action :**
Windows + Alt + G : enregistre les 30 dernières secondes
Windows + Alt + R : démarre/arrête l'enregistrement de la vidéo
Windows + Alt + ImprEcran : réalise une capture d'écran et l'enregistre

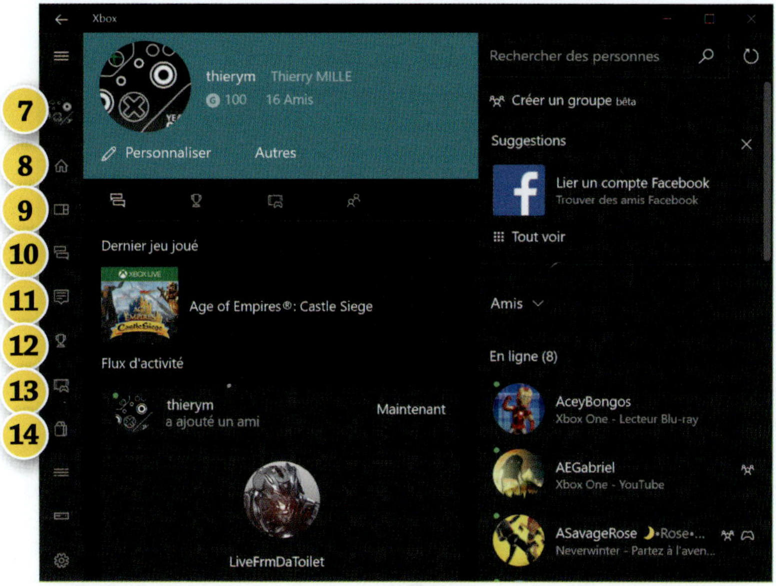

6 En cliquant sur le bouton Xbox, vous accédez à votre compte Xbox.

7 Personnalisez votre profil Xbox.

8 Permet de voir les captures envoyées par vos amis. Trouvez des amis ici.

9 Visualisez les jeux Xbox ou du Store installés.

10 Échangez des messages avec des amis du réseau Xbox.

11 Affichez les alertes d'activité.

12 Visualisez vos plus beau succès.

13 Jeux DVR vous permet de retrouver vos vidéos de jeux.

14 Affichez les programmes TV.

Jouer avec des applications du Store

Un ordinateur n'est pas fait que pour travailler. Vous pouvez télécharger l'une des nombreuses applications gratuites ou payantes dans le Store pour vous divertir. Il existe des jeux de réflexion, des jeux pour passer le temps ou des jeux vidéo.

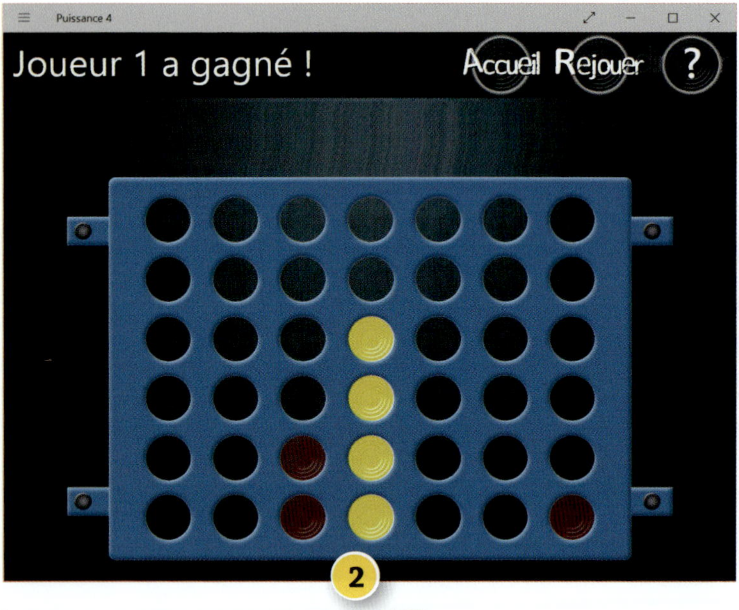

1 Depuis le Store, recherchez le jeu Puissance 4.

2 La règle du jeu est bien connue : aligner 4 pions de la même couleur en les faisant tomber depuis le haut. Chaque joueur jour à son tour.

3 Vous pouvez jouer seul, dans ce cas vous devrez définir le niveau de difficulté contre l'ordinateur.

4 Néanmoins, il est plus amusant de jouer à deux, notamment dans une salle d'attente ou pendant un voyage sur une tablette.

SONIC DASH SEGA connu pour avoir créé de nombreux jeux de plateforme a fait développer Sonic Dash par la société Hardlight. Dans ce jeu, vous devez faire évoluer Sonic dans un parcours semé d'embûches.

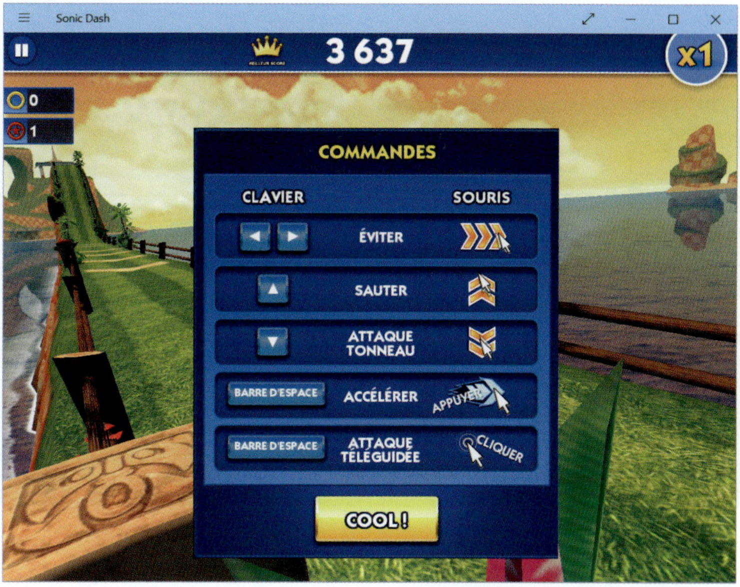

1 Depuis le Store, recherchez puis installez **Sonic Dash**.

2 Lors du premier démarrage, entrez votre âge.

3 Si vous êtes en environnement tactile :
Glissez le doigt vers le haut pour sauter par-dessus un obstacle.
Glissez le doigt vers le bas pour faire une roulade.
Glissez le doigt vers la gauche ou vers la droite pour éviter les obstacles.

4 Vous pouvez aussi utiliser les flèches de direction du clavier ou la souris pour déplacer Sonic.

Jouer avec des applications du Store

Parmi les applications du Store, disposez de jeux de réflexion comme le puissance 4, d'action comme Sonic Dash mais aussi de nombreux jeux addictifs tels que Cut the Rope 2 ou Candy Crush Saga qui n'ont pas rendu que les dentistes riches, à défaut de faire patienter dans les salles d'attentes.

1 Depuis le Store, recherchez le jeu Cut the Rope 2.

2 La règle du jeu est simple : il faut couper la corde pour donner à manger à Om Nom : la petite créature gloutonne.

3 A l'aide du doigt si vous disposez d'un écran tactile ou de la souris, coupez la corde.

4 Vous pouvez mettre en pause le jeu et accéder à quelques options.

5 Permet de voir votre progression.

6 Permet de reprendre le tableau au point de départ.

7 Permet de reprendre la partie.

8 Permet de rendre la partie silencieuse (ou pas).

CANDY CRUSH SAGA **Candy Crush Saga comprend plus de 1 800 niveaux répartis dans plus d'une centaine d'épisodes. Ce jeu, très addictif, est gratuit néanmoins il rapporte beaucoup à la société éditrice King via la publicité et l'achat de vies supplémentaires pour atteindre les niveaux supérieurs. La société éditrice du jeu, King, a été valorisée à plus de 7 milliards lors de son entrée en bourse.**

1 Dans le Store, recherchez le célèbre jeu **Candy Crush Saga**.

2 Le but du jeu est de faire écraser des bonbons colorés en associant des combinaisons d'au moins trois bonbons.

3 Pour modifier les options, cliquez en bas à gauche de l'écran.

4 Désactivez les bruitages lorsque les bonbons en écrasent d'autres.

5 Vous pouvez désactiver la musique de fond.

6 Les boosters permettent de franchir les niveaux plus rapidement. Vous pouvez éventuellement en acheter dans le Store.

7 Si vous en avez le courage, quittez le jeu.

Se cultiver avec des applications du Store

Le Store comporte de nombreuses applications qui ne sont pas indispensables mais peuvent s'avérer originales dans leur concept. Par exemple, Un jour, une plante vous présente une plante différente chaque jour, alors qu'Homeo Zen aide à se détendre grâce à de judicieux conseils.

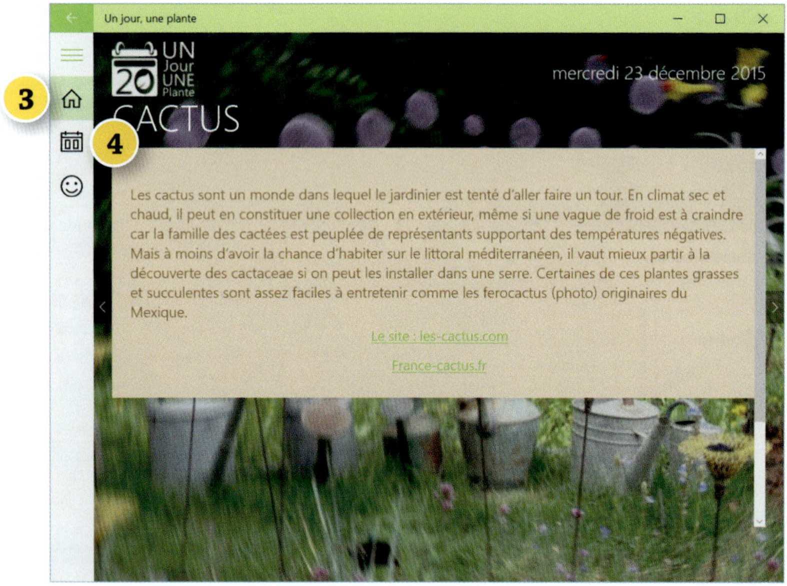

1 Depuis le Store, recherchez l'application Un jour, une plante en utilisant la zone de recherche située en haut à droite.

2 Choisissez de l'installer.

3 Une fois l'application installée, vous pouvez voir la plante du jour.

4 Si votre agenda ne vous a pas permis de voir la plante présentée précédemment, cliquez sur le calendrier pour sélectionner le jour et l'afficher.

HOMEO ZEN Cette application disponible exclusivement depuis le Store vous propose de positiver dans un quotidien souvent synonyme de stress. Vous apprécierez les mines de conseils prodigués par Sabine Clark, célèbre réflexologue plantaire du Pays Basque.

1 Recherchez Homeo Zen dans le Store et installez l'application.

2 Une fois l'application installée, rendez-vous (calmement) dans les menu **Démarrer** pour l'afficher.

3 Comme dans l'application Un jour, une plante : chaque jour un conseil accompagné d'un graphisme soigné apparaît à l'écran et/ou sous forme de notification.

4 Vous pouvez afficher les conseils précédents en utilisant le calendrier.

5 Affichez la présentation de l'auteur des conseils prodigués dans l'application.

6 Si vous êtes satisfait de l'application, vous pouvez l'évaluer directement dans le Store.

Fréquenter les réseaux sociaux

L'application Facebook, le réseau social le plus célèbre, est présente dans le Store. Nous utiliserons Facebook depuis un navigateur dans le prochain chapitre. Twitter permet d'échanger avec les twittos (non des utilisateurs) ou vos abonnés (par messages privés) en envoyant des messages de 140 caractères au maximum.

1 Récupérez l'application Twitter depuis le Store. Vous devez disposer d'un compte Twitter pour utiliser l'application. Si vous n'en avez pas, créez en un, c'est gratuit.

2 Une fois connecté, cliquez sur la loupe pour voir les sujets du moment (trending topics). Ces sujets sont déterminés par les twittos par ajout d'un # (hashtag) devant certains mots clés significatifs.

3 Si des personnes vous intéressent, saisissez le nom de leur compte dans la zone de recherche puis cliquez sur **Suivre**.

4 En retour, certains vous suivront peut être (followers). Pour avoir des followers, composez de courts messages d'au plus 140 caractères.

5 Les notifications vous permettent de voir lorsque vous êtes mentionnés.

FOURSQUARE L'application Foursquare permet de géolocaliser et retrouver des amis présents dans des lieux typiques des villes et des campagnes. Il existe un système de points et badges attribués en fonction des pointages réalisés dans différents lieux. D'autres applications telles que Waze (assistant gratuit d'aide à la conduite automobile) ou Swarm permettent de se signaler dans les lieux.

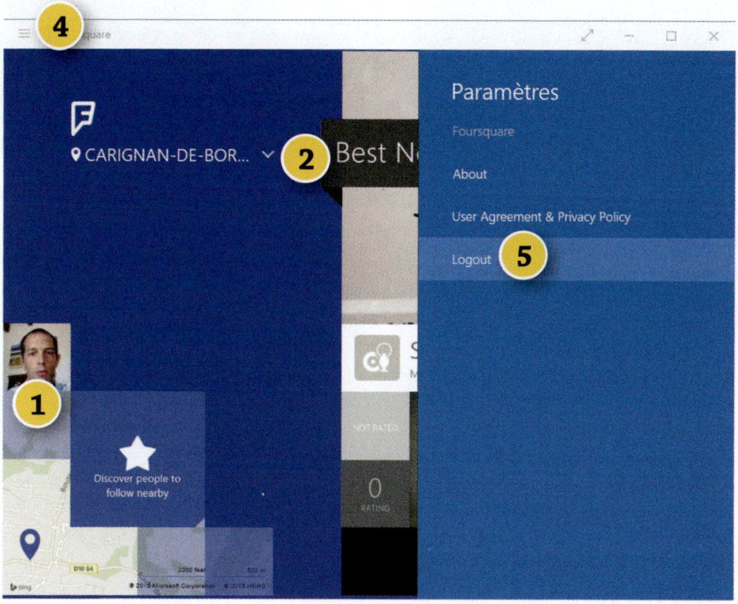

1 Au premier démarrage de l'application, vous devrez vous authentifier. Vous avez le choix entre créer un compte spécifique ou utiliser votre compte Facebook si vous en possédez déjà un.

2 Changez votre emplacement s'il n'a pas été déterminé correctement.

3 Recherchez des personnes à proximité pour voir leurs recommandations par rapport à des lieux touristiques, installations culturelles ou sportives, hôtels ou restaurants. L'utilisation de l'application est intuitive.

4 Pour vous déconnecter, cliquez dans le coin en haut à gauche puis sur la commande **Paramètres**.

5 Enfin, cliquez sur **Logout**.

CHAPITRE 4

024 • Surfer sur le Web avec Microsoft Edge
025 • Modifier le moteur de recherche
026 • Modifier la page d'accueil
027 • Définir Google en page d'accueil
028 • Trouver avec Google
029 • Chercher un itinéraire
030 • Consulter les dernières informations
031 • Chercher dans les encyclopédies
032 • Organiser l'historique de sa navigation et ses favoris
033 • Annoter une page
034 • Créer un compte Facebook
035 • Personnaliser son compte Facebook
036 • Interagir sur Facebook
037 • Retrouver des amis sur Facebook et discuter avec eux

INTERNET AVEC EDGE

Surfer sur le Web avec Microsoft Edge

Edge est le nouveau navigateur inclus dans Windows 10. Il possède l'intérêt de ne pas utiliser de composants externes appelés extensions ou compléments : cela le rend plus fiable, plus sécurisé et plus rapide que ses "concurrents".

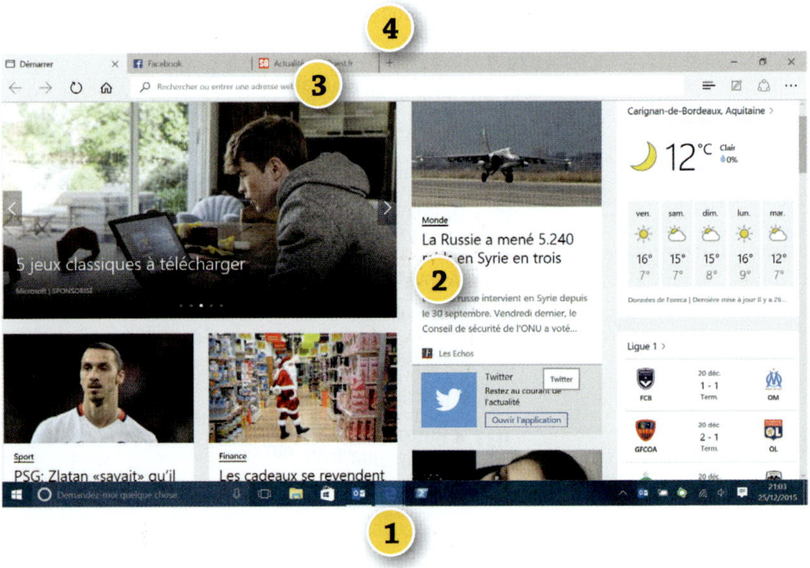

1 Démarrez **Edge**, depuis la barre des tâches en cliquant une fois sur l'icône représentant un **e**. Vous pouvez aussi utiliser le menu Démarrer ou demander à Cortana si l'icône n'apparaît plus dans la barre des tâches.

2 Lors du démarrage d'Edge, indépendamment de votre page de démarrage configurée. Les actualités sélectionnées par le réseau MSN s'affichent. Si une information vous intéresse, maintenez la touche **Ctrl** enfoncée puis cliquez sur le lien : la page s'affichera alors dans un nouvel onglet.

3 Si vous êtes descendu sur la page à l'aide de la barre de défilement verticale (ou de la molette de la souris ou encore avec vos doigts), la barre d'adresse s'affiche. Sinon, cliquez dessus pour la faire apparaître : elle

EDGE Dévoilé sous le nom de code "Spartan", Microsoft Edge intègre le moteur JavaScript Chakra. Il s'agit d'une application universelle, c'est à dire qu'elle peut fonctionner dans un ordinateur, mais aussi sur tablette ou téléphone mobile. Le navigateur est encore bien plus rapide que son prédécesseur Internet Explorer 11.

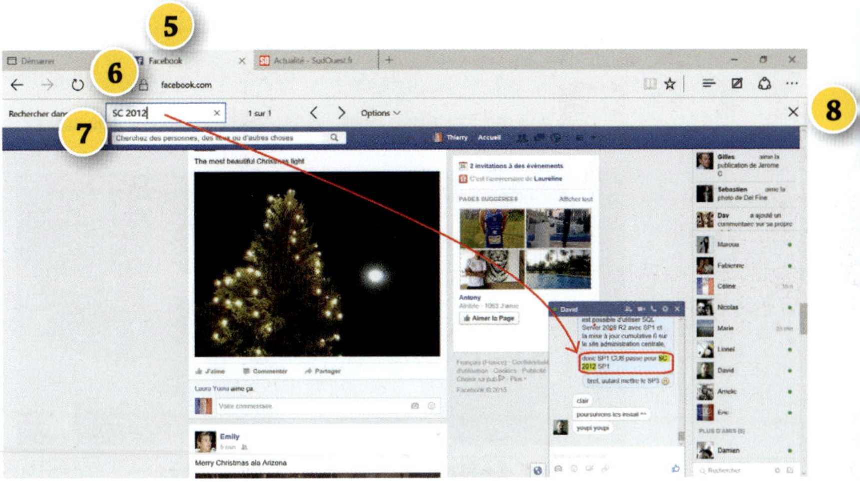

vous permet de saisir des adresses pour accéder directement à des sites Web.

4 Si vous souhaitez créer un nouvel onglet, cliquez sur le bouton **+** à droite du dernier onglet ouvert.

5 Dans chaque onglet, vous retrouvez le titre de la page. C'est très pratique pour vous y retrouver.

6 Un cadenas vous indique que les échanges entre votre ordinateur et le serveur distant sont sécurisés.

7 En utilisant le raccourci clavier **Ctrl** + **F**, vous pouvez rechercher certaines occurrences dans le page. Elles sont alors surlignées en jaune.

8 Cliquez sur la croix à droite de la barre de recherche pour la faire disparaître.

Surfer sur le Web avec Microsoft Edge

Continuons à découvrir les éléments clés de l'interface de Edge. Voyons comment saisir l'adresse d'un site Web puis utiliser ses fonctionnalités de base.

1 Dans un nouvel onglet, saisissez l'adresse (aussi appelée URL) du site à visiter. Cette adresse est composée de trois grandes parties : le protocole (http ou https), le nom du serveur Web, le chemin d'accès à la page sur le serveur.

Si vous omettez de spécifier le protocole **http://** Microsoft Edge assumera que c'est le protocole que vous souhaitiez utiliser. Par contre, si le site web ne fonctionne qu'en https (transactions sécurisés), pensez à saisir https:// avant le nom du serveur. Certains serveurs vous permettent de vous connecter en http puis basculent automatiquement en https, d'autre ne le font pas : à vous de ne pas oublier le **S** après http.
Toujours dans l'adresse, vous devez ensuite saisir le nom du serveur auquel vous souhaitez vous connecter. Généralement le serveur web public

LEGORAFI Méfiez-vous des informations qui circulent sur le Web, certaines ne sont que des rumeurs, d'autres sont publiées sur des sites volontairement parodiques tels que www.legorafi.fr, www.sud-ou-est.fr., www.theonion.com, www.nordpresse.be et même spécialisés tels que www.footballfrance.fr pour le football ou www.radiocock-pit.fr pour les passionnés d'aviation. Vérifiez l'information avant de la commenter !

se nomme **www** (World Wide Web) suivi d'un point puis d'un nom de domaine. Le nom de domaine représente le nom de la société, d'un produit commercial ou d'une personne.

Par exemple, pour visiter le site parodique du Gorafi, l'adresse sera http://www.legorafi.fr/

Enfin, si vous souhaitez proposer à l'une de vos connaissances de retourner directement sur une page d'un site, il faudra également lui fournir ce qui suit le / (prononcer slash) après le nom du serveur.

Historiquement cela correspondait à un chemin sur le serveur distant. Depuis le Web 2.0, il s'agit le plus souvent de références stockées dans une base de données.

2 Vous pouvez cliquer sur la flèche gauche pour revenir à la page précédente, si vous avez changé de page.

3 Si vous êtes revenus en arrière, vous pouvez revenir aux page vues avant le retour arrière en cliquant sur la flèche droite.

4 Enfin, vous pouvez actualiser le contenu de la page en cliquant sur le bouton **Actualiser** ou utiliser la touche **F5**.

Modifier le moteur de Recherche

Il n'est pas possible de connaître toutes les pages de tous les serveurs sur Internet. En effet, des contenus supplémentaires apparaissent en permanence. Les moteurs de recherche parcourent en permanence le Web et référencent les contenus pour que vous les trouviez facilement.

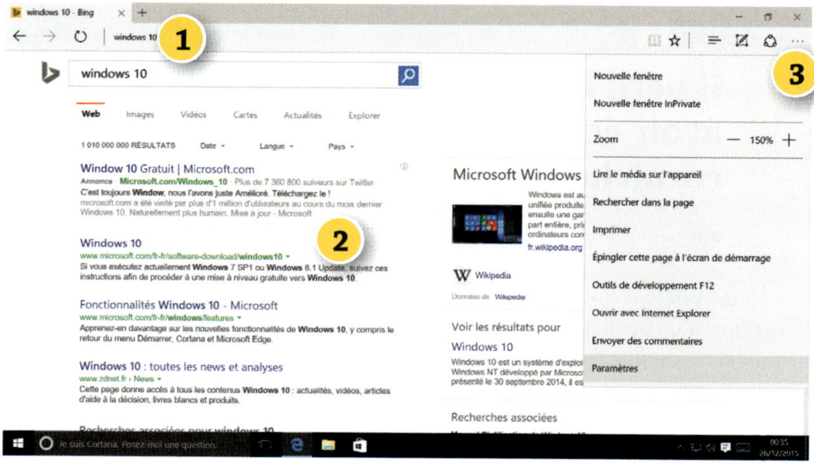

1 Plutôt que saisir l'adresse d'un serveur, si vous saisissez plusieurs mots dans la barre d'adresse : le moteur de recherche du navigateur affiche le résultat de la recherche.

2 Par défaut les résultats sont fournis par Bing, le moteur de recherche de Microsoft.
Les internautes avertis lui préfèrent plutôt Google qui est le top des moteurs de recherche. En effet, en une fraction de seconde, il est capable de fournir des résultats pertinents.

3 Vous allez modifier le moteur de recherche par défaut pour utiliser Google. Cliquez sur les...

4 Cliquez sur la commande **Paramètres** dans le menu.

5 Cliquez ensuite sur **Afficher les paramètres avancés**.

GOOGLE L'entreprise américaine Google Inc. possède le moteur de recherche reconnu comme le plus performant. Comme quelques autres startup des années 2000, elle a démarré dans un garage. Google fourni aussi Gmail, une suite bureautique (Google Docs), l'hébergement de vidéos (YouTube). Google planche aussi sur une multitude de projets comme les voitures autonomes ou les assurances.

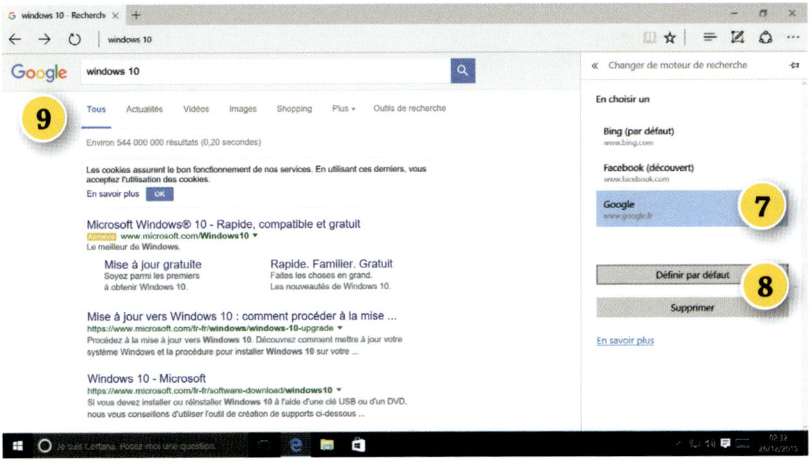

6 Dans la rubrique **Rechercher dans la barre d'adresse avec**, cliquez sur le bouton **Modifier**.

7 Sélectionnez le moteur de recherche **Google**.

Si Google n'apparaît pas en tant que moteur de recherche dans la liste, revenez dans la fenêtre principale d'Edge et rendez-vous sur la page **www.google.fr**. Lorsque vous reviendrez dans les paramètres avancés : il sera alors présent en tant que moteur de recherche découvert.

8 Cliquez sur le bouton **Définir par défaut**.

9 Désormais lorsque vous saisissez des mots clés dans la barre d'adresse, c'est Google qui vous renvoie le résultat de la recherche.

Modifier la page d'accueil

Vous pouvez personnaliser la page d'accueil d'Edge pour y afficher les dernières informations en fonction de vos centres d'intérêts. Vous allez personnaliser la page d'accueil par défaut puis choisir d'afficher plusieurs onglets au démarrage d'Edge.

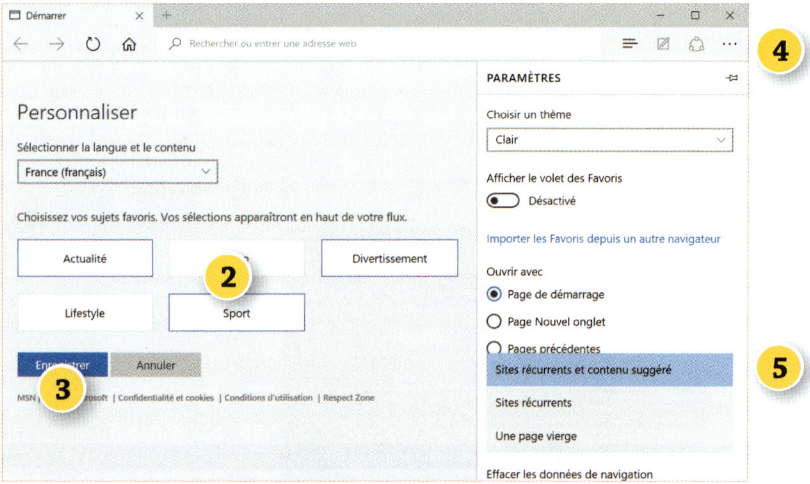

1 Sur la page d'accueil par défaut, cliquez sur le lien **Personnaliser** en haut à droite.

2 Sélectionnez les contenus que vous souhaitez voir apparaître dans vos flux d'information. Cliquez sur chaque contenu pour en sélectionner ou désélectionner un.

3 Cliquez sur le bouton **Enregistrer**.

4 Cliquez ensuite sur les ... dans la barre d'outils d'Edge, puis sur **Paramètres**.

5 Dans la rubrique **Ouvrir avec**, sélectionnez l'option page de démarrage puis sélectionnez **Sites récurrents et contenu suggéré** dans la liste déroulante.

ONGLETS **Firefox a été le premier navigateur Web a permettre de naviguer à l'aide d'onglets. L'intérêt des onglets est de pouvoir changer de contenus ou réaliser plusieurs actions simultanément : consulter de la documentation alors qu'un autre onglet est ouvert sur un réseau social et qu'un troisième onglet permet d'écouter de la musique en ligne. Vous pouvez choisir d'afficher plusieurs onglets à chaque démarrage d'Edge.**

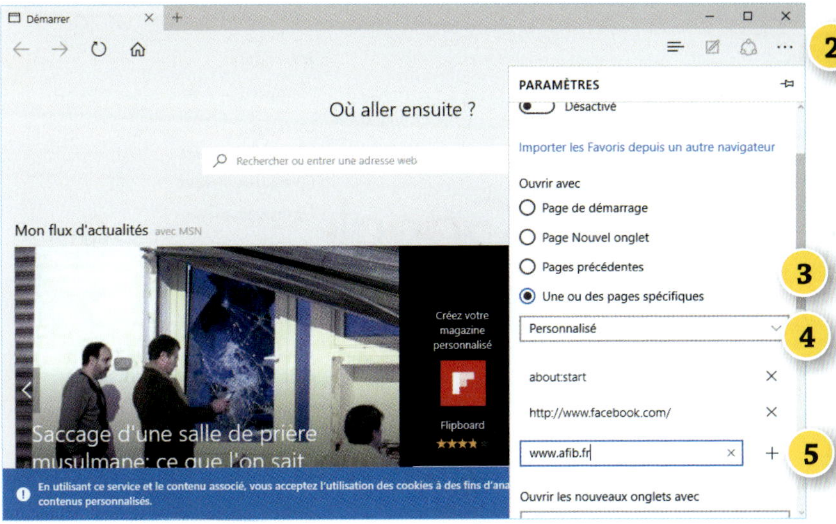

1 Vous pouvez afficher plusieurs onglets au démarrage d'Edge : le premier sur les actualités MSN et d'autres sur vos réseaux sociaux ou d'autres pages.

2 Cliquez sur les ... dans la barre d'outils d'Edge, puis sur la commande **Paramètres.**

3 Dans la rubrique **Ouvrir avec**, sélectionnez l'option **Une ou des pages spécifiques**.

4 Sélectionnez **Personnalisé** dans la liste déroulante.

5 Cliquez sur le **+** puis ajoutez l'adresse d'un site. Une fois le site ajouté, recommencez l'opération autant de fois que nécessaire. Pour supprimer une adresse, cliquez sur la croix placée à droite de l'adresse.

Définir Google en page d'accueil

Vous pouvez mettre Google en page de démarrage principale en quelques clics. Ce n'est pas forcément la meilleure solution dans la mesure où ne verrez plus d'autres pages s'afficher : Google sera alors votre point d'entrée principal sur le Web.

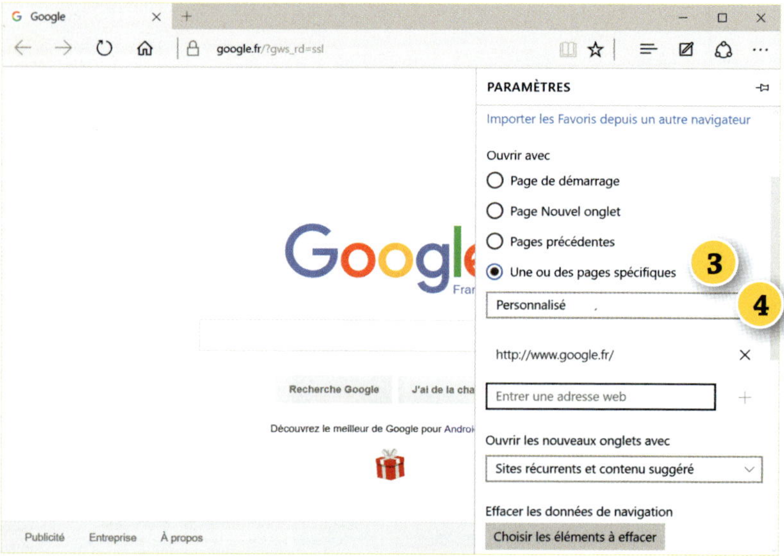

1 Pour mettre Google en tant que page de démarrage principale, refaites les mêmes étapes que pour la fiche précédente en ne définissant qu'une page de démarrage.

2 Cliquez sur les ... dans la barre d'outils d'Edge, puis sur la commande **Paramètres**

3 Dans la rubrique **Ouvrir avec**, sélectionnez l'option **Une ou des pages spécifiques**.

4 Sélectionnez **Personnalisé** dans la liste déroulante.

5 Supprimez toutes les adresses existantes y compris about : start. Cliquez sur le bouton + et saisissez l'adresse **www.google.fr**
Cliquez une fois de plus sur le bouton **+** et n'ajoutez pas d'adresse supplémentaire.

GOOGLE : AMI ? **L'adage dit "Google est ton ami". Cela signifie que si vous ne connaissez pas quelques chose et cela dans n'importe quel domaine : Google a la réponse pour vous. En ce sens, il peut être considéré comme un ami. Néanmoins, Google sait tout sur tout le monde dans la mesure où toutes vos recherches sont stockées : il est ainsi facile pour Google de savoir ce que vous cherchez pour vous proposer de la publicité ciblée.**

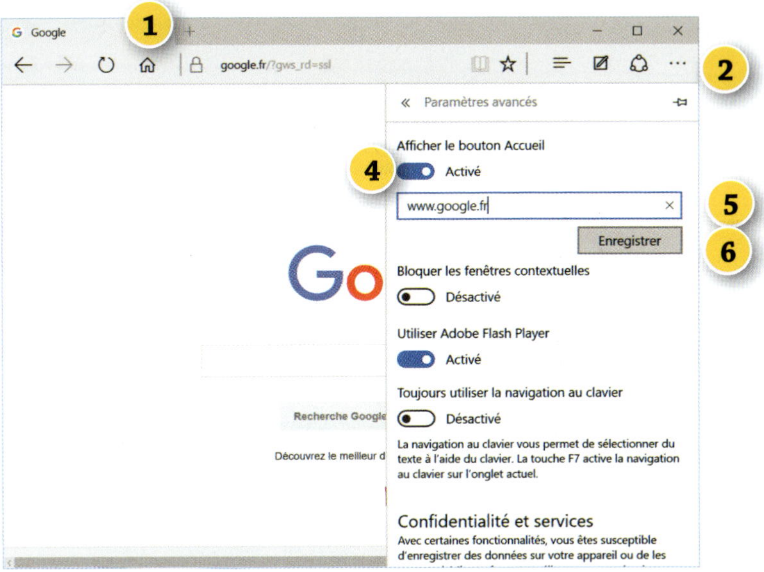

1 Si vous souhaitez conserver les infos MSN et pouvoir afficher le moteur de recherche en un clic (souvenez vous que vous pouvez aussi utiliser la barre d'adresse pour démarrer une recherche) : modifiez la page d'accueil affichée lorsque vous cliquez sur le bouton **Accueil** pour y définir le moteur de recherche Google.

2 Cliquez sur les ... dans la barre d'outils d'Edge, puis sur **Paramètres**

3 Cliquez sur le bouton **Afficher les paramètres avancés**.

4 Activez l'option **Afficher le bouton Accueil**.

5 Saisissez **www.google.fr** dans la zone de texte.

6 Cliquez sur le bouton **Enregistrer**.

Trouver avec Google

Les moteurs de recherche permettent de trouver les pages que vous cherchez à deux conditions : que le moteur de recherche ait préalablement indexé la page que vous allez chercher et que vous utilisiez les bons mots clés pour lui poser la question. Par exemple, vous allez rechercher comment cultiver les tomates cerises.

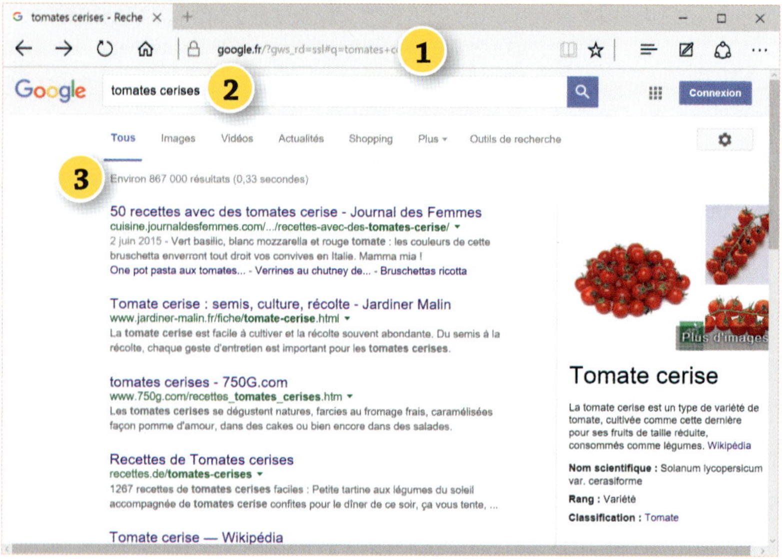

1 Rendez-vous à la page d'accueil de Google en saisissant l'adresse **www.google.fr** dans la barre d'adresse.

2 Saisissez les mots **tomates cerises** dans la zone de texte puis appuyez sur la touche **Entrée**.

3 Vous obtenez alors environ 867000 résultats qui correspondent à votre requête.

4 Pour filtrer, ajoutez des mots clés, comme culture ou cultiver devant tomates et cerises.

5 Le nombre de réponse devrait diminuer pour passer à 113 000 résultats : soit toujours beaucoup trop à lire pour un humain

6 Utilisez des guillemets pour chercher des groupes de mots par exemple "tomates cerises" et non des

INTROUVABLE **Un dicton dit que le meilleur endroit pour enterrer un cadavre : c'est la page n° 2 de Google. Pour de nombreux sites commerciaux, s'ils n'arrivent pas en première page de Google lors de recherches sur certains mots clés : c'est comme s'ils n'existaient pas. Les concepteurs de sites utilisent donc divers stratagèmes pour apparaître en première page.**

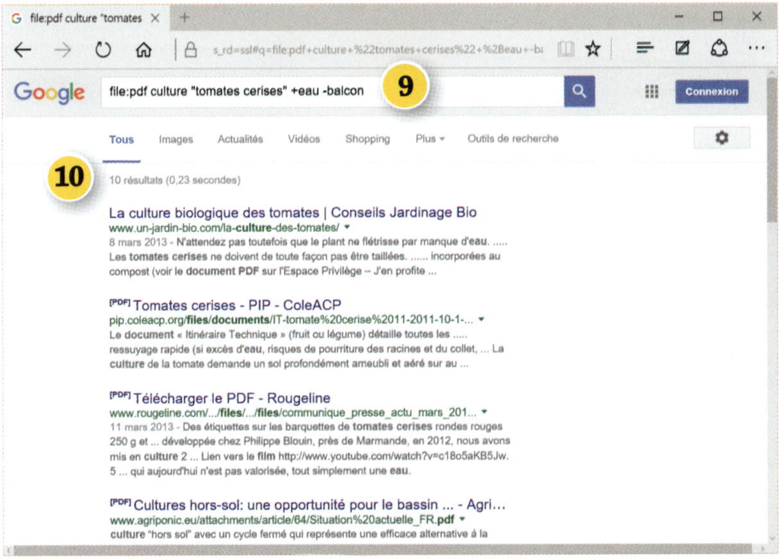

pages qui traitent des tomates ou des cerises.

7 Si vous recherchez des fichiers PDF traitant de la culture des tomates cerises, utilisez la syntaxe file:pdf culture "tomates cerises".

8 Dans ce cas, 3 300 résultat sont renvoyés par Google. En bas de la page, n'hésitez pas consulter les réponses 11 à 20 puis les suivantes en cliquant sur le lien 2 en bas de la page.

9 Si vous souhaitez rendre certains mots obligatoires, ajoutez le symbole + devant ces mots. Pour interdire le renvoi de pages contenant d'autres mots : faites les précéder du signe -. Par exemple, recherchez file:pdf culture "tomates cerises" +eau -balcon.

10 Seuls 10 résultats sont renvoyés.

Chercher un itinéraire

Avant de vous perdre en chemin, vous pouvez planifier un itinéraire grâce à plusieurs sites ou même des applications du Store telles que Cartes ou Inrix. Vous allez pouvoir déterminer le meilleur itinéraire pour aller plonger en quelques clics avec Google Maps.

1 Rendez-vous à l'adresse **www.google.fr/maps** depuis Edge.

2 Saisissez le lieu du départ, puis cliquez sur **Itinéraire**.

3 Saisissez début du lieu d'arrivée puis utilisez les propositions affichées par Google. Vous pouvez utiliser une adresse précise en utilisant la notation 14 rue Euler, Merignac par exemple.

4 Vous pouvez inverser les lieux de départs et d'arrivée.

5 Sélectionnez votre moyen de locomotion.

6 Eventuellement, plusieurs itinéraires peuvent s'afficher : sélectionnez en un pour le voir s'afficher en bleu sur la carte. Les autres sont affichés en gris clair.

PHOTOS GOOGLE Google dispose d'une flotte de véhicules qui sillonnent les rues du monde entier afin de photographier les rues et les bâtiments. Parmi les centaines de milliers de kilomètres parcourus par ces voitures, il arrive que certaines photos insolites soient prises comme celle où la voiture a percuté un faon (http://www.journaldugeek.com/2009/01/30/google-ma-tuer-signe-bambi/).

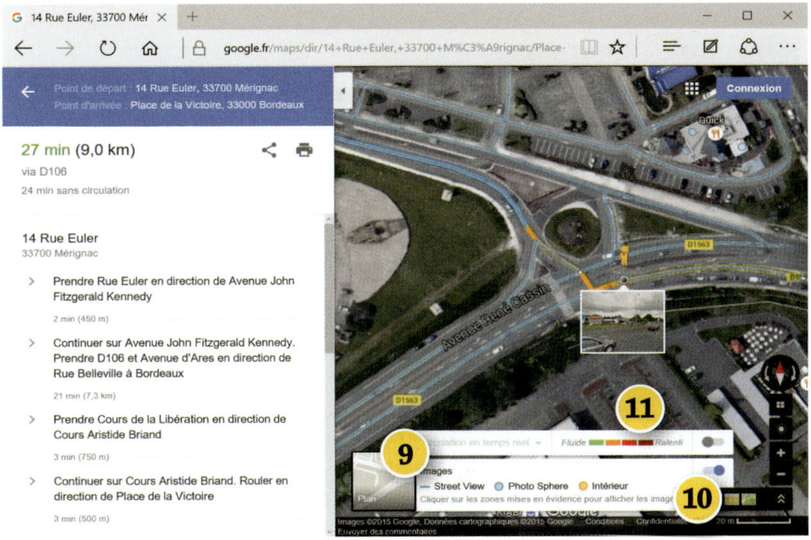

7 Zoomez et déplacez vous sur la carte.

8 Affichez les images et modifiez votre parcours si vous avez le temps de faire un détour par rapport à l'itinéraire proposé.

9 Vous pouvez basculer d'affichage plan à satellite, après avoir masqué les images.

10 Placez la figurine directement sur votre itinéraire : vous pourrez voir les routes et les bâtiments tels qu'ils ont photographiés par les voitures de Google. Cela permet de repérer les intersections compliquées en cas de doute par rapport aux plans.

11 Pour certains itinéraires, les temps de parcours peuvent être modulés en fonction du trafic routier actuel ou prévu.

Consulter les dernières informations

Vous souhaitez savoir ce qu'il se passe en ce moment dans la presse en ligne mais vous n'avez personne pour vous faire une revue de presse ? Par de problème : Google est là pour cela...

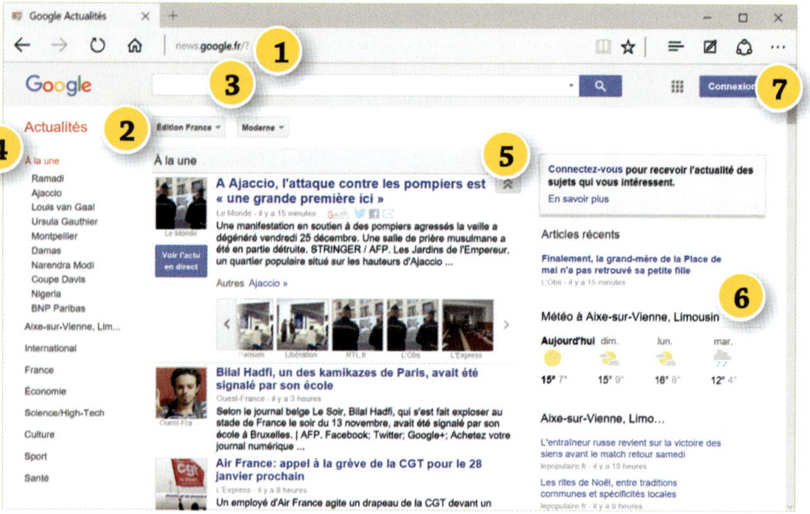

1 Depuis Edge, saisissez **news.google.fr**.

2 Choisissez votre édition en fonction du pays. Par exemple, le soir d'élections en France il peut être judicieux d'utiliser les éditions Belges ou Suisses pour connaître les résultats à l'avance.

3 Pour trouver une information parue dans la presse sur un sujet précis, utilisez la zone de recherche.

4 Vous pouvez vous déplacer rapidement entre rubriques comme dans un journal traditionnel.

5 Cliquez sur les chevrons pour voir tous les sites qui affichent l'information.

6 Bénéficiez des prévisions météo de votre emplacement.

NEWS Google réunit dans sa page news.google.fr une revue de presse synthétisée et totalement automatisée à partir de plus de 500 sources francophones. Ce service disponible dans 22 pays offre gratuitement des articles triés par catégories et ordre de pertinence. Cette dernière est notamment déterminée par la notoriété de la source ainsi que du nombre de sources traitant du sujet.

7 Authentifiez vous à l'aide d'un compte Gmail. Si vous n'en disposez pas encore, vous pouvez en créer un en ligne gratuitement.

8 Cliquez sur le bouton **Personnaliser**.

9 Vous pouvez pour chaque catégorie définir si vous souhaitez beaucoup d'infos ou moins d'infos.

10 N'hésitez pas à créer de nouveaux sujets d'actualité qui s'afficheront en bas dans la liste des actualités.
Dans les options avancées, vous pourrez spécifier quels mots clés utiliser pour trouver des articles en rapport avec mots vos domaines d'intérêt.

11 Au besoin, ajustez vos sources en fonction de vos sensibilités, par exemples politiques.

Chercher dans les encyclopédies

Le Web est à lui seul la plus grande encyclopédie qui peut être parcourue en utilisant un moteur de recherche. Néanmoins, certaines informations peuvent être biaisées ou fausses. Certains sites dont Wikipedia permettent d'accéder à des articles de haut niveau sur une multitude de sujets.

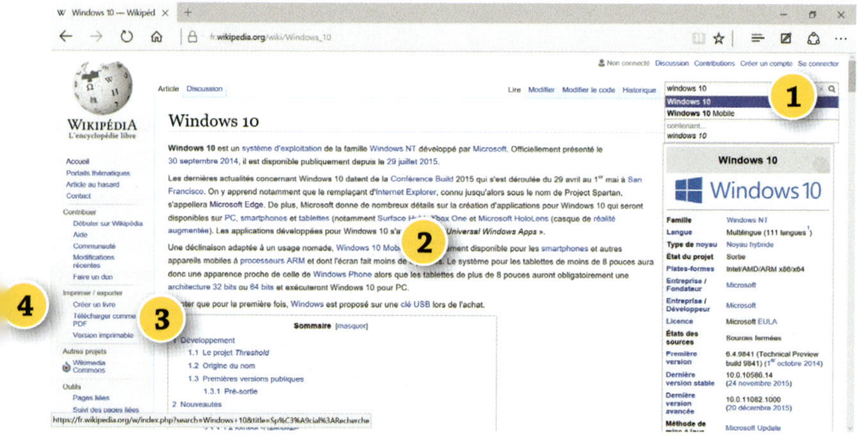

1 Depuis Google, utilisez le mot clé Wikipedia et ajoutez ce que vous cherchez dans l'encyclopédie. Vous pouvez aussi lancer une recherche directement depuis Wikipedia.

2 Consultez l'article en ligne et utilisez les liens pour compléter l'affichage d'information. La force de Wikipedia est qu'il est souvent nécessaire de fournir des justifications par rapport aux informations fournies. Vous retrouvez ces informations en fin d'article parmi les références.

3 Vous pouvez générer un fichier PDF.

4 Vous pouvez aussi démarrer le créateur de livres pour y intégrer différentes pages trouvées sur Wikipedia. Ce livre pouvant être ensuite exporté au format PDF ou OpenOffice.org.

FIABILITÉ Il est souvent reproché à Wikipedia de fournir des informations non fiables voir volontairement erronées. Le fonctionnement communautaire du site fait que n'importe quel internaute, y compris vous, peut y contribuer. Le plus souvent, lorsqu'un article comporte une erreur, il est rapidement corrigé par des contributeurs spécialistes du sujet. N'hésitez pas à corriger les informations que vous savez erronées.

5 Si vous souhaitez apporter des modifications régulièrement : créez vous un compte. Si vous ne créez pas de compte, vous pourrez tout de même réaliser des modifications : dans ce cas, l'adresse IP de votre connexion Internet sera ajoutée aux révisions.

6 Cliquez sur **Modifier** pour apporter directement des modifications à un article existant.

7 Vous pouvez consulter l'historique des modifications, les comparer, en discuter et même annuler celles réalisées par d'autres.

Par exemple, si vous êtes professeur d'histoire et repérez qu'une date ou un lieu n'est pas correct : vous pouvez modifier l'information en quelques secondes. Si une information erronée est ajoutée, d'autres internautes la supprimeront rapidement.

Organiser l'historique de sa navigation et ses favoris

Si vous avez visité un site Web récemment, vous pouvez vouloir y retourner rapidement sans obligatoirement reprendre le cheminement qui avait permis d'y accéder. L'historique de vos visites peut vous y aider.

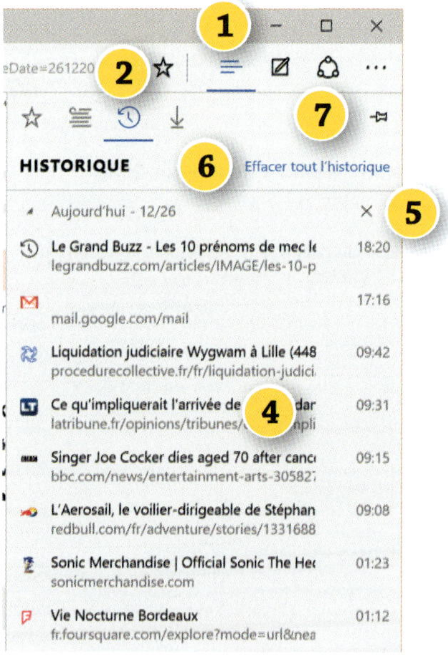

1 Pour accéder à l'historique de la navigation, cliquez sur le bouton Hub.

2 Cliquez sur le bouton **Historique**.

3 Vous retrouvez l'historique de la navigation

4 Cliquez sur une date, puis sur un lien pour accéder à la page visitée (sous réserve qu'elle existe toujours)

5 Pour effacer une visite, cliquez sur la croix à droite du lien dans l'historique. Pour supprimer l'historique d'une journée, cliquez sur la croix placée à droite du jour.

6 Pour supprimer tout l'historique, cliquez sur **Effacer tout l'historique**.

7 Pour conserver le volet Hub affiché en permanence : épinglez le.

NAVIGATION SANS MAMAN Si vous visitez des sites sensibles qui ne doivent pas laisser de traces dans l'ordinateur (cookies de navigation, fichiers temporaires, historique, etc.), vous devriez utiliser la navigation en privé. Pour l'utiliser, cliquez sur les... de la barre d'outils dans Edge, puis cliquez sur Nouvelle fenêtre inPrivate ou utilisez le raccourci clavier Ctrl + Maj + P.

Si vous souhaitez retrouver un site bien après la purge de l'historique, vous pouvez l'ajouter à vos favoris :

1 Une fois que la page a mémoriser est affichée, cliquez sur l'étoile.

2 Renommez le nom si le titre de la page ne vous convient pas. Si vous avez beaucoup de favoris : créez des dossiers pour les classer par catégories.

3 Cliquez sur **Ajouter**.

Pour retrouver un favoris :

4 Rendez-vous dans le Hub

5 Cliquez sur l'étoile puis cliquez sur votre favori. Eventuellement, il peut être dans un dossier.

6 Pour renommer ou supprimer un favori, cliquez du bouton droit dessus.

Annoter une page

Si vous disposez d'une tablette ou d'un ordinateur avec un écran tactile, une nouvelle fonctionnalité du navigateur est apparu : la possibilité de prendre des notes directement sur l'écran.

1 En haut de la fenêtre de Microsoft Edge, cliquez sur le bouton **Écrire une note Web**.

2 Si vous disposez d'un stylet, tapez une fois sur l'écran avec la pointe. Choisissez une couleur et écrivez directement sur l'écran. Vous pouvez aussi le faire avec un doigt ou avec la souris si vous n'avez pas de stylet.

3 Le surligneur fonctionne selon le même principe : les traits sont plus gros et transparents.

4 La gomme efface comme si vous retournez le stylet des tablettes (à utiliser comme une gomme).

5 Vous pouvez annoter au clavier la page.

6 Sélectionnez une zone de la page

TACTILE La prise de notes sur les pages Web est l'une des nouveautés de Edge plutôt dédié aux périphériques disposant d'une interface tactile. Microsoft a commercialisé ses premiers ordinateurs spécialement conçus pour l'environnement tactile dès 2005 avec Windows XP Tablet Edition. L'utilisation tactile simplifie l'usage des ordinateurs en situation de mobilité (absence de clavier et de souris au profit d'un stylet).

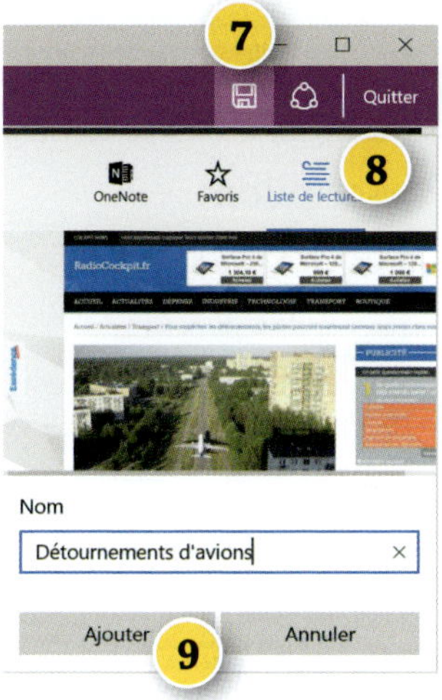

affichée, elle est immédiatement copiée dans le presse-papier. Vous pouvez coller le contenu dans un programme de dessin ou de traitement de texte.

7 Pour retrouver ultérieurement vos notes Web, cliquez sur la disquette.

8 Enregistrez vos notes dans OneNote si vous le possédez. Sinon, choisissez **Liste des lectures**.

9 Saisissez un nom pour la page sauvegardée, puis cliquez sur **Ajouter**.

Pour retrouver une Note Web enregistrée :

10 Cliquez sur le bouton **Hub**.

11 Rendez-vous dans les **Listes de lecture** pour retrouver la page enregistrée.

Créer un compte Facebook

Facebook est actuellement le réseau social qui compte le plus d'utilisateurs actifs au monde. Le principe des réseaux sociaux est de créer des réseaux d'amis connus réellement ou uniquement dans le monde virtuel pour échanger des idées, des photos, des vidéos, discuter, s'amuser, etc.

1 Depuis Microsoft Edge, rendez-vous sur le site www.facebook.com.

2 Pour accéder à Facebook, vous devez disposer d'un compte. Ce compte pourra être utilisé pour d'autres applications capables de s'appuyer sur l'authentification Facebook.

3 Fournissez votre prénom, nom.

4 Saisissez une adresse email ou un numéro de téléphone valide pour récupérer votre mot de passe Facebook en cas de perte.

5 Votre mot de passe devrait comporter au moins 8 caractères avec un mélange de majuscules, minuscules, chiffres et caractères spéciaux.

FACEBOOK Facebook est le deuxième site web le plus visité après Google. Il fait partie du big four : GAFA (Google, Amazon, Facebook, Apple). Il compte 1,55 milliard d'utilisateurs qui s'y connectent au moins une fois par mois ! Le site créé en 2004 par Marc Zuckerberg s'appelait à l'origine thefacebook.com.

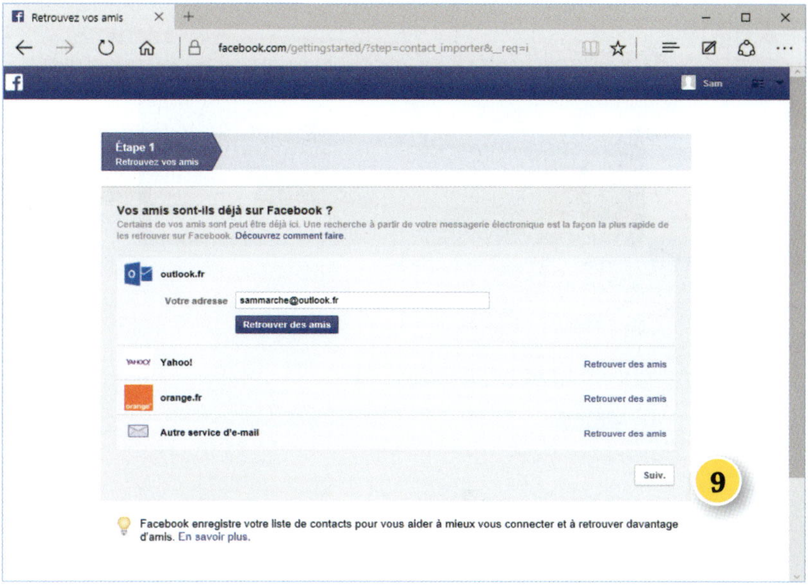

6 Renseignez votre date de naissance. Elle pourra être utilisée par vos amis pour vous souhaiter votre anniversaire. Vous devez avoir au moins 13 ans pour disposer d'un compte Facebook.

7 Cliquez sur le bouton **Inscription**.

8 Rendez-vous dans votre boîte aux lettres, puis cliquez sur le bouton **Confirmez votre compte**.

9 Votre compte a été créé. Facebook vous propose d'ajouter des amis : c'est encore un peu prématuré. Vous devez d'abord configurer votre profil et modifier vos paramètres de confidentialité : sinon vos amis pourront ne pas avoir la certitude que c'est bien vous et pourront potentiellement accéder à des informations que vous ne souhaitez pas divulguer.
Cliquez sur le bouton **Suiv.**

Personnaliser son compte Facebook

Une fois le compte créé, il vous faut lui donner du contenu pour donner envie à vos amis réels ou virtuels de vous ajouter. Vous en profiterez également pour modifier vos options de confidentialité pour ne diffuser que les informations que vous souhaitez.

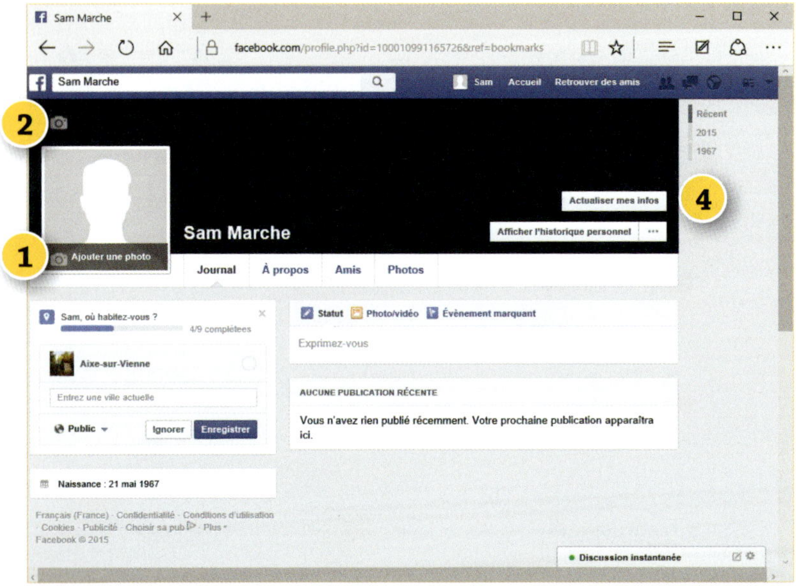

1 En haut à gauche de la fenêtre, cliquez sur votre nom d'utilisateur Facebook.

2 Ajoutez une photo de profil, c'est elle qui sera vue le plus souvent par vos amis du réseau social.

3 Ajoutez un fond à votre profil en recentrant la photo.

4 Actualisez certaines informations en renseignant vos lieu de travail, vos études, vos villes actuelle et de naissance et même éventuellement le statut de votre relation matrimoniale.

Aucune information n'est obligatoire !

Ne renseignez que ce que vous souhaitez : c'est le meilleur moyen de laisser certaines informations confidentielles.

ATTENTION Les réseaux sociaux sont une mine d'information pour les recruteurs, les connaissances plus ou moins éloignées (collègues, clients, anciens partenaires, concurrents, etc.) et même les pirates (hameçonnage dans le but d'extorquer de l'argent le plus souvent). Ne rendez pas toutes les informations vous concernant publiquement accessibles.

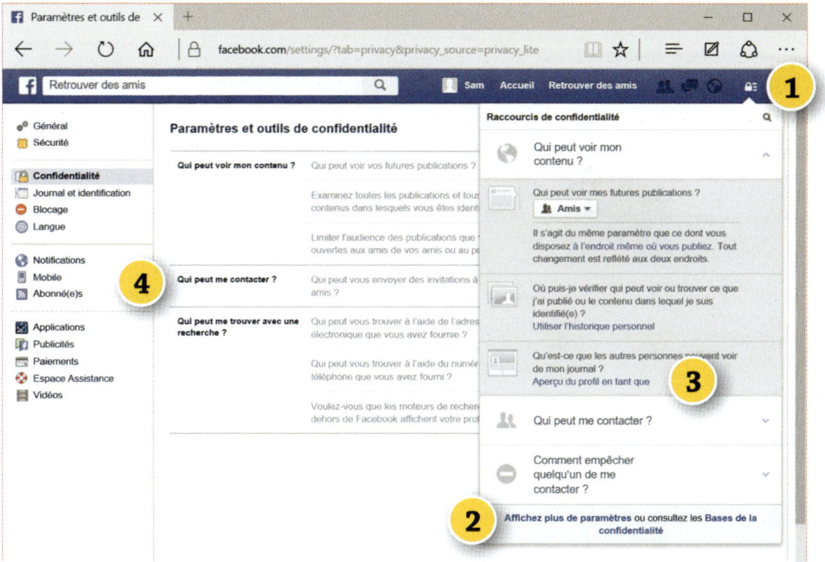

1 Pour modifier vos options de confidentialité, cliquez sur le cadenas en haut à droite de la fenêtre.

2 Cliquez sur le lien **Affichez plus de paramètres**. Puis configurez les paramètres de confidentialité affiché. Par exemple, pour votre date de naissance, vous pouvez choisir d'afficher le jour et le mois sans l'année.

3 Vous pouvez choisir d'afficher votre profil Facebook en cliquant sur le lien **Aperçu du profil en tant que**. Sélectionnez le type d'utilisateur qui accèderait à votre profil (par exemple Public) et vérifiez qu'il n'en voie pas trop.

4 Configurez également qui peut vous ajouter, poster des publications sur votre mur, qui peut les aimer, les commenter ou les partager.

Interagir sur Facebook

Après avoir personnalisé votre profil configurez vos options de confidentialité. Vous allez pouvoir publier des informations sur votre mur. Le mur est votre page Facebook visible par tout le monde. Néanmoins, pour chaque publication, vous pourrez personnaliser les groupes de personne capables d'afficher vos informations.

1 Sur votre mur, cliquez dans la zone **Exprimez-vous** puis saisissez un texte sur vos activités, votre humeur du moment, vos réflexions à haute voix ou toute information que vous souhaitez rendre publique.

2 Ajoutez une photo ou une image.

3 Vous pouvez marquer des amis comme apparaissant dans votre publication : ils en seront alors informés.

4 Indiquez votre ressenti actuel.

5 Spécifiez votre emplacement.

6 Indiquez éventuellement de la date de l'événement.

7 Sélectionnez qui pourra voir votre message sur le mur.
Public : tous les utilisateurs Facebook pourront voir votre publication.

OPTIMISER SA VISIBILITÉ Certains de vos messages peuvent être postés en direct lors d'évènements tels que des concerts ou des rencontres sportives. Sinon, il faut éviter de publier le vendredi avant 8 h 00 ou après 20 h 00. Les pics de fréquentation étant entre midi et 14 h 00 puis de 17 h 00 à 18 h 00. Pour être bien visible, il faudrait poster une publication par jour et ne jamais laisser deux jours d'inactivité sur votre mur.

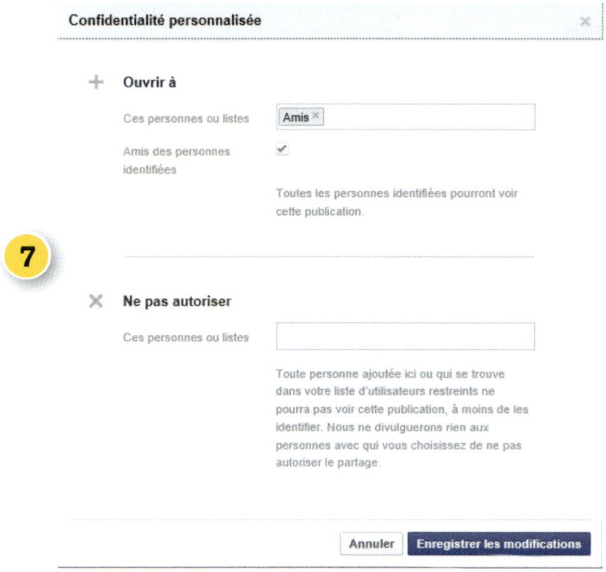

Amis : seuls vos amis y auront accès
Moi uniquement : seul vous aurez accès à la publication. Cela peut être pratique comme pense bête ou pour préparer une publication relativement longue : vous pourrez adapter la portée ultérieurement.
Personnalisé : vous pouvez choisir qui pourra voir le message parmi vos amis en agissant par inclusion ou par exclusion.

8 Une fois le message relu, cliquez sur le bouton **Publier**. Vos amis verront votre publication apparaître directement sur leur mur en fonction d'algorithmes spécifiques à Facebook. Parfois, vous verrez les publications d'amis alors qu'après un rafraîchissement de la page vous ne les verrez plus : c'est la même chose pour vos publications sur leurs murs.

Interagir sur Facebook

Si après avoir publié un message sur votre mur, vous souhaitez la modifier, changer sa portée ou même la supprimer : c'est possible. Vous pouvez également interagir avec les publications des autres utilisateurs du réseau social.

1 Pour modifier une publication, cliquez sur le chevron.

2 Si vous avez spécifié le lieu : vous pouvez l'enregistrer dans vos lieux.

3 Vous pouvez modifier la publication notamment si vous repérez une faute de frappe ou une autre erreur. Attention : les autres utilisateurs pourront afficher l'historique des modifications. S'il s'agit d'une publication très récente et pas encore aimée ou commentée : supprimez la et publiez en une nouvelle corrigée.

4 Changez le lieu de la publication.

5 Modifiez la date de l'évènement dans la publication.

6 Identifiez vos amis dans la publication, notamment s'ils apparaissent sur la photo.

CONFIDENTIALITÉ La question de la confidentialité est l'une des problématiques principales en matière de sécurité dans les réseaux sociaux. Évitez de modifier la visibilité des publications vers des niveaux plus exposés : si vous aviez publié en niveau de confidentialité Amis et que vous changez pour Public : vos amis qui auront commenté ou aimé la page seront alors visibles de tous alors qu'ils ne le souhaitaient peut-être pas.

7 Lorsque vos amis aiment, commentent ou partagent votre publication : vous en êtes avertis par Facebook et par courrier électronique. Pour certains messages : cela peut générer beaucoup de courrier électroniques : désactivez les notifications pour cette publication.

8 Si vous changez d'avis : supprimez votre publication.

Pour chaque publication si vous y autorisé par son auteur, vous pouvez:

9 L'aimer ou au moins signifier que vous l'avez vue.

10 La commenter.

11 La partager avec un groupe d'amis ou en public.

Retrouver des amis sur Facebook et discuter avec eux

Facebook étant un réseau social, l'intérêt est d'avoir suffisament d'amis pour échanger. Ces amis n'étant pas obligatoirement les mêmes que dans la vie réelle. Certains utilisateurs sélectionnent très attentivement leurs amis alors que d'autres cherchent à engranger un maximum d'amis sur Facebook.

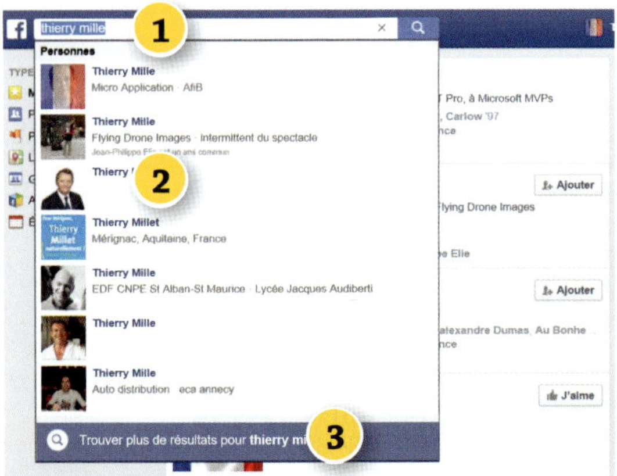

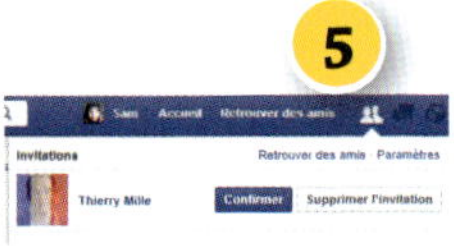

1 Dans la zone de texte **Retrouver des amis** saisissez les premières lettres du prénom et du nom de la personne que vous recherchez.

2 Si vous le trouvez dans la liste, cliquez sur son profil puis choisissez de l'ajouter.

3 Si la personne recherchée n'apparaît pas, cliquez sur **Trouver plus de résultats pour**. Puis cherchez la dans la liste pour l'ajouter.

4 Il peut arriver que Facebook vous propose d'ajouter des personnes par rapport à vos amis existants : libre à vous de proposer de les ajouter.

5 Lorsque vous recevez une demande d'ajout, examinez méticuleusement le profil de la personne : éventuellement contactez la pour vérifier son identité réelle.

LES AMIS DE MES AMIS **Attention, lorsque vous marquez (taguez) une personne dans une publication, par défaut ses amis auront également accès à votre publication. Parfois, il peut arriver que certains des amis de cette personne taguée soit en conflit avec vous : dans ce cas, ils auront accès à votre message directement sur leur mur. Pour éviter cela, choisissez de personnaliser la portée de la publication.**

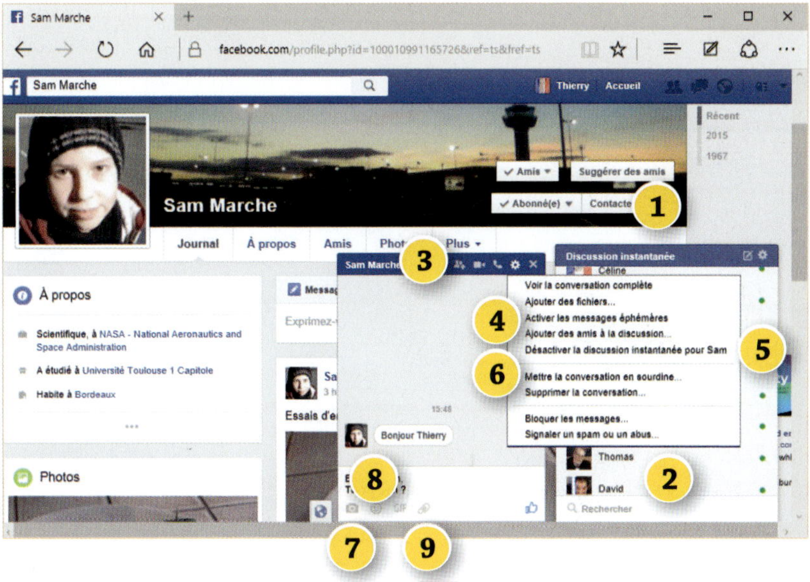

1 Lorsque vous sélectionnez l'un de vos amis : vous pouvez le contacter pour échanger en privé.

2 Vous pouvez aussi discuter en instantané avec le volet de droite.

3 Ajoutez des amis à la discussion.

4 Les messages éphémères permettent de ne conserver les messages que pour une heure.

5 Apparaîssez comme déconnecté.

6 N'affichez pas les nouveaux messages en chat.

7 Envoyez une photo.

8 Envoyez un émoticône.

9 Envoyez un fichier comme par exemple un PDF.

CHAPITRE 5

038 • Prendre en main l'application Courrier
039 • Ajouter un compte Outlook ou POP3
040 • Envoyer un courrier électronique
041 • Répondre ou transférer un courrier électronique reçu
042 • Envoyer et détacher des pièces jointes
043 • Créer un contact
044 • Rechercher un contact
045 • Créer un rendez-vous dans le calendrier
046 • Accéder à ses courriers, contacts et calendrier Outlook

LE COURRIER ÉLECTRONIQUE

Prendre en main de l'application Courrier

L'application Courrier vous permet de lire les courriers électroniques reçus, d'y répondre ou d'en envoyer. L'intérêt de l'application Courrier est de vous proposer la même interface graphique quelque soit l'hébergeur de votre boîte aux lettres.

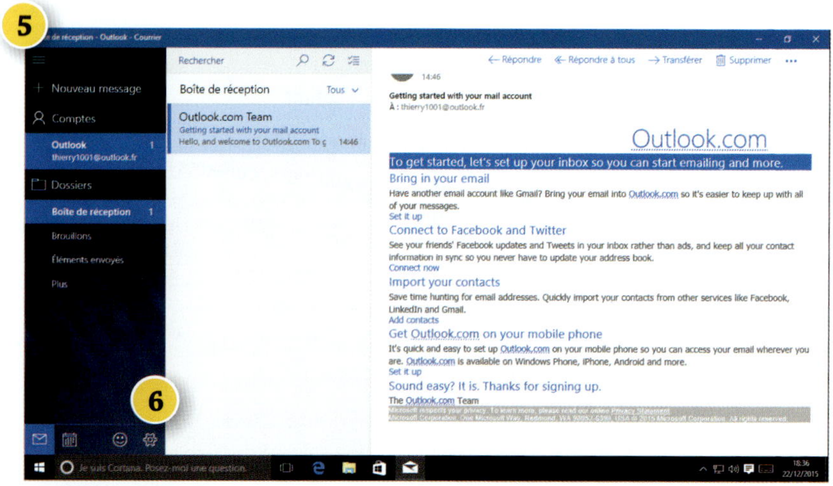

1 Saisissez **Courrier** dans le menu **Démarrer**, puis cliquez sur **Courrier**.

2 Cliquez sur le bouton **Prise en main**.

3 Vous devez disposer d'au moins un compte Microsoft configuré dans l'ordinateur pour utiliser l'application Courrier. Si vous n'en avez pas : créez en un en vous reportant à la **fiche 013** (voir page 36).

4 Cliquez sur le bouton **Vous êtes fin prêt**.

5 Pour réduire le volet de gauche ou le restaurer cliquez sur le bouton en haut à gauche.

6 Cliquez sur le bouton avec la roue crantée pour personnaliser les options de l'application Courrier.

E-MAIL Le courier électronique permet de communiquer de manière asynchrone : lorsque vous envoyez un message, votre destinataire peut le recevoir plusieurs minutes après votre envoi en cas de ralentissement ou de pannes des serveurs. Ce n'est pas parce que votre courrier est arrivé dans sa boîte aux lettres qu'il en a immédiatement pris connaissance et encore moins compris le contenu. Soyez patients !

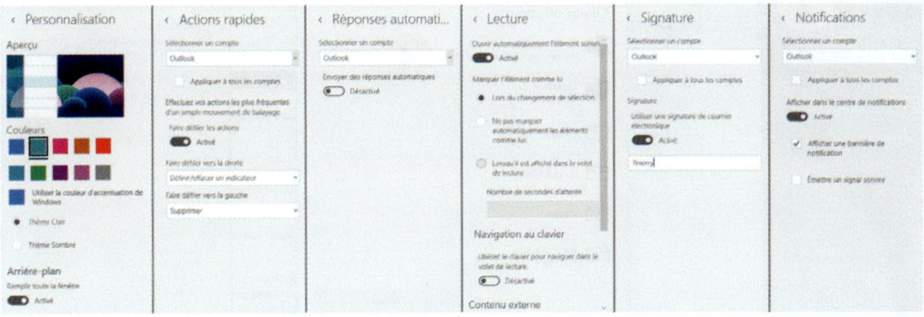

7 **Personnalisation** pour modifier la couleur des polices, changer la luminosité du thème, changer la photo d'arrière-plan.

8 **Actions rapides** permet de définir que faire lorsque vous balayez du doigt vers la droite ou vers la gauche un message si vous avez une tablette.

9 **Réponses automatiques** vous permet de définir si vous envoyez un accusé de lecture automatiquement.

10 **Lecture** indique s'il faut marquer les messages comme étant lus, télécharger les images contenues dans les messages.

11 Dans **Signature**, modifiez la signature ajoutée en pied de message.

10 **Notifications** permet d'être informé des nouveaux messages.

Ajouter un compte Outlook ou POP3

Pour envoyer ou recevoir des courriers électroniques, vous devez configurer l'application Courrier pour qu'elle sache comment récupérer les courriers : sur quel serveur et au nom de qui, mais aussi en envoyer.

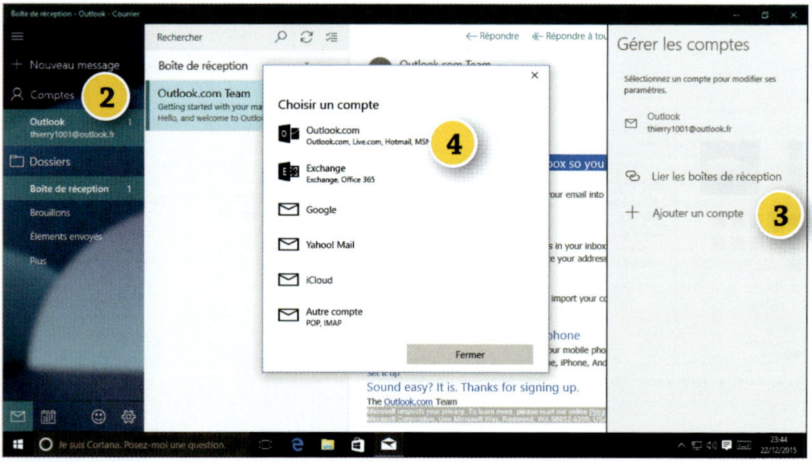

1 Démarrez l'application Courrier en saisissant **Courrier** dans le menu **Démarrer**.

2 Cliquez sur **Comptes**.

3 Cliquez sur **Ajouter un compte.**

4 Sélectionnez **Outlook.com** pour ajouter un compte dont le domaine suivant le @ est hotmail.com, hotmail.fr, msn.com, msn.fr, live.com, live.fr ou encore Outlook.com ou Outlook.fr.

5 Renseignez votre adresse de courrier électronique Microsoft et votre mot de passe.

6 Cliquez sur le bouton **Se connecter** puis **Terminer**.

LE COURRIER ÉLECTRONIQUE 039

POST OFFICE PROTOCOL **Le protocole (langage informatique d'échange d'information) POP3 permet à l'application Courrier (client de messagerie) de récupérer le courrier électronique sur un serveur de messagerie après authentification.**
SIMPLE MAIL TRANSFER PROTOCOL **Le protocole SMTP permet d'envoyer un message entre deux ordinateurs. Le serveur SMTP configuré est donc le serveur sortant.**

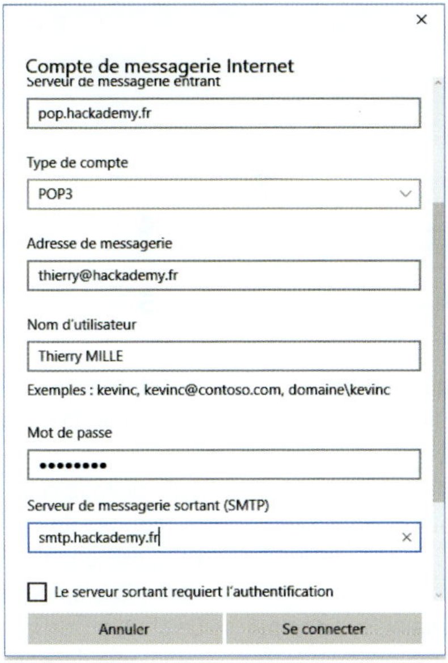

1 Depuis l'application Courrier, cliquez sur **Comptes**. Enfin, cliquez sur **Ajouter un compte**.

2 Cliquez sur **Autre compte**.

3 Saisissez l'adresse SMTP de la boîte aux lettres et le mot de passe associé. Si la découverte automatique fonctionne : les paramètres seront alors configurés automatiquement.

4 Si la détection automatique échoue, cliquez sur **Réessayer** à deux reprises puis sur **Avancé**.

5 A l'aide des informations fournies par l'hébergeur de la boîte aux lettres, renseignez les différents champs. Généralement, si l'adresse est alias@domaine.ext, le serveur entrant se nomme pop.domaine.ext ou imap.domaine.ext. Le serveur sortant se nomme alors smtp.domaine.ext.

Envoyer un courrier électronique

Vous pouvez envoyer un courrier électronique à n'importe quel destinataire qui dispose d'une adresse SMTP. La boîte aux lettres de votre destinataire peut être hébergée par un fournisseur d'accès Internet, une entreprise ou une administration.

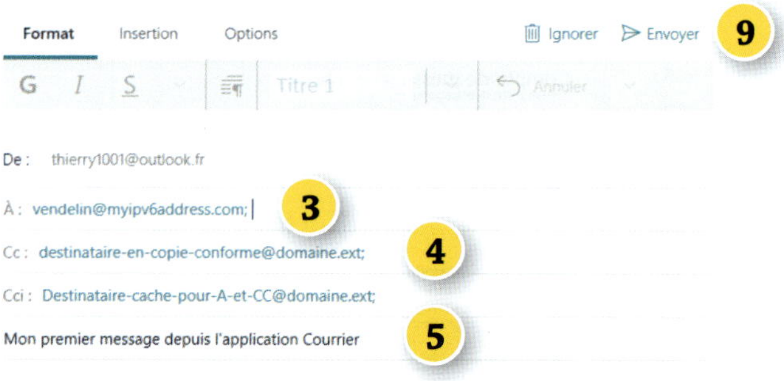

1 Depuis l'application Courrier, sélectionnez le compte utilisé pour l'envoi du message.

2 Cliquez sur le bouton **Nouveau message**.

3 Dans la zone A : saisissez une ou plusieurs adresses de courrier électronique. Une adresse e-mail ne comporte jamais d'espace ou d'accent. Elle est insensible à la casse (différence entre majuscules et minuscules). Sur les clavier AZERTY français, utilisez la combinaison de touches **AltGr** + **0** pour écrire le @ (qui signifie at en anglais : chez en français).

Une astuce consiste à saisir les adresses des destinataires en dernière étape pour ne pas envoyer accidentellement un courrier électronique non finalisé.

4 Si vous souhaitez ajouter des personnes en copie, cliquez sur **Cc et CCi** : des champs supplémentaires sont alors ajoutés.
Le champ Cc (Copie Carbone) envoie une copie du message aux destinataires présents dans la zone de texte. Chacun comme les destinataires principaux peuvent voir les destinataires.
Le champ Cci (Copie carbone invisible) permet d'envoyer une copie du message à ces destinataires sans que les destinataires principaux (A) ou en copie conforme (Cc) ne puissent le voir. La zone de texte Cci est très pratique pour envoyer des courriers électroniques à un certain nombre de personnes qui ne se connaissent pas (envois groupés par exemple).

NETIQUETTE Essayez de respecter la netiquette lorsque vous communiquez à travers un réseau informatique : ne pas encombrer le réseau inutilement, respecter ses interlocuteurs, etc. Par exemple, ne composez jamais un message ENTIÈREMENT EN MAJUSCULES : c'est l'expression de la colère ou de l'énervement, vous donnerez l'impression de crier.

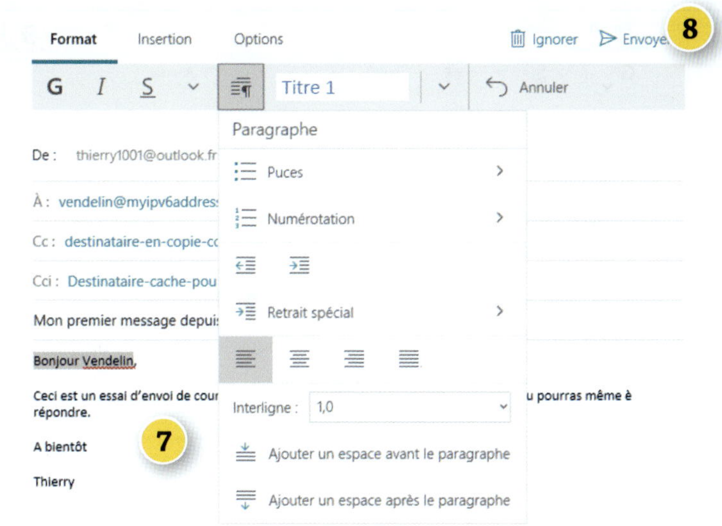

5 Saisissez un objet : c'est lui qui donnera envie (ou non) à votre destinataire de lire le message. De votre côté, vous le retrouverez plus facilement dans vos éléments envoyés.
L'objet du message comporte généralement entre 3 et 6 mots. N'envoyez jamais de Courrier électronique sans objet.

6 Saisissez votre message en respectant les règles de politesse et terminez par une formule de courtoisie. Vous pouvez réaliser une mise forme rapide du contenu. Evitez les longueurs : votre destinataire reçoit peut être de nombreux messages.

7 Relisez une dernière fois votre message, vérifiez les adresses des destinataires.

8 Cliquez sur le bouton **Envoyer**.

Répondre ou transférer un courrier électronique reçu

Après avoir lu un courrier, vous pouvez y répondre, le transférer et/ou le supprimer en quelques clics de souris.

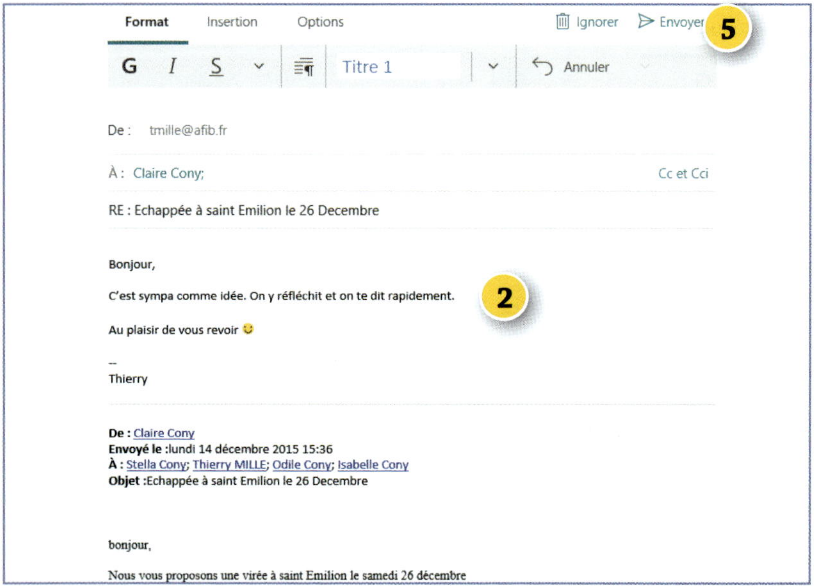

1 Sélectionnez le courrier électronique dans la partie principale pour le lire dans le volet de prévisualisation à droite.

2 En cliquant sur **Répondre**, vous répondez uniquement à l'auteur de la question. L'adresse du destinataire est renseignée automatiquement.

Saisissez directement votre réponse au-dessus du texte du message reçu. Longtemps, la netiquette considérait que répondre ainsi coupait la parole néanmoins, si vous répondez sous le message : votre destinataire risque de penser que vous avez réalisé une erreur de manipulation et donc ne pas voir votre réponse.

3 Si vous souhaitez répondre à tous les destinataires des zones A et Cc, cliquez sur le bouton **Répondre à tous**. Eventuellement vous pouvez

LES SMILEYS Le courrier électronique en tant que transmission de données écrites ne laisse pas toujours à votre interlocuteur l'expression de sentiments que vous auriez pu communiquer oralement (par téléphone par exemple) et/ou visuellement (discussion en face à face ou en vidéo conférence). Vous pouvez exprimer ces émotions en utilisant des smileys aussi appelés émoticônes à l'aide de caractères typographiques (imaginez les en tournant la tête à 90°) ou directement à l'aide du clavier virtuel de Windows 10 accessible depuis la zone de notification.

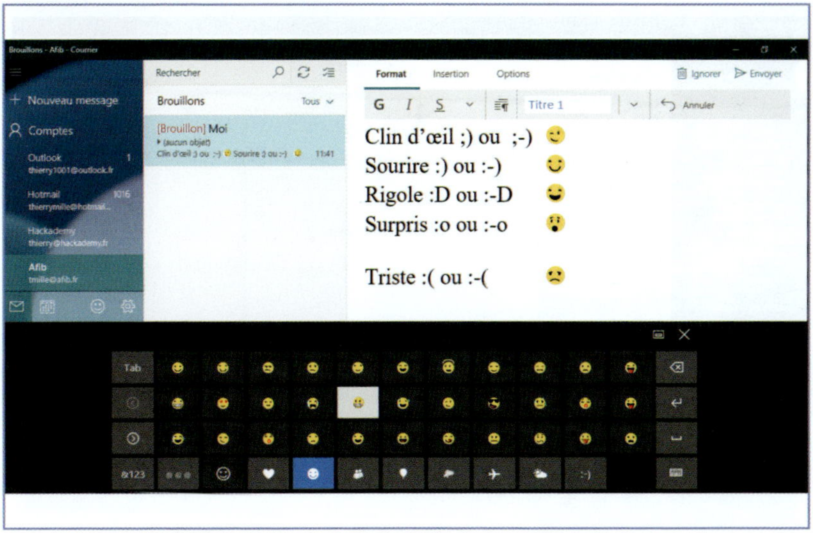

supprimer certaines adresses de messagerie qui ne doivent pas recevoir votre réponse.

4 Si vous cliquez sur **Transférer**, vous devrez saisir les adresses des nouveaux destinataires. Dans le cas d'un transfert, les pièces jointes restent attachées au message (contrairement à une réponse où les destinataires avaient déjà reçu ces pièces jointes).

5 Une fois que vous avez saisi le message en réponse ou un message d'accompagnement dans le cas d'un transfert, cliquez sur le bouton **Envoyer**.

Comme lors d'un envoi, le message est d'abord placé dans la boîte d'envoi puis classé dans les éléments envoyés une fois parti de votre ordinateur.

Envoyer et détacher des pièces jointes

L'un des intérêts du courrier électronique est de pouvoir envoyer des messages de type texte à l'autre bout de la planète en une fraction de seconde mais aussi de pouvoir attacher des fichiers de toutes natures. Ces fichiers sont appelés des pièces jointes.

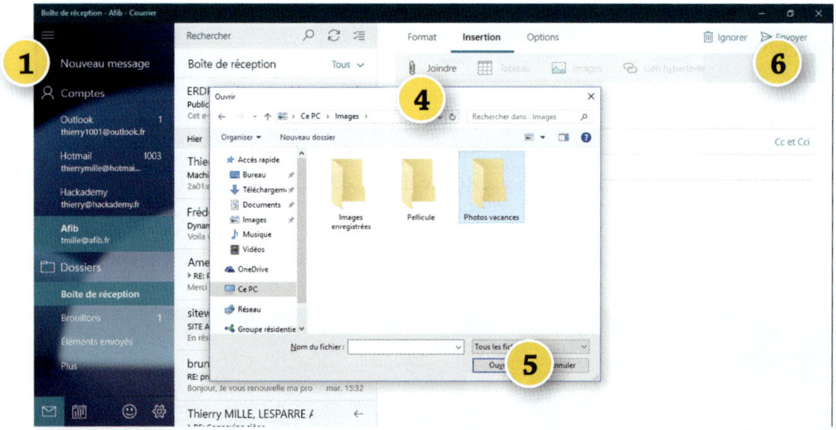

1 Cliquez sur le bouton **Nouveau** message dans l'application Courrier.

2 Saisissez un objet pour votre message.

3 Composez le contenu du message.

4 Pour attacher une pièce jointe, cliquez sur **Insertion** puis **Joindre**.

5 Recherchez le fichier dans votre ordinateur ou sur votre réseau local, puis cliquez sur le bouton **Ouvrir**.

Vérifiez que le fichier n'est pas trop volumineux. En général la taille maximale est de 10 Mo par message.

6 Le fichier est joint au message, saisissez l'adresse du destinataire puis cliquez sur le bouton **Envoyer**.

VIRUS Attention, certains virus peuvent se propager sous forme de pièce jointe d'apparence anodine : fausses factures, programmes, documents, etc. Dans le doute, demandez toujours à l'expéditeur qu'il vous a bien envoyé ce message avec cette pièce jointe. Tant que vous n'obtenez pas sa confirmation ou si vous n'attendiez ce fichier attaché, considérez l'ouverture de la pièce jointe comme risquée.

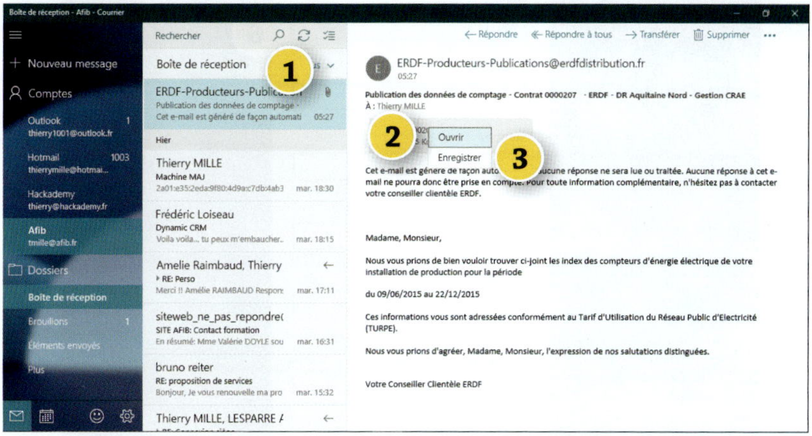

1 Pour récupérer une pièce jointe qui vous a été envoyée : identifiez un message qui possède un trombone dans la partie droite.

2 Cliquez du bouton droit sur la pièce jointe, puis cliquez sur **Ouvrir** pour l'ouvrir par défaut : son contenu s'affiche alors dans le programme utilisé par défaut pour cette extension de fichiers.

3 Si vous cliquez sur la commande **Enregistrer**, vous pouvez alors sélectionner dans quel dossier et sous quel nom enregistrer le fichier. Cette possibilité d'enregistrement vous permet de retrouver plus facilement le fichier détaché même si le courrier électronique a été supprimé.

Créer un contact

Pour simplifier l'envoi des courriers électroniques mais aussi retrouver vos contacts depuis votre téléphone si vous disposez d'un smartphone capable de synchroniser les comptes Outlook, Hotmail, Live ou MSN, vous pouvez créer des contacts depuis l'application dédiée.

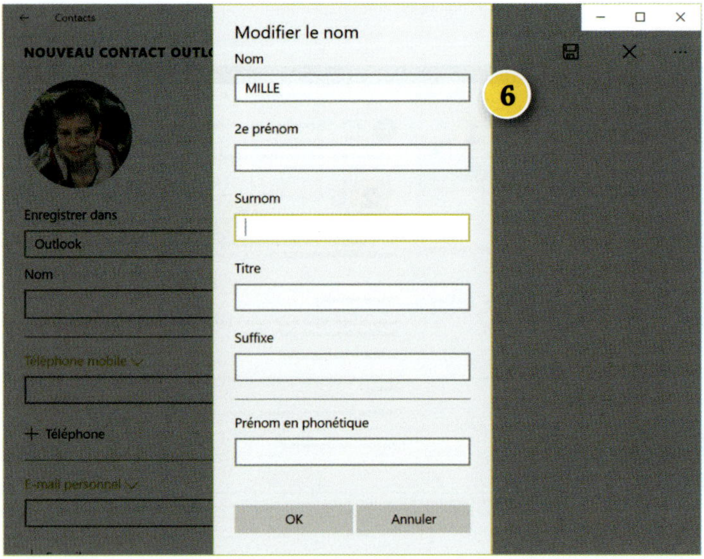

1 Dans le menu **Démarrer**, saisissez **Contacts**. Puis cliquez sur l'application Contacts.

2 Cliquez sur le + pour créer un nouveau contact.

3 Si vous disposez de plusieurs comptes configurés dans l'application Courrier, sélectionnez le compte à utiliser pour stocker vos contacts. Vous pourrez utiliser les contacts entre comptes différents dans l'application Courrier.

4 Cliquez sur **Ajouter des photos** pour sélectionner une photo pour le contact. Puis sélectionnez une photo sur votre disque dur. Vous pourrez alors la recadrer et zoomer sur le visage ou un autre élément de la photo.

5 Cliquez sur le stylo en face de la zone de texte **Nom**.

CONTACTS Le fait de renseigner au maximum les informations d'un contact vous permet de garder une plus grande proximité avec lui : vous pourrez lui souhaiter sa fête ou son anniversaire grâce aux rappels. Vous pouvez même y renseigner ses habitudes ou préférences alimentaires pour ne pas le décevoir lorsque vous l'invitez à dîner.

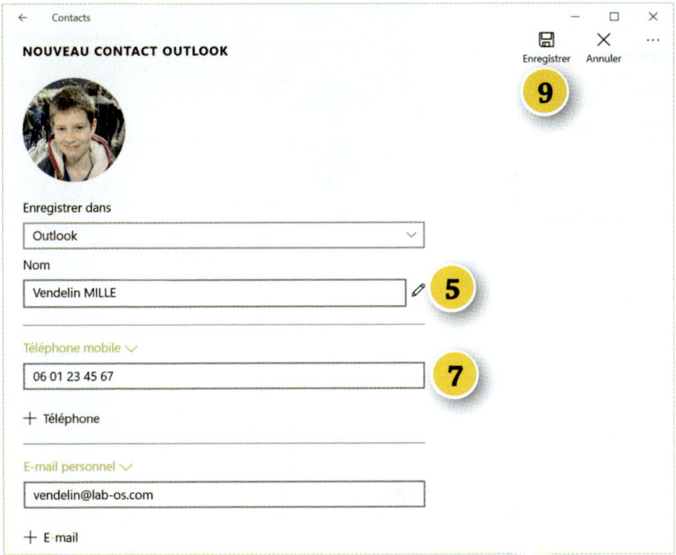

6 Saisissez le prénom, le nom et éventuellement d'autres informations telles que la phonétique du prénom et du nom. Puis cliquez sur OK.

7 Renseignez un numéro de téléphone. Si nécessaire, cliquez sur le **+** pour ajouter un numéro de téléphone autre que mobile.

8 Renseignez toutes les informations qui vous semblent utiles comme sa fonction, le nom de son entreprise, sa date de naissance (pensez à valider la date sélectionnée), ses préférences alimentaires dans les **Notes**, etc.

9 Cliquez sur la disquette pour enregistrer le contact.

Rechercher un contact

Si vous disposez de plusieurs centaines de contacts, vous pouvez les retrouver facilement et utiliser leur fiche depuis votre ordinateur ou votre téléphone s'il supporte la synchronisation d'un compte Microsoft ou Exchange.

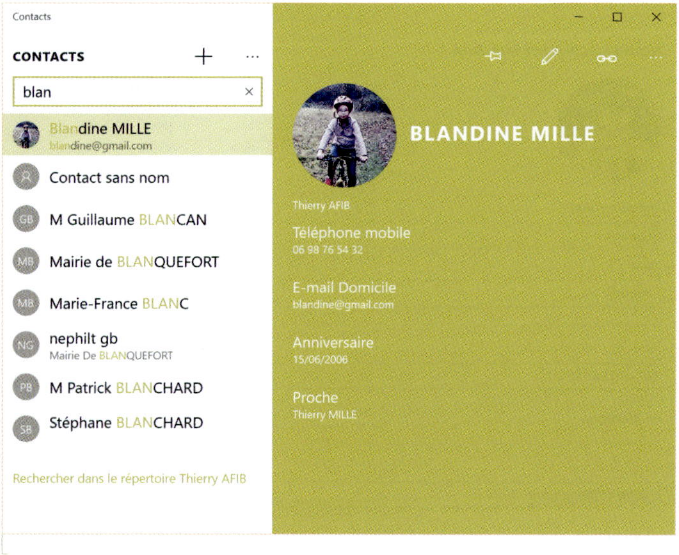

1 Vous pouvez rechercher des contacts depuis l'application Contacts soit en les faisant défiler, soit en utilisant la zone de recherche.

2 Dans la zone de recherche, saisissez le prénom ou le nom du contact recherché. Plus vous ajoutez de lettres, et plus le nombre de contacts affichés se réduit.

3 Une fois le contact trouvé, vous pouvez modifier ses propriétés en cliquant sur le stylo.

Vous pouvez demander à Cortana la date d'anniversaire d'un contact en posant la question **quand est anniversaire de NomDuContact**.

INTÉGRATION Les applications Contacts, Courrier et Calendrier sont fortement couplées car historiquement le client Outlook utilisé en entreprise propose ces trois fonctionnalités essentielles en entreprise.

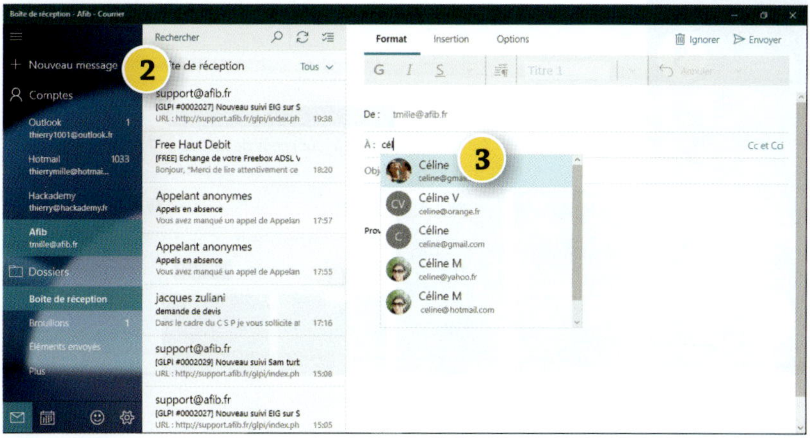

1 Démarrez l'application **Courrier**.

2 Cliquez sur le bouton **Nouveau message**.

3 Si vous commencez à saisir les premières lettres du prénom, du nom ou de l'adresses e-mail présents parmi vos contacts : leur adresse s'insère directement.
Cliquez sur la ligne pour les insérer directement.

Créer un rendez-vous dans le Calendrier

Avec Windows 10, vous pouvez gérer votre calendrier en ligne. Vous retrouverez ainsi le même calendrier sur d'autres ordinateurs sous Windows 8.1 ou Windows 10 ou votre téléphone s'il est capable de se synchroniser à un compte Outlook, Hotmail, MSN ou Live.

1 Dans le menu **Démarrer**, saisissez **Calendrier**, puis appuyez sur la touche **Entrée**.
Lors du premier démarrage, cliquez sur **Prise en main** puis **Vous êtes fin prêts** si vous avez déjà ajouté des comptes de Messagerie Outlook ou Exchange.

Vous avez probablement vu qu'il s'agit de la même application que Courrier. Vous pouvez basculer de l'une à l'autre en utilisant les icônes en bas à gauche de la fenêtre.

2 Vous pouvez modifier l'affichage pour voir une journée, une semaine ouvrée, une semaine calendaire ou un mois complet.

3 Changez la date du calendrier affiché en utilisant les chevrons pour changer de mois, puis cliquez sur un jour de la semaine dans le calendrier.

4 Pour revenir au jour courant, cliquez sur **Aujourd'hui**.

5 Vous pouvez choisir quels événements afficher pour les calendriers de chaque compte de messagerie.

INVITATION Vous pouvez inviter vos contacts à l'un de vos rendez-vous. Ils recevront une invitation qu'ils pourront accepter ou non, vous serez informé de leur réponse s'ils acceptent de vous l'envoyer. Si vous recevez une invitation à une réunion, vous pouvez l'accepter et envoyer la réponse immédiatement. Si vous refusez le rendez-vous, justifiez dans la mesure votre refus (par exemple : l'horaire qui ne vous convient pas).

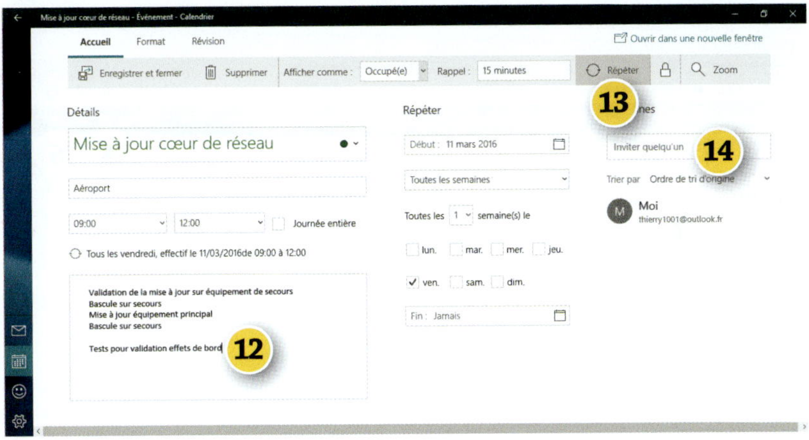

6 Pour créer un rendez-vous, cliquez dans le calendrier à la date et à l'heure de l'évènement à ajouter.

7 Saisissez directement au clavier l'objet du rendez-vous.

8 Modifiez les heures de début et de fin du rendez-vous.

9 Ajoutez un lieu si nécessaire

10 Sélectionnez dans quel calendrier ajouter cet évènement.

11 Cliquez sur **Autres détails**.

12 Vous pouvez alors ajouter des détails supplémentaires.

13 Cliquez sur **Répéter** s'il s'agit d'un évènement périodique. puis sélectionnez les jours, la fréquence et la fin des occurrences. Si vous supprimez un rendez-vous qui se répète : vous aurez le choix en supprimer ce rendez-vous ou tous les rendez vous répétés.

14 Si vous invitez des contacts, après qu'ils aient accepté le rendez vous : il s'ajoutera automatiquement dans leur calendrier.

Accéder a ses courriers, calendrier et contacts

Si vous disposez d'un compte Outlook, Hotmail, Live ou MSN, vous pouvez y accéder depuis n'importe quel ordinateur. Cela peut être pratique pour consulter vos rendez vous, courriers ou trouver le numéro de téléphone de l'un de vos contacts lorsque vous n'avez pas votre ordinateur à proximité.

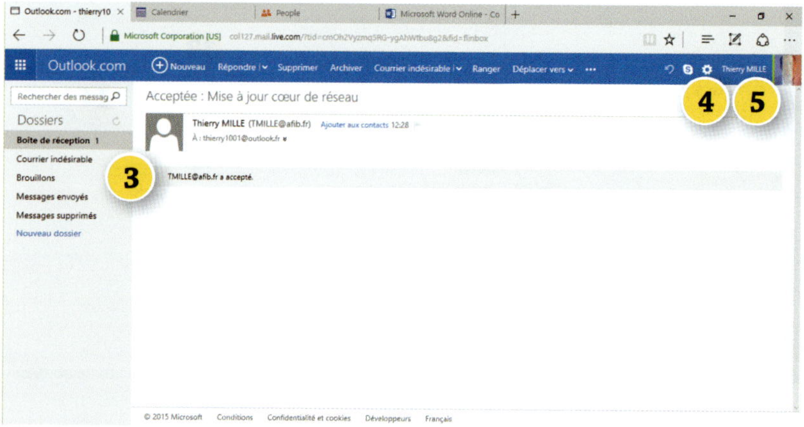

1 Depuis n'importe quel ordinateur connecté à Internet, démarrez un navigateur puis rendez-vous à l'adresse **www.outlook.com**.

2 Authentifiez vous en fournissant votre adresse Outlook, Hotmail, MSN ou Live.

3 Vous pouvez retrouver en ligne (c'est à dire en mode connecté), vos courriers électroniques envoyés et reçus.

4 Cliquez sur la roue crantée, si vous souhaitez changer vos options d'affichage.

5 Une fois que vous avez terminé, pensez à vous déconnecter en cliquant sur votre identifiant de connexion puis cliquez sur **Déconnexion**.

OFFICE 365 Microsoft propose une offre plus complète pour les particuliers et les entreprises de toutes tailles qui permet de disposer de capacités de stockage plus importantes, d'accès à la suite Office et de personnalisations comme le choix du nom de domaine. Vous pouvez consulter ces offres sur le site www.office.com et éventuellement y souscrire un abonnement.

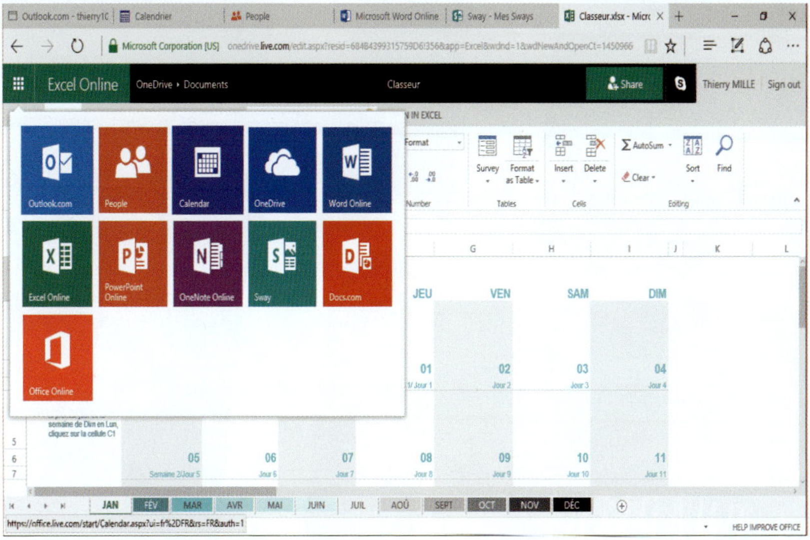

1 Lorsque vous êtes connectés deux fois sur sur le site outlook.com ou l'un de ses sites siamois, vous pouvez aussi accéder à votre calendrier, vos contacts et même des versions en ligne de Word, PowerPoint, OneNote et Sway et surtout d'Excel pour modifier vos fichiers stockés dans OneDrive.

2 Vous disposez également d'un accès à Skype pour joindre des personnes connectées.

Vous pouvez télécharger Skype gratuitement depuis le Microsoft Store pour discuter par chat ou vidéo conférence avec des amis, votre famille ou des contacts professionnels.

CHAPITRE 6

047 • Créer, renommer un dossier
048 • Déplacer, copier un dossier
049 • Afficher et comprendre les extensions de fichiers
050 • Utiliser les dossiers compressés (ZIP)
051 • Gérer la Corbeille
052 • Ouvrir ou graver une image ISO
053 • Stocker ses fichiers dans OneDrive
054 • Partager ses fichiers stockés dans OneDrive
055 • Rechercher grâce à l'indexation
056 • Retrouver la version précédente

L'EXPLORATEUR WINDOWS

Créer, renommer un dossier

L'ordinateur stocke dans son disque dur vos données sous forme de fichiers. Sachant qu'il existe plusieurs dizaines de milliers de fichiers dans chaque ordinateur : ils doivent être rangés dans des dossiers pour être plus facilement retrouvés. Vous allez apprendre à créer des dossiers sur votre disque dur.

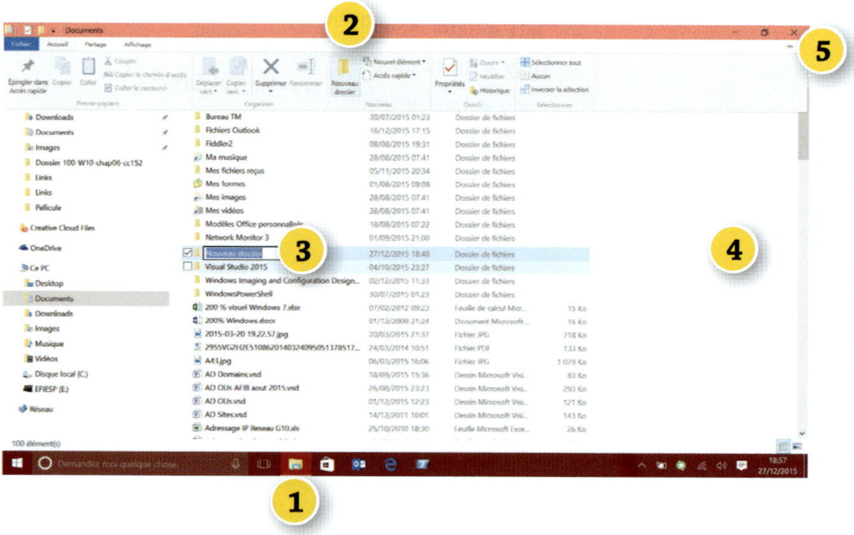

1 Démarrez l'Explorateur Windows depuis la barre des tâches de Windows ou utilisez le raccourci **Windows** + **E**.

2 Dans le ruban **Accueil**, cliquez sur le bouton **Nouveau dossier**.

3 Saisissez directement au clavier le nom du nouveau dossier. Le nom du dossier doit représenter le nom des sous dossiers et des fichiers (données de vos applications) qui y seront stockés.

4 Appuyez une fois sur la touche **Entrée** ou cliquez sur un espace vide : votre dossier est créé.

5 Si vous souhaitez conserver le ruban visible en permanence, cliquez sur la punaise.

047

LONGUEUR MAXIMALE Le nom d'un dossier ne peut dépasser 255 caractères. Les seuls caractères autorisés sont les lettres de l'alphabet (y compris les accents), les chiffres et les caractères spéciaux à l'exception de \/ : * ? " < > |. Certains noms réservés tels que COM1, COM2, LPT1, LPT2, AUX, NUL, CON ne sont pas non plus utilisables car réservés au système.

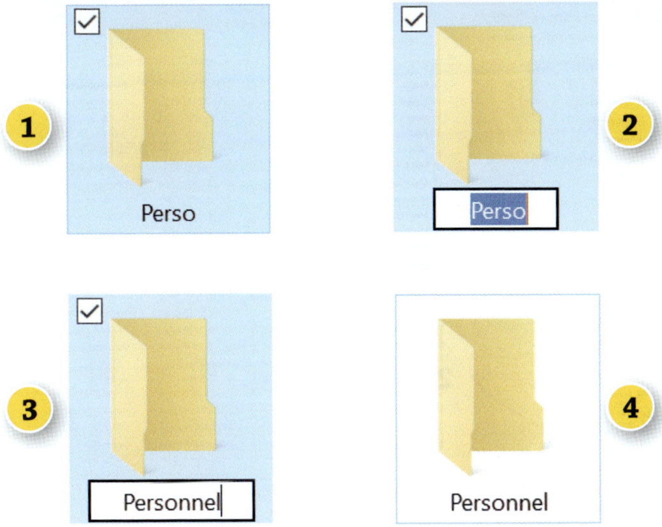

Pour renommer un dossier ou un fichier :

1 Cliquez une première fois sur le nom du dossier ou du fichier à renommer.

2 Après une fraction de seconde (afin de ne pas faire un double clic), cliquez de nouveau toujours sur le nom du dossier ou du fichier.

3 Saisissez le nouveau nom au clavier.

4 Validez en appuyant sur la touche **Entrée** ou cliquez sur un espace vide à l'aide de la souris.

Déplacer, copier un dossier

Vous pouvez être amenés à copier un dossier ou un fichier de votre disque dur vers une clé USB ou OneDrive. Dans d'autres cas, vous pouvez avoir besoin de réorganiser les dossiers les uns par rapport aux autres.

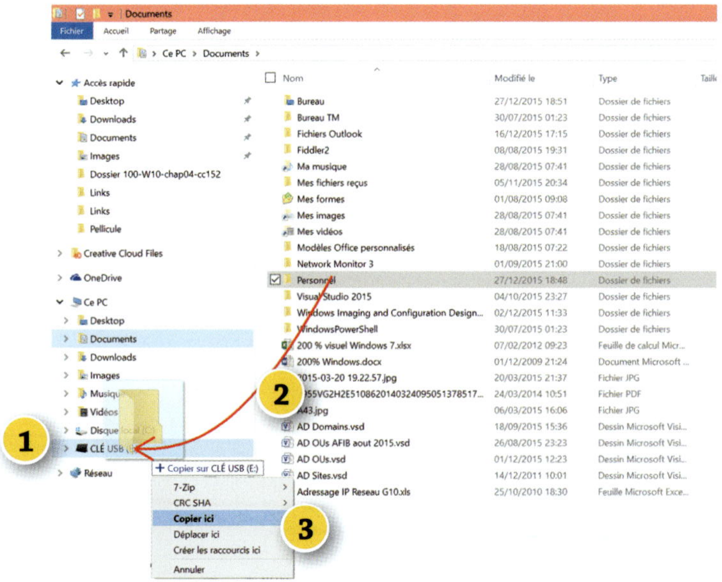

1 Chaque lecteur porte une lettre, par exemple C: ou E: sur la capture d'écran ci-dessus.
Si vous réalisez un cliquer-glisser d'un dossier ou d'un fichier d'un lecteur à l'autre : les fichiers sont copiés, c'est à dire que vous disposez de deux exemplaires des éléments en fin d'opération.
Si vous réalisez un cliquer-glisser en restant sur le même lecteur : vous déplacez les dossiers ou fichiers.

2 Par précaution, réalisez le cliquer-glisser avec le bouton droit de la souris : cliquez du bouton droit sur l'élément à déplacer puis tout en maintenant le dossier ou fichier à déplacer : déplacez la souris jusqu'à ce que la destination soit en surbrillance (bleue).
Arrivé à destination, lâchez le bouton droit de la souris.

3 Lorsque vous lâchez le bouton

COPIER-COLLER OU COUPER-COLLER **Pour réaliser une copie de dossier ou de fichier, vous pouvez utiliser la technique du copier-coller : sélectionner l'élément à copier, utilisez le raccourci clavier Ctrl + C pour copier l'élément sélectionné dans le presse-papier. Placez vous à la destination et collez en utilisant le raccourci Ctrl + V.**

Pour déplacer un élément, utilisez le couper-coller. Sélectionnez l'élément à déplacer, puis utilisez le raccourci Ctrl + X. Placez vous à la destination et collez en utilisant le raccourci Ctrl + V.

Vous pouvez aussi utiliser les menus contextuels obtenus par un clic du bouton droit et les commande copier puis coller (pour dupliquer) ou couper puis coller (pour déplacer).

droit de la souris un menu contextuel apparaît. Cliquez sur la commande appropriée à l'action que vous souhaitez réaliser : **Copier ici** ou **Déplacer ici**.

4 Pour réaliser à coup sûr une copie, tout en maintenant la touche **Ctrl** enfoncée, réalisez un cliquer-glisser du dossier ou du fichier avec le bouton gauche de la souris.

5 Pour réaliser à coup sûr un déplacement tout en maintenant la touche **Maj** enfoncée, réalisez un cliquer glisser du dossier ou du fichier avec le bouton gauche de la souris.

Afficher et comprendre les extensions de fichiers

Vous pouvez reconnaître le type du fichier en regardant la dernière partie du nom du fichier : son extension. Par défaut, elle n'est pas affichée pour les fichiers de type connus, mais vous pouvez modifier ce comportement pour la voir. Vous pourrez alors plus facilement associer un programme spécifique à chaque extension.

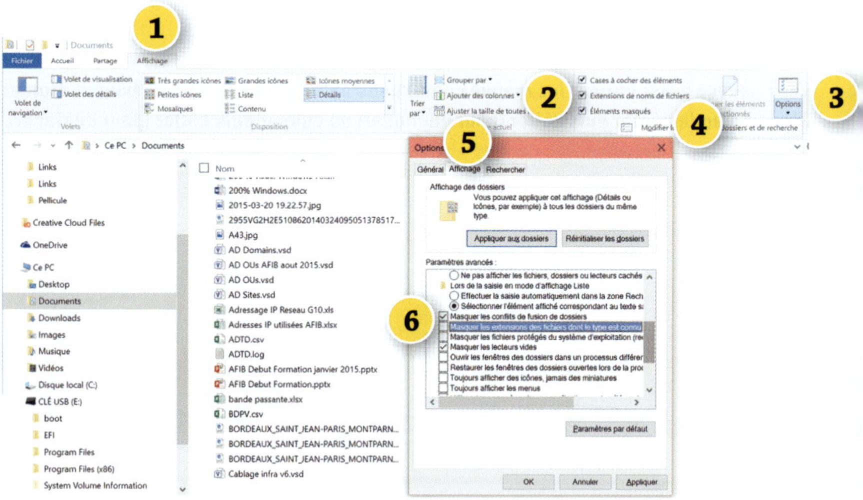

1 Depuis l'Explorateur Windows, cliquez sur l'onglet **Affichage**.

2 Une première méthode consiste à cocher la case **Extensions de noms de fichiers**.

3 Une autre méthode que vous pouvez toujours utiliser si vous aviez l'habitude de Windows XP ou 7 consiste à cliquez sur **Options**.

4 Puis cliquez sur **Modifier les options des dossiers et de Recherche**.

5 Dans la boîte de dialogue **Options des dossiers**, cliquez sur l'onglet **Affichage**.

6 Vous pouvez décocher la case **Masquer les extensions des fichiers dont le type est connu.**

7 Les extensions sont affichées.

EXTENSIONS INCONNUES **Le format des fichiers sous DOS était structuré en 8.3 (8 caractères pour le nom et 3 pour l'extension). Depuis Windows 95, les extensions peuvent avoir une longueur variable : il existe aujourd'hui des milliers d'extensions. Pour trouver le programme le plus adapté pour l'ouverture d'une extension qui vous est inconnue, rendez vous sur le site www.fileext.com.**

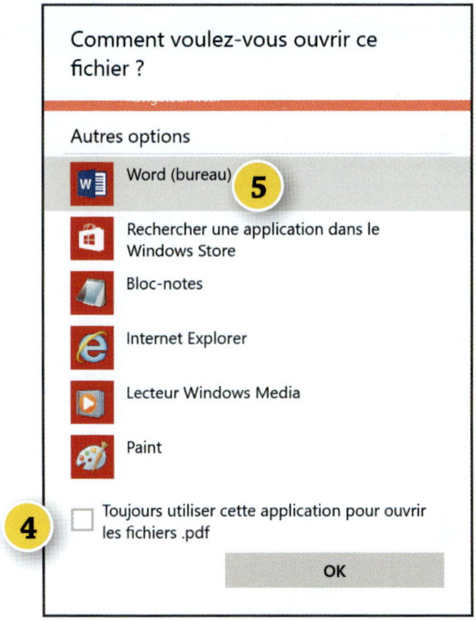

Chaque extension dont le type est connu est associée à un programme par défaut, néanmoins vous pouvez modifier cette association :

1 Cliquez du bouton droit sur un fichier dont vous souhaitez le programme associé à l'extension.

2 Dans le menu contextuel, cliquez sur la commande **Ouvrir avec** puis **Choisir une autre application**.

3 Sélectionnez une autre application présente dans la liste. Si le programme n'est pas dans la liste cliquez sur le lien **Plus d'application** puis **Rechercher une autre application** sur ce PC. Vous devrez dans ce cas, trouver le programme sur le disque dur, généralement dans le dossier Programmes du lecteur C.

Utiliser les dossiers compressés (ZIP)

Les dossiers compressés permettent d'économiser de l'espace sur les disques SSD et réduire les temps de transferts sur Internet dans la mesure où les informations sont compressées au format ZIP avant d'être stockées ou transférées. Pour récupérer les données présentes dans les dossiers compressés : il faut les décompresser.

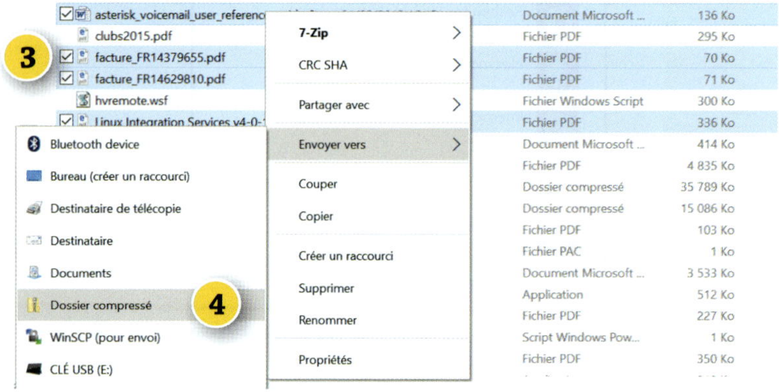

1 Sélectionnez un ou plusieurs dossiers ou fichiers à compresser.

2 Pour sélectionner des éléments contigus : cliquez sur le premier élément de la liste. Puis tout en maintenant la touche **Maj** enfoncée : cliquez sur le dernier élément à sélectionner.

3 Pour sélectionner des éléments non contigus : cliquez sur le premier élément, puis tout en maintenant la touche **Ctrl** enfoncée, cliquez sur chacun des autres éléments à sélectionner.

4 Cliquez du bouton droit sur l'un des éléments sélectionnés, puis cliquez sur la commande Envoyer vers Dossier compressé.

5 Renommez le fichier créé.

FORMATS COMPRESSES **Depuis Windows 98 Seconde Edition, Microsoft prend en charge les fichiers compressés au format ZIP : ils sont nommés de manière abusive "dossiers compressés". Néanmoins, il existe d'autres formats de compression comme RAR, ARJ, BZ2, TAR.GZ, etc. Pour décompresser, quasiment tous les types de fichiers compressés, vous pouvez télécharger et installer 7-ZIP gratuitement depuis le site www.7-zip.org.**

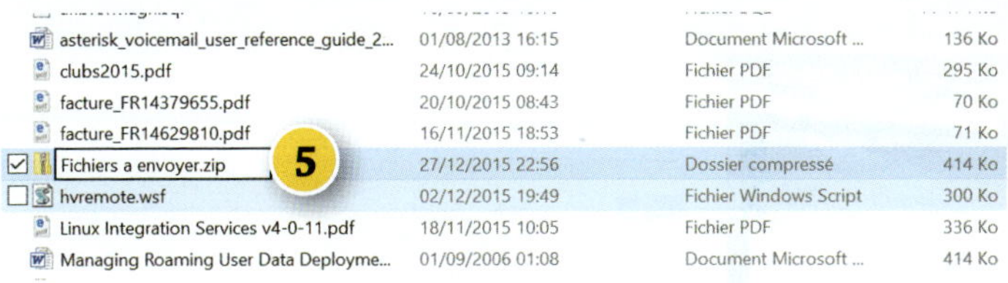

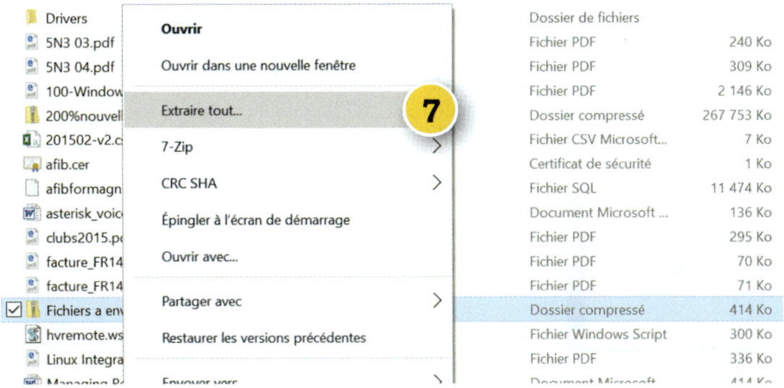

6 Pour récupérer un fichier dans un dossier compressé : double cliquez sur le dossier compressé (fichier ZIP) puis par cliquer-glisser déplacez le fichier quelque part dans votre ordinateur.

7 Si vous souhaitez récupérer tous les fichiers présents dans le dossier compressé, cliquez du bouton droit sur le fichier ZIP puis cliquez sur la commande **Extraire tout**.

8 Indiquez où décompresser les fichiers, puis cliquez sur le bouton **Extraire**.
Les fichiers sont alors tous décompressés dans un sous-dossier qui porte le nom du fichier ZIP puis une fenêtre vous affiche les fichiers décompactés si vous laissé la case **Afficher les dossiers extraits une fois l'opération terminée** cochée.

Gérer la Corbeille

Si vous souhaitez vous séparer de certains fichiers (et/ou dossiers) comme par exemple des fichiers téléchargés, vous avez la possibilité de les supprimer pour récupérer de l'espace sur votre disque dur. Dans un premier temps, vous allez déplacer un élément vers la Corbeille puis le récupérer pour enfin le supprimer définitivement.

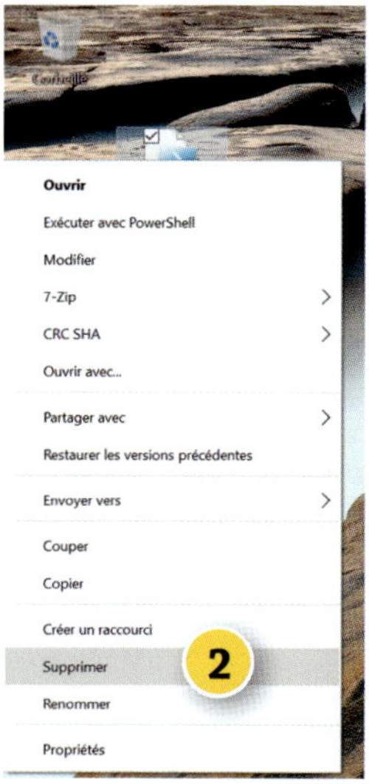

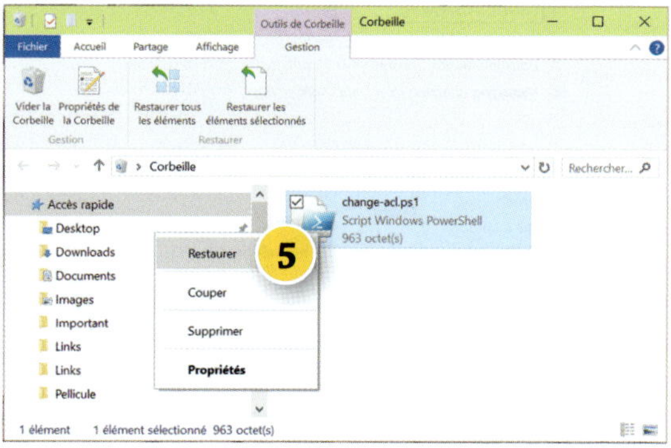

Pour déplacer un élément dans la Corbeille :

1 Sélectionnez le(s) fichier(s) à supprimer de votre disque dur.

2 Appuyez une fois sur la touche **Suppr** ou cliquez du bouton droit sur le fichier, puis cliquez sur **Supprimer**.

3 L'élément sélectionné a été déplacé dans la Corbeille.

Pour restaurer un élément mis à la Corbeille :

4 Double-cliquez sur la Corbeille présente sur le Bureau.

5 Cliquez du bouton droit sur l'élément à récupérer puis cliquez sur la commande **Restaurer**.

6 L'élément restauré est revenu à l'emplacement d'origine.

ATTENTION SUPPRESSION DEFINITIVE **La Corbeille ne fonctionne que pour les disques locaux (disques durs), elle ne fonctionne pour les lecteurs réseaux et les lecteurs amovibles (par exemple les clés USB).**

Lisez toujours les messages de confirmation affichés à l'écran avant de valider !

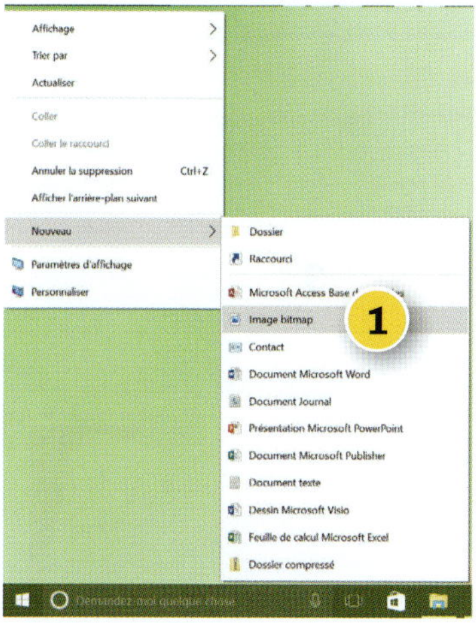

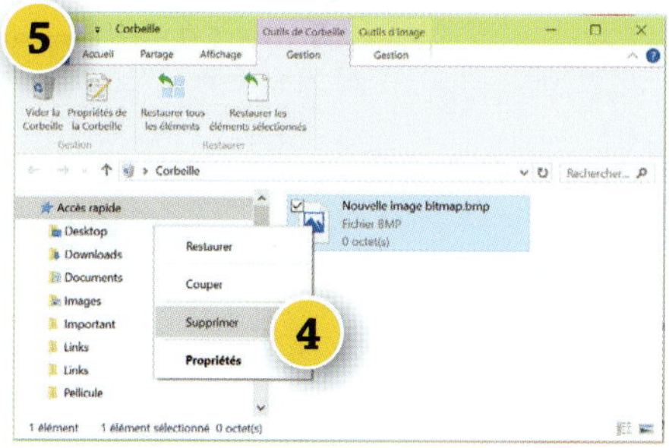

Passons à la suppression définitive :

1 Cliquez du bouton droit sur un espace vide du Bureau, puis cliquez sur **Nouveau \ Image bitmap**.

2 Sélectionnez le fichier nouvellement créé (**Nouvelle image bitmap.bmp**), puis appuyez sur la touche **Suppr** : il est déplacé dans la Corbeille.

3 Ouvrez la Corbeille présente sur le Bureau pour vérifier son contenu.

4 Soit vous cliquez du bouton droit sur un élément à supprimer définitivement, cliquez sur **Supprimer** pour supprimer cet élément.

5 Soit vous cliquez sur **Vider la Corbeille** : dans ce cas tout son contenu est supprimé après confirmation.

Ouvrir ou graver une image ISO

Les fichiers .iso sont des archives qui contiennent la copie conforme d'un disque optique comme les CD ou DVD-Rom. Avec des débits plus importants sur Internet, la plupart des logiciels sont maintenant distribués en téléchargement sous forme d'image ISO plutôt que vendus sur DVD.

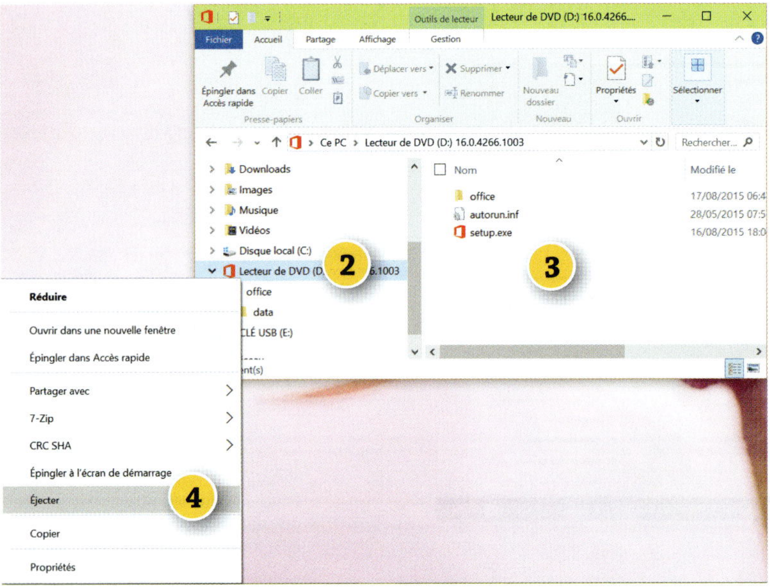

1 Pour lire le contenu d'une image ISO, double cliquez dessus.

2 Un nouveau lecteur apparaît alors dans l'Explorateur Windows : il représente un lecteur de DVD virtuel.

3 Vous pouvez alors récupérer les fichiers de l'image ISO et les faire glisser vers votre disque dur ou démarrer l'installation du programme directement depuis le lecteur de DVD virtuel.

4 Une fois que vous avez terminé de travailler avec le contenu de l'image ISO : cliquez du bouton droit sur le lecteur DVD virtuel puis cliquez sur la commande **Ejecter**.

CRÉER UNE CLE USB BOOTABLE Si vous souhaitez réinstaller Windows 10 à partir d'une clé USB contenant la copie de l'image ISO de Windows 10 : une simple copie des fichiers de l'image ISO vers la clé USB ne suffira pas. Elle ne permettra pas d'amorcer le système d'exploitation utilisé pour l'installation de Windows 10 (WinPE). Téléchargez Rufus (https://rufus.akeo.ie) pour créer une clé USB bootable à partir d'une image ISO.

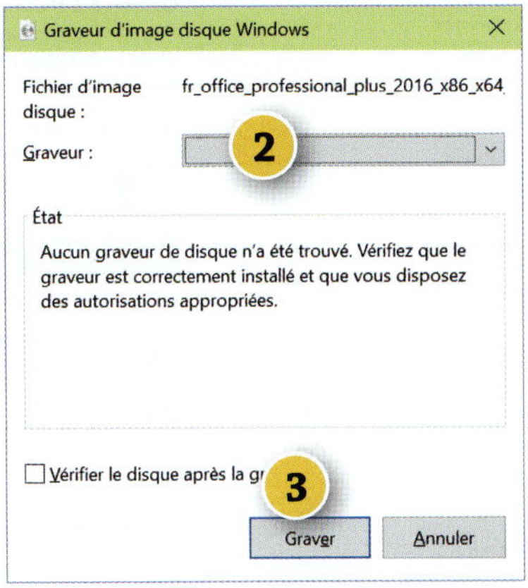

Si vous souhaitez transformer une image ISO en CD ou DVD, vous devez la graver sur CD ou DVD inscriptible (une fois) ou réinscriptible (plusieurs fois) et donc disposer d'un lecteur/graveur de CD/DVD dans votre ordinateur (de plus en plus rare) :

1 Cliquez du bouton droit sur l'image ISO à graver puis cliquez sur la commande **Graver l'image disque**.

2 Sélectionnez votre lecteur de DVD dans la liste déroulante.

3 Cliquez sur le bouton **Graver** puis patientez pendant la gravure de l'image ISO sur votre CD ou DVD.

Stocker ses fichiers dans OneDrive

OneDrive vous permet de stocker vos fichiers dans le Cloud. C'est à dire les stocker sur des serveurs sur Internet. L'intérêt est de pouvoir disposer de fichiers disponibles quel que soit le périphérique utilisé pour y accéder : votre ordinateur, chez des amis, au bureau ou sur votre téléphone mobile (Androïd, iPhone, Windows Phone 10).

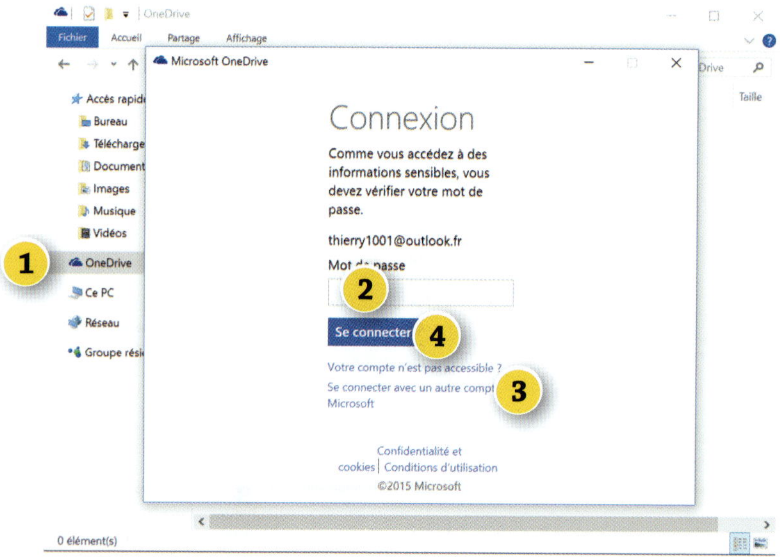

1 Depuis l'Explorateur Windows, cliquez sur OneDrive dans la partie gauche de la fenêtre.
Vous devez disposer d'un compte Microsoft pour utiliser OneDrive.Si vous avez ouvert une session à l'aide d'un compte Microsoft : vous n'avez rien à faire de plus.

2 Si vous avez ouvert une session avec un compte d'utilisateur local ou de domaine (entreprises), vous devez spécifier le nom du compte à utiliser pour OneDrive. Saisissez le mot de passe de votre compte Microsoft.

3 Si vous souhaitez utiliser l'espace de stockage d'un autre compte Microsoft, cliquez sur Se connecter avec un autre compte Microsoft.

4 Cliquez sur le bouton **Se connecter**.

CLOUD COMPUTING Le Cloud computing offre des services aux utilisateurs. Cela peut être des machines virtuelles (IaaS), des plateformes pour exécuter des applications (PaaS) ou du logiciel prêt à être consommé comme le stockage OneDrive ou la messagerie Outlook (SaaS : Software as a Service). L'intérêt de OneDrive est de simplifier les accès à ses fichiers en tous temps et en tous lieux via une connexion Internet.

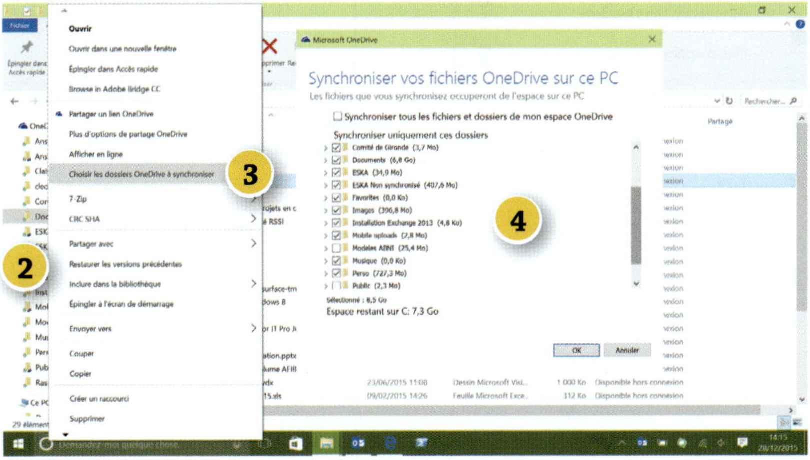

1 Une fois authentifié, vous retrouvez vos dossiers et fichiers en ligne.

2 Par cliquer-glisser, vous pouvez copier ou déplacer des fichiers locaux dans OneDrive. Lorsque vous êtes connecté à Internet : les fichiers se synchronisent entre votre ordinateur et le Cloud.

3 Si vous disposez d'un disque SSD de capacité modeste : vous pouvez ne pas souhaiter conserver localement la copie de certains dossiers. Cliquez du bouton droit sur un dossier dans OneDrive puis cliquez sur **Choisir les dossiers OneDrive à synchroniser**.

4 Cochez les dossiers que vous souhaitez conserver localement et dans OneDrive. Les autres ne seront accessible que lorsque vous êtes connectés sur Internet.

Partager ses fichiers stockés dans OneDrive

Les fichiers stockés dans OneDrive étant dans le Cloud : ils sont accessibles en permanence en utilisant une connexion Internet. Vous pouvez les partager facilement avec des amis ou des collègues en leur fournissant un simple lien pour y accéder.

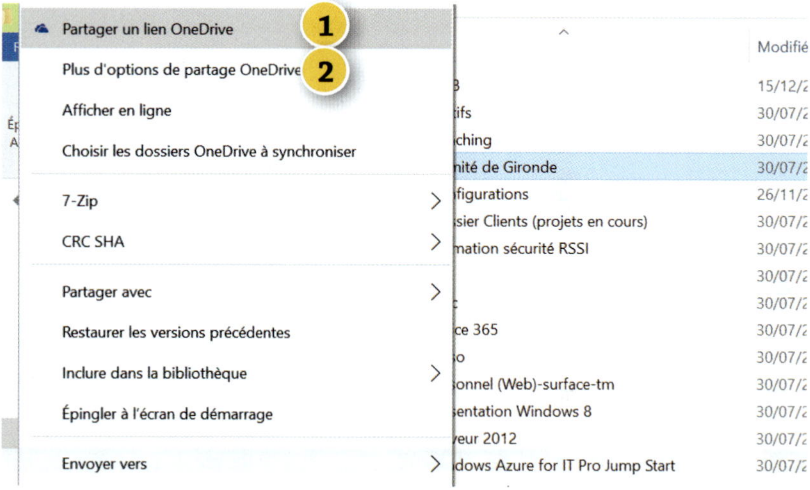

1 Depuis l'Explorateur, cliquez du bouton droit sur un dossier que vous souhaitez partager avec d'autres utilisateurs, puis cliquez sur la commande **Partager un lien OneDrive**.

Attention : le dossier, ses sous-dossiers ainsi que leurs contenus seront partagés. Ne partagez pas les dossiers trop haut dans l'arborescence !

2 Pour envoyer le lien du partage à des destinataires, cliquez du bouton droit puis cliquez sur **Plus d'options de partage OneDrive**.

3 Depuis la page web de OneDrive, cliquez sur **Partagés**.

4 Cliquez sur le partage créé depuis l'Explorateur Windows puis cliquez sur le bouton **Partager**.

ONE DRIVE **Le service OneDrive peut être utilisé tant depuis un ordinateur (à partir de Windows 7), depuis un navigateur ou un smartphone. Vous pouvez stocker gratuitement jusqu'à 5 Go de données dans le Cloud via OneDrive pour les nouveaux utilisateurs. Il est possible de disposer jusqu'à 50 Go en souscrivant un abonnement à 1,99 €/mois.**

5 Vous pouvez envoyer directement un courrier électronique au personnes qui auront accès au partage. Dans ce cas, accompagnez l'envoi du courrier d'une courte note.

6 Cliquez sur **Les destinataires peuvent modifier le contenu** pour faire apparaitre deux listes déroulantes.

7 Vous pouvez définir si les destinataires ont un accès en lecture seule ou modification au dossier.

8 Vous pouvez requérir une authentification à l'aide d'un compte Microsoft pour l'accès aux fichiers.

9 Cliquez sur **Personnes avec ce lien d'affichage** puis cliquez Raccourcir le lien. Vous pourrez alors communiquer le lien à vos destinataires. Ils pourront à leur tour accéder à votre dossier partagé.

Rechercher grâce à l'indexation

Votre disque comportant des dizaines de milliers de fichiers, même avec un bon classement par dossiers et sous dossiers, il est possible que vous ne retrouviez pas un fichier. Heureusement, Windows 10 peut vous aider à retrouver un fichier s'il a été indexé.

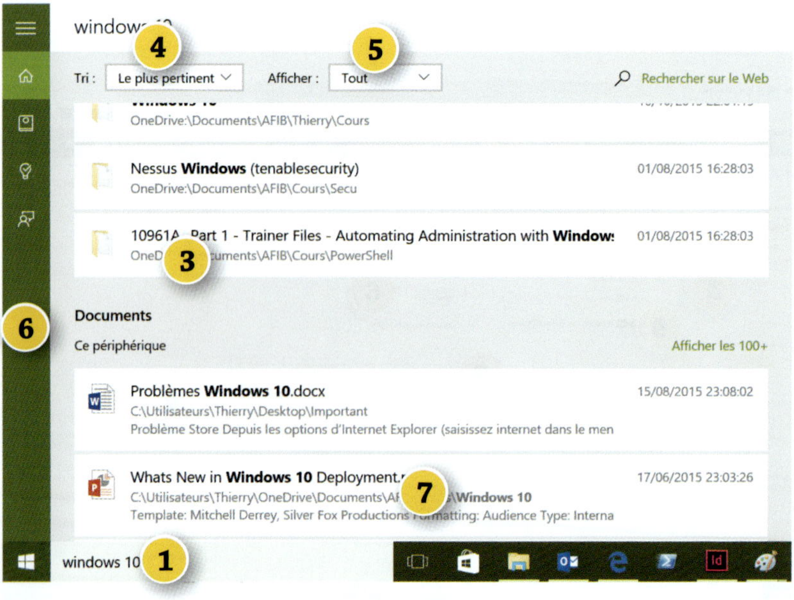

1 Saisissez des mots clés dans la zone de recherche du menu **Démarrer**.

2 Cliquez sur **Mes documents** pour limiter le résultat de la recherche à vos documents.

3 Vous pouvez alors consulter les fichiers qui répondent à votre requête. Comme dans Google, vous pouvez utiliser des guillemets pour filtrer sur des groupes de mots spécifiques.

4 Vous pouvez aussi filtrer par ancienneté ou pertinence.

5 Vous pouvez afficher uniquement certains types de documents.

6 Les fichiers sont par défaut classés par emplacement.

7 Une fois le fichier retrouvé, cliquez-dessus pour l'ouvrir.

INDEXATION **Pour retrouver des fichiers indexés : il faut qu'il soit indexés ! Cela paraît évident, mais tous les fichiers présents sur votre disque dur ne sont pas forcément indexés. Si vous ne comptez pas modifier les options d'indexation comme ci-dessous, stockez vos fichiers dans la bibliothèque Documents.**

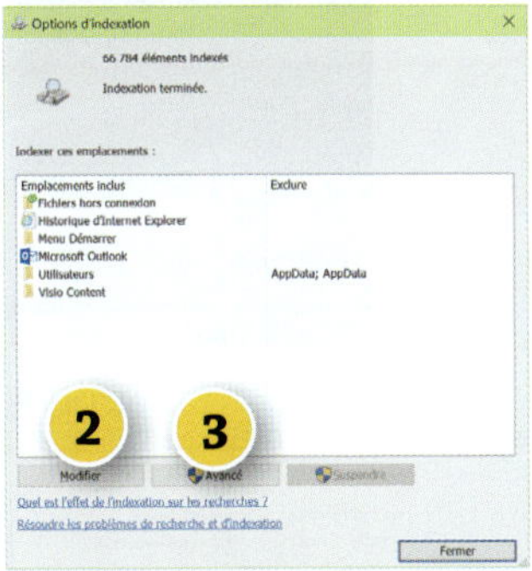

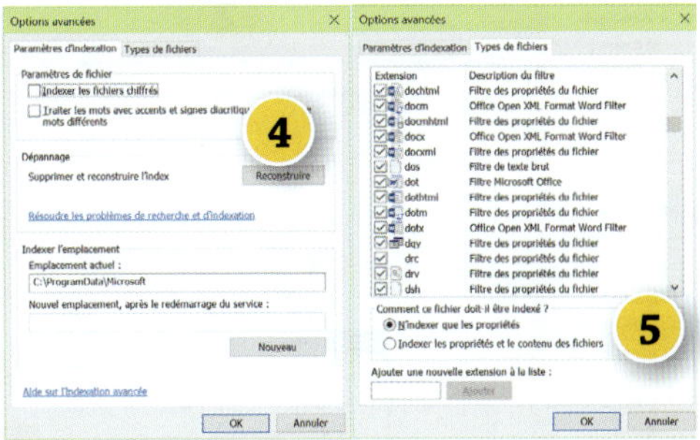

1 Pour ajuster la configuration de l'indexation, dans le menu **Démarrer** saisissez indexation puis cliquez sur **Options d'indexation**.

2 Cliquez sur le bouton **Modifier** pour changer les emplacements indexés.

3 De retour dans la boîte de dialogue Options d'indexation, cliquez sur le bouton **Avancé**.

4 Sous l'onglet **Paramètres d'indexation**, vous pouvez reconstruire l'index si les fichiers trouvés par Windows 10 ne sont pas ceux que vous attendiez. Sachez que la reconstruction de l'index peut prendre beaucoup de temps.

4 Sous l'onglet **Type de fichiers**, vous pouvez choisir quelles extensions verront leur contenu indexé.

Retrouver la version précédente

Windows 10 peut vous permettre de récupérer des fichiers "définitivement" supprimés grâce à sa fonctionnalité de version précédente. Ces sauvegardes des versions précédentes sont réalisées à chaque fois qu'un point de restauration est créé.

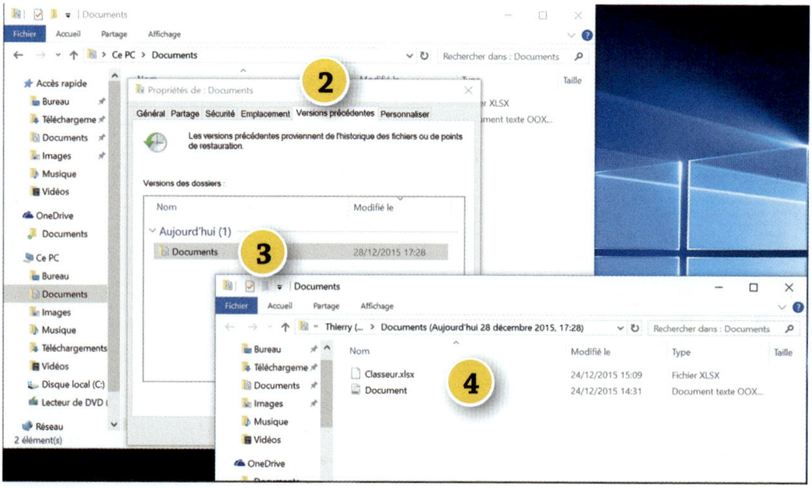

1 Depuis l'Explorateur Windows, cliquez du bouton droit sur un dossier pour lequel vous souhaitez retrouver une version précédente du fichier puis cliquez sur la commande **Propriétés**.

2 Sous l'onglet **Versions précédentes,** vous retrouvez les dates et heures de versions précédentes disponibles.

3 Double cliquez sur une date et une heure : vous verrez alors les fichiers présents dans le dossier à ce moment.

4 Vous pouvez alors ouvrir directement les fichiers dans leur version précédente ou les faire glisser vers l'emplacement de votre choix.

RESTAURATION DU SYSTÈME **La restauration du système est très pratique pour revenir en arrière dans la configuration du système. En cas de disfonctionnement récent, n'hésitez pas à l'utiliser pour revenir dans une version précédente du système d'exploitation sans affecter vos fichiers.**

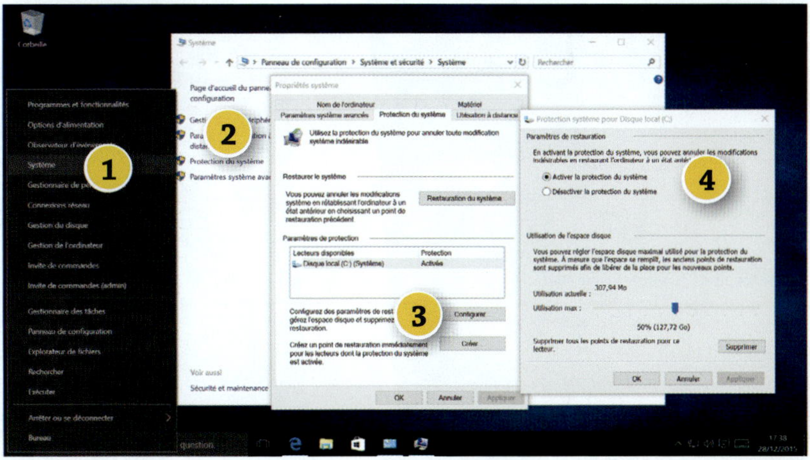

Pour configurer la restauration du système et indirectement les versions précédentes des fichiers :

1 Cliquez du bouton droit sur le bouton **Démarrer** puis cliquez sur **Système** (**Windows** + **Pause**).

2 Cliquez sur le lien **Protection du système**.

3 Cliquez sur le bouton **Configurer**.

4 Vérifiez que l'option **Activer la protection du système** est bien activée puis éventuellement modifiez la quantité d'espace disque pouvant être utilisée pour la restauration du système. Plus cet espace est de taille importante et plus vous pouvez revenir loin en arrière dans les versions précédentes.

CHAPITRE 7

057 • Retoucher ses photos avec l'outil intégré Photos
058 • Parcourir ses photos avec l'outil intégré Photos
059 • Retoucher ses photos avec PicsArt
060 • Prendre et modifier ses photos avec PicsArt
061 • Faire de l'effet avec PicsArt
062 • Écouter de la musique avec Groove
063 • Regarder des Films
064 • Utiliser VLC et Best YouTube Downloader

LE MULTIMÉDIA

Retoucher ses photos avec l'outil intégré Photos

Avant de retoucher vos photos en utilisant des applications gratuites du store, parcourons les photos présentes sur votre disque dur.

1 Double cliquez sur une photo présente dans votre ordinateur.

2 Vous pouvez basculer dans l'application Photos pour voir toutes les photos présentes dans le dossier.

3 Vous pouvez partager cette photo grâce à une application comme Courrier, Twitter ou une autre application compatible préalablement téléchargée depuis le Store.

4 Faites défiler les photos du dossier sous forme d'un diaporama.

5 Vous pouvez appliquer des effets basiques sur la photo en la modifiant.

6 Faites pivoter la photo pour garder les pieds sur terre.

7 Après confirmation vous pourrez supprimer la photo de l'ordinateur.

RETOUCHE RAPIDE **L'application Photos a le mérite d'être intégrée à Windows 10 : vous n'avez pas besoin de la télécharger depuis le Store. Néanmoins, elle est relativement limitée dans ses possibilités par rapport à d'autres applications disponibles gratuitement dans le Store. Elle constitue un bon outil pour démarrer.**

8 Vous pouvez ouvrir la photo avec un autre programme, la copier dans le presse-papier pour la coller ailleurs, l'imprimer ou la définir en tant que papier peint du Bureau.

9 Si vous avez choisi à l'étape 5 d'appliquer des effets, vous pouvez utiliser des outils simples pour faire des retouches élémentaires sur la photo.

10 Appliquez des corrections de base comme améliorer la photo en ajustant automatiquement le contraste et la luminosité.
Vous pouvez aussi la rogner, c'est-à-dire la recadrer.
Le redressement peut être pratique si votre appareil photo n'était pas bien à l'horizontal.
La correction Yeux rouge fonctionne simplement : sélectionnez l'outil puis cliquez sur les yeux rouges.

Retoucher ses photos avec l'outil intégré Photos

Les filtres et les effets de lumière permettent parfois de rattraper un défaut de la photo lié à une lumière insuffisante ou au contraire un flash trop lumineux.

1 Cliquez sur le bouton **Filtres**.

2 Choisissez un filtre à appliquer à la photo.

L'usage des filtres étant simple, voyons les boutons communs à tous les outils avant de poursuivre :

3 Annulez la dernière action réalisée.

4 Rétablissez l'annulation précédente.

5 Comparez avant/après la modification.

6 Enregistrez une copie de la photo.

7 Enregistrez en écrasant l'original.

8 Annulez les changements non enregistrés.

LUMIÈRE Elle est la matière première du photographe. En jouant sur le temps d'exposition et l'ouverture du diaphragme on expose plus ou moins longtemps le capteur de l'appareil photo à la lumière. Néanmoins, les appareils photos intégrés dans les téléphones ou vendus pour quelques dizaines d'euros ne permettent pas de réaliser ces réglages : les logiciels de retouches peuvent apporter quelques corrections *a posteriori*.

9 Cliquez sur le bouton **Lumière**.

10 Vous pouvez ajuster la luminosité en faisant tourner la molette dans un sens ou l'autre.

11 Ajustez le contraste comme pour la lumière.

12 Ajustez les effets de lumière et contraste

13 Ajustez l'intensité des ombres sur la photo.

Retoucher ses photos avec l'outil intégré Photos

Après avoir ajusté la lumière, ajustez toujours la couleur de la photo notamment la saturation des couleurs, c'est-à-dire leur intensité.

1 Cliquez sur le bouton **Couleur**.

2 Ajustez la température des couleurs : il s'agit d'une impression ou d'une convention : les couleurs chaudes tendent vers le rouge alors que les couleurs froides tendent vers le bleu dans le cercle chromatique. Les tons chauds donnent une impression de proximité alors que les froids apportent de la distance.

3 Ajustez la teinte de la photo.

4 Ajustez la saturation des couleurs après avoir modifié la lumière de la photo.

5 Si vous ne souhaitez pas trop vous embêter : cliquez sur le bouton **Amélioration des couleurs**, l'application se chargera de faire les meilleurs réglages possibles.

COULEUR La teinte désigne une couleur alors que la saturation désigne l'intensité de la couleur. Si vous avez joué précédemment sur la luminosité, c'est-à-dire la part du blanc contenue dans la couleur vous devrez probablement diminuer la saturation de la couleur pour retrouver une teinte naturelle.

6 Cliquez sur le bouton **Effets**.

7 L'effet de vignette consiste à créer un halo de noir ou de blanc partant de l'extérieur de la photo pour mettre en valeur le sujet centré sur la photo.

8 Le focus sélectif permet de rendre ce qui est hors de l'ellipse flou. Le sujet entouré dans l'ovale restant net.

9 Sélectionnez l'intensité de l'effet dans la liste déroulante.

10 Validez les changements en cliquant sur le bouton.

11 Ou annulez les pour revenir à la photo sans effet de focus sélectif.

Parcourir ses photos avec l'outil intégré Photos

Windows 10 vous propose un outil simple d'utilisation pour importer puis afficher vos photos. Cet outil est capable d'afficher vos photos présentes sur votre disque dur mais aussi dans le Cloud avec OneDrive si vous disposez d'un compte Microsoft (gratuit jusqu'à 5 Go).

1 Dans le menu **Démarrer**, saisissez Photos pour démarrer l'application Photos. Vous pouvez aussi cliquer sur le bouton **Afficher toutes les photos** après avoir ouvert une photo dans l'application Photos.

2 Importez vos photos facilement depuis votre appareil photo préalablement branché.

3 Affichez les photos par collections.

4 Affichez les photos par Albums

5 Affichez les photos par emplacements de stockage (dossiers).

6 Connectez vous à OneDrive pour y récupérer vos photos en ligne.

7 Accédez aux paramètres de recherche des photos dans vos espaces de stockage.

FLICKR Bien que le stockage Cloud de Flickr ne soit pas compatible avec l'application Photos de Microsoft, il peut être intéressant si vous possédez beaucoup de photos. En effet, Flickr vous offre 1 To (1024 Go) d'espace de stockage pour vos photos. Vous pouvez utiliser cet espace de stockage pour partager vos photos avec votre famille, vos amis ou plus simplement pour vous et en tant que sauvegarde.

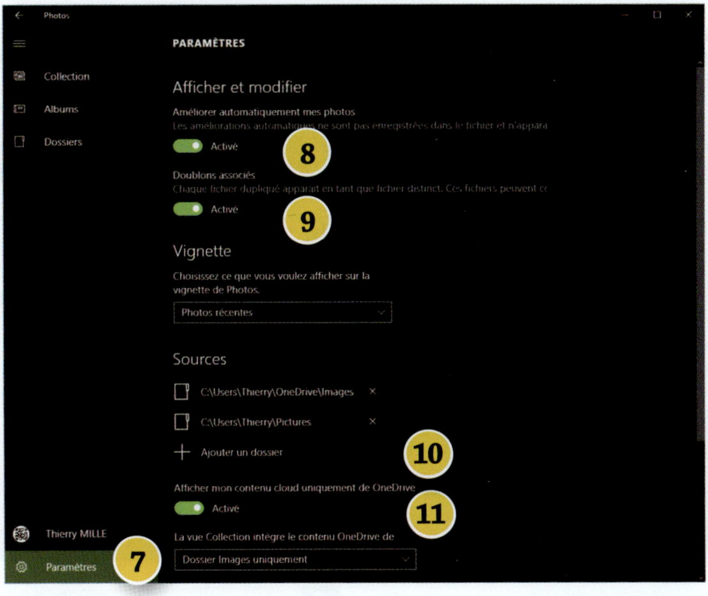

8 Vous pouvez améliorer l'affichage des photos automatiquement sans réellement apporter de modifications aux fichiers.

9 Si des fichiers sont dupliqués dans plusieurs dossiers : les photos n'apparaissent qu'une seule fois.

10 Cliquez sur le + pour ajouter des dossiers supplémentaires où vous possédez des photos pour qu'elles s'affichent directement dans l'application Photos.

11 Recherchez également des photos dans votre stockage en Cloud OneDrive.

Retoucher ses photos avec PicsArt

Il existe de nombreuses applications de retouche photos dans le Store pour Windows 10. Ces applications, gratuites ou payantes, ont des fonctionnalités communes à celle intégrée dans Windows 10. Nous avons choisi de vous présenter PicsArt, mais il en existe bien d'autres.

1 Depuis le Store, installez PicsArt.

2 Vous pouvez vous connecter via un compte Google+, Facebook, Twitter ou Microsoft.

3 Affichez les commandes complètes de la barre de menus.

4 Rafraichissez l'affichage.

5 Accédez aux paramètres de l'application.

6 Appliquez des effets à vos photos.

7 Réalisez des collages de photos.

8 Dessinez à main levée.

9 Prenez vous en photo.

10 Modifiez une photo existante.

AUTRES APPLICATIONS **Vous pouvez installer d'autres applications que PicsArt (ou en plus de celle-ci). De manière non exhaustive, nous vous recommandons Adobe Photoshop Express pour sa facilité, SuperPhoto Free pour ses milliers d'effets, Autodesk Pixlr, Font Candy pour modifier les typographies, InstantPhotoBooth pour des séances photos inoubliables ou encore Photostatic Collage pour réaliser des collages.**

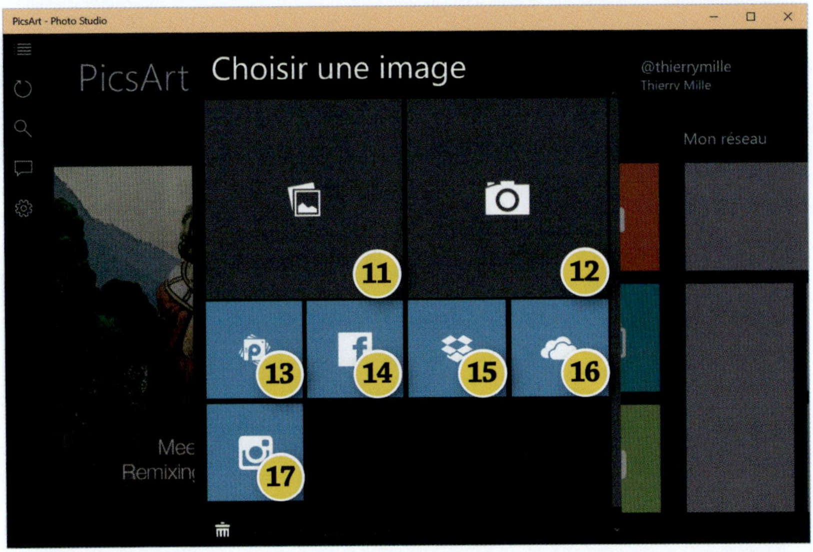

A chaque fois que vous voudrez travailler sur une photo, il faudra tout d'abord en sélectionner une :

11 Ouvrez une photo depuis votre disque dur, une clé USB ou un lecteur réseau.

12 Prenez vous en photo avec la webcam de l'ordinateur.

13 Importez une photo PicsArt.

14 Importez une photo depuis votre compte Facebook.

15 Importez une photo depuis votre stockage Dropbox.

16 Importez une photo depuis votre stockage OneDrive.

17 Importez une photo depuis Instagram.

Prendre et modifier ses photos avec PicsArt

Si votre ordinateur ou votre tablette dispose d'une webcam, vous pouvez prendre une photo directement depuis PicsArt. Ensuite vous pourrez la retoucher pour lui ajouter des effets et réaliser un collage avec d'autres photos.

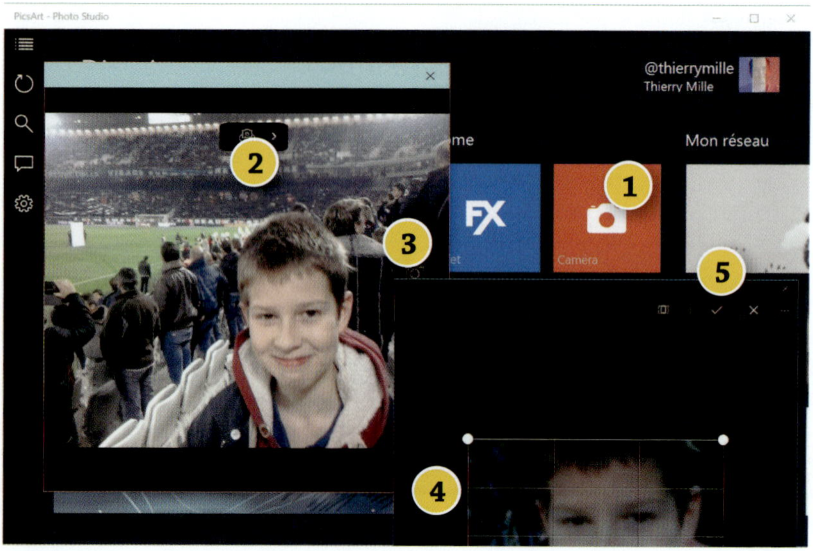

1 Cliquez sur le bouton **Caméra**.

2 Si votre tablette dispose de deux webcam, vous pouvez changer de caméra.

3 Appuyez pour prendre la photo.

4 Vous pouvez recentrer la photo

5 Validez pour basculer en mode modification.

Pour réaliser la modification d'une photo :

6 Utilisez la webcam de votre ordinateur pour un selfie ou cliquez sur **Modifier** puis ouvrez une photo présente dans l'un de vos espaces de stockage.

7 Rognez en utilisant différentes formes, créez du mouvement, clônez une partie de l'image, retournez, redimensionnez, etc.

WEBCAM Si vous n'avez pas de webcam intégrée dans votre ordinateur, vous pouvez prendre une photo depuis votre téléphone mobile puis la stocker sur OneDrive pour la retrouver sous Windows 10. Vous aurez plus de facilités à modifier votre selfie sur PC que sur votre téléphone bien que PicsArt existe aussi pour certains smartphones.

8 Utilisez les effets dès maintenant pour ne les appliquer qu'à une partie de la photo (avant d'ajouter d'autres éléments).

9 Ajoutez une autre photo comme un collage.

10 Ajoutez des cliparts et rendez les plus ou moins transparents.

11 Ajoutez du texte et sélectionnez la police.

12 Vous pouvez créer des masques.

13 Dessinez à main levée.

14 Ajoutez un cadre ou un bord.

15 Enregistrez la nouvelle photo.

16 Partagez sur les réseaux sociaux.

Faire de l'effet avec PicsArt

L'un des intérêts de PicsArt est de pouvoir appliquer facilement des effets à vos photos ou réaliser des montages sous forme de collages avant de les publier sur les réseaux sociaux.

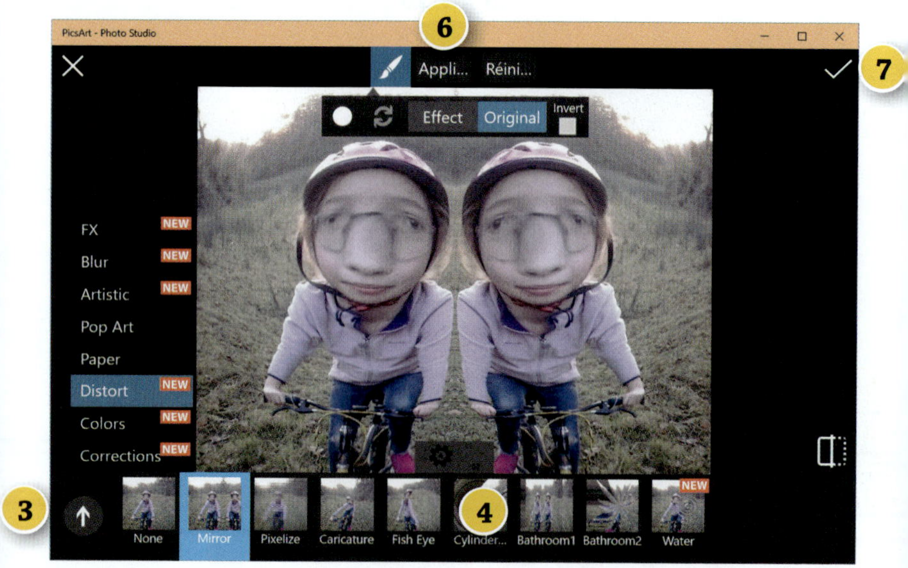

1 Cliquez sur le bouton **Effets**.

2 Ouvrez une photo à partir d'un emplacement local ou Cloud.

3 Choisissez une catégorie d'effets.

4 Choisissez un effet dans la catégorie, n'hésitez pas à les faire défiler de gauche à droite.

5 Certains effets nécessitent une configuration supplémentaire, par exemple pour l'effet **Fish Eye**, vous devez définir le point central.

6 Cliquez sur **Appliquer** avant d'appliquer un effet supplémentaire.

7 Pour enregistrer, vos changements, cliquez sur la coche.

SPÉCIALISTE DU COLLAGE L'application Photostatic Collage est dédiée au collage. Si vous avez besoin de réaliser des montages avancés, n'hésitez pas à la télécharger et l'installer : elle est gratuite.

Pour réaliser un collage :

11 Cliquez sur le bouton **Collage** puis choisissez le type de collage : grille pour des formats prédéfinis, cadre pour utiliser un encadrement, fond pour utiliser un fond à motifs.

12 Par exemple, optez pour Grille, vous pouvez alors choisir des formats de carré, rectangle (paysage ou portrait), Facebook ou en alignement.

13 Ajoutez une photo avec **Add**.

14 Supprimez une photo ajoutée.

15 Faites tourner la photo de 90°.

16 Changez l'épaisseur des bords.

17 Modifiez le rayon des coins.

18 Ajustez la couleur entre les photos.

Écouter de la musique avec Groove

L'application Microsoft Groove Musique fait partie des nouveautés de Windows 10. Elle est capable de lire vos morceaux de musique tant depuis votre disque local que depuis OneDrive. Cela vous permet d'écouter vos sélections musicales sous forme de MP3 depuis le Cloud.

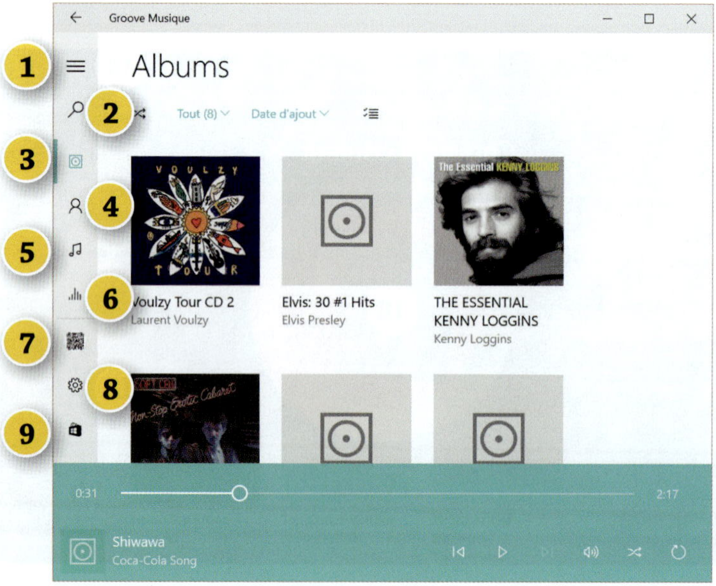

1 Faites apparaître le nom des commandes complètes.

2 Vous pouvez rechercher dans vos morceaux de musique locaux ou dans le Cloud.

3 Affichez les regroupements par album.

4 Affichez les regroupements par artiste.

5 Affichez tous les morceaux classés par nom ou date d'ajout.

6 Visualisez le morceau en cours d'écoute.

7 Compte OneDrive actuellement connecté.

8 Paramètres de l'application.

9 Achat de musique sur le Store.

GROOVE MUSIC PASS Il est possible d'écouter de la musique en ligne comme sur les plateformes iTunes, Deezer, Spotify, etc. en payant un abonnement mensuel. Les stations de radios personnalisées peuvent alors être écoutées tant dans l'environnement Microsoft (Windows 10, Xbox, Windows Phone) que sur iOS (Apple) ou Androïd.

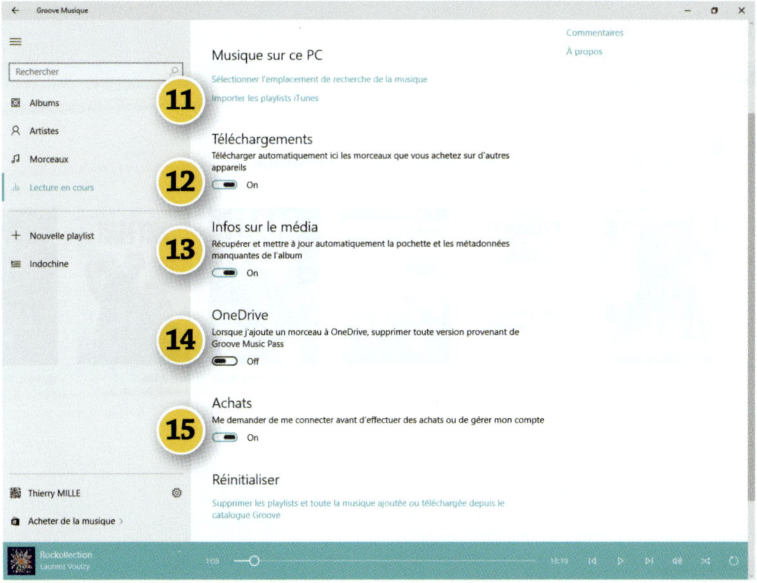

10 Sélectionnez des emplacements supplémentaires où est stockée la musique sur votre disque dur.

11 Après avoir activé le partage de vos playlists dans iTunes (Editions\Préférences\Avancées\Partager le fichier XML de la bibliothèque iTunes avec d'autres applications), cliquez sur le bouton **Importer**.

12 Ajouter dans cet ordinateur les autres morceaux ajoutés sur d'autres périphériques avec votre compte.

13 Récupérez les pochettes, les titres, etc. depuis Internet.

14 Ne supprimez pas les versions de Groove Music Pass lorsque vous l'ajoutez à OneDrive.

15 Demandez une confirmation avant d'effectuer un achat.

Regarder des films, des séries ou des vidéos

Si vous souhaitez regarder une série ou un film, rien de plus simple : l'application Films et TV intégrée dans Windows 10 vous permet de commander des vidéos à la demande (VOD) depuis le Store de Windows 10 puis les regarder sur votre ordinateur. Pour un écran plus grand, connectez votre ordinateur à la TV !

1 Dans le menu Démarrer, saisissez Films puis cliquez sur l'application Films et TV.

2 Cherchez des films, des séries TV.

3 Accédez au film du Store, certains peuvent être achetés, d'autres loués.

4 Achetez ou louez des séries TV, notamment les séries américaines.

5 Regardez vos vidéos stockées sur votre disque dur, par exemple les vidéos enregistrées à partir de vos jeux.

7 Vérifiez quel compte est utilisé.

8 Accédez aux paramètres de l'application.

9 Achetez ou louez des films depuis le Store et profitez des soldes !

WINDOWS MEDIA PLAYER **Le lecteur Windows Media des éditions précédentes de Windows est toujours présent dans les premières éditions de Windows 10. Néanmoins, il dispose de moins en moins d'intérêt dans la mesure où il ne permet plus de regarder des DVD. Il est donc progressivement remplacé par d'autres applications du Store.**

10 Lorsque vous regardez une vidéo, vous pouvez lorsque vous contrôlez le son : mettre en pause, revenir en arrière ou aller en avant

11 Connectez l'ordinateur à des périphériques Bluetooth pour retransmettre la vidéo..

12 Basculez l'affichage 4:3 à 16:9.

13 Lisez ou mettez en pause la vidéo.

14 Ajustez le volume sonore.

15 Passez en mode d'affichage plein écran. Appuyez sur la touche Echap pour revenir en mode fenêtré.

16 Activez la répétition automatique: la vidéo repartira en lecture à chaque fois que la fin est atteinte.

Utiliser VLC et Best YouTube Downloader

L'application VLC (VideoLan Client) n'a que des intérêts : le principal étant d'intégrer un grand nombre de codecs pour lire quasiment tous les formats audio et vidéo, notamment les DVD. Développé en tant que projet Open Source, il fonctionne tant sous Windows, que GNU/Linux, OSX, iOS, Androïd, etc.

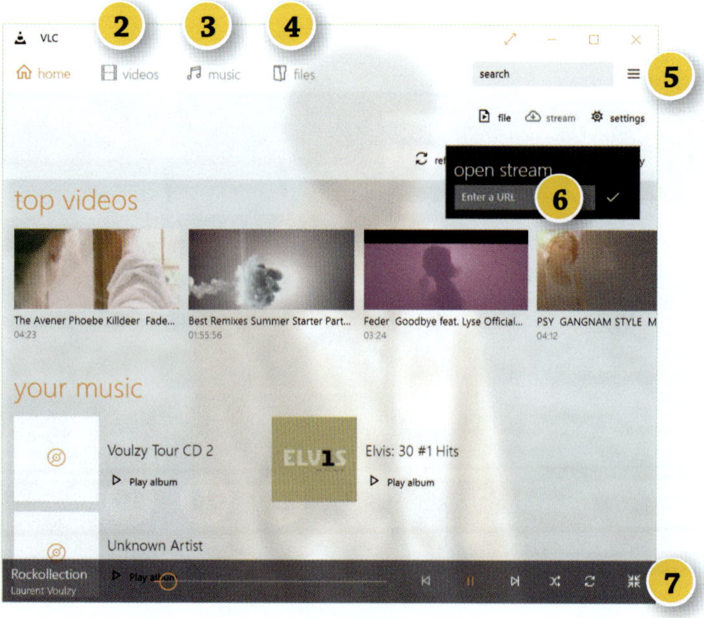

1 Recherchez VLC for Windows Store dans le Store de Windows puis choisissez d'installer l'application.

2 Accédez à vos vidéos directement puis regardez les.

3 Écoutez votre musique.

4 Retrouvez vos fichiers classés en musique ou vidéo et organisés par dossiers.

5 Accédez aux paramètres de l'application en cliquant ensuite sur Settings.

6 Si vous possédez une Freebox révolution, vous pouvez accéder aux chaines de télévision avec VLC en ouvrant le stream **http://mafreebox.freebox.fr/freeboxtv/playlist.m3u** puis voir vos émissions préférées sur l'ordinateur.

7 Passez en mode compact.

RÉCUPÉRER UNE VIDÉO SUR YOUTUBE **Si vous souhaitez récupérer une vidéo non protégée par des droits d'auteur sur YouTube, vous pouvez le faire avec une application qui téléchargera pour vous la vidéo puis la stockera directement dans un sous dossier du dossier Vidéos.**

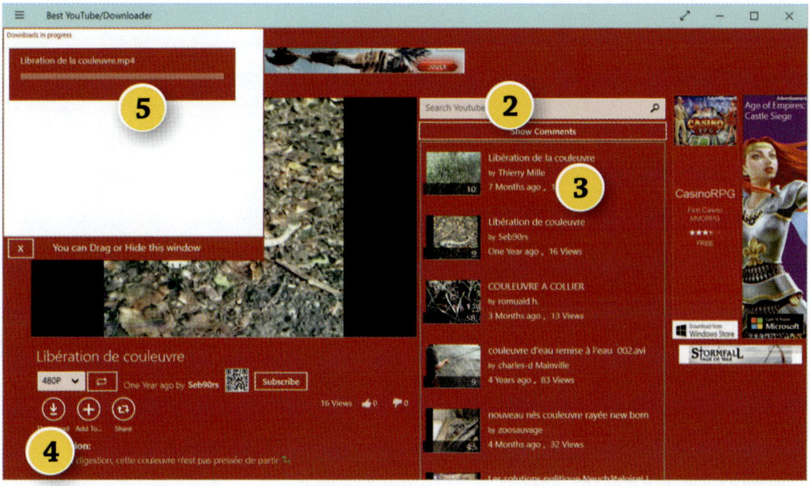

Vous allez récupérer la vidéo de libération d'une couleuvre en pleine nature :

1 Téléchargez l'application Best YouTube/Downloader depuis le Store de Windows 10.

2 Une fois l'application téléchargée, saisissez dans la zone de recherche le nom de la vidéo recherchée.

3 Cliquez sur la vidéo pour la prévisualiser directement.

4 Si c'est la vidéo que vous recherchez, cliquez sur le bouton **Download** puis choisissez la qualité.

5 Patientez, la vidéo est téléchargée et enregistrée dans votre dossier **Videos\ Youtube Downloader Videos**.

CHAPITRE 8

065 • Protéger l'ordinateur avec Defender
066 • Nettoyer avec Rogue Killer
067 • Nettoyer avec MalwareBytes
068 • Configurer le pare-feu
069 • Configurer le pare-feu avec fonctions avancées de sécurité
070 • Configurer SmartScreen
071 • Configurer le contrôle de compte d'utilisateur
072 • Conserver l'historique des fichiers
073 • Sauvegarder les fichiers

LA SECURITÉ

Protéger l'ordinateur avec Defender

Afin de fournir une meilleure expérience aux utilisateurs, Microsoft a choisi d'intégrer un antivirus gratuit depuis Windows 8. En effet, de nombreux ralentissements et disfonctionnements de Windows sont souvent liés aux logiciels malicieux installés par les utilisateurs eux-mêmes.

1 Dans le menu **Démarrer**, saisissez **Defender** puis appuyez sur la touche **Entrée** pour accéder la configuration de **Windows Defender**.

2 Vérifiez que votre ordinateur est bien protégé et que les mises à jour s'installent correctement.

3 Si les définitions pour la détection des logiciels malveillants ne sont pas à jour, cliquez sur l'onglet **Mettre à jour** puis cliquez sur **Mettre à jour**.

4 Cliquez sur **Paramètres**.

5 Conservez la protection en temps réel activée.

6 Les problèmes trouvés peuvent être envoyés à Microsoft.

7 Les logiciels malicieux peuvent aussi être envoyés chez Microsoft.

EICAR Vous pouvez tester le bon fonctionnement de votre antivirus en téléchargeant et en exécutant le pseudovirus EICAR. Ses 68 octets de code informatique ne sont pas infectieux ou nocifs mais doivent être détectés comme étant le virus EICAR si votre antivirus fonctionne correctement. Pour le télécharger, rendez vous sue le site www.eicar.org dans la section Download anti malware testfile.

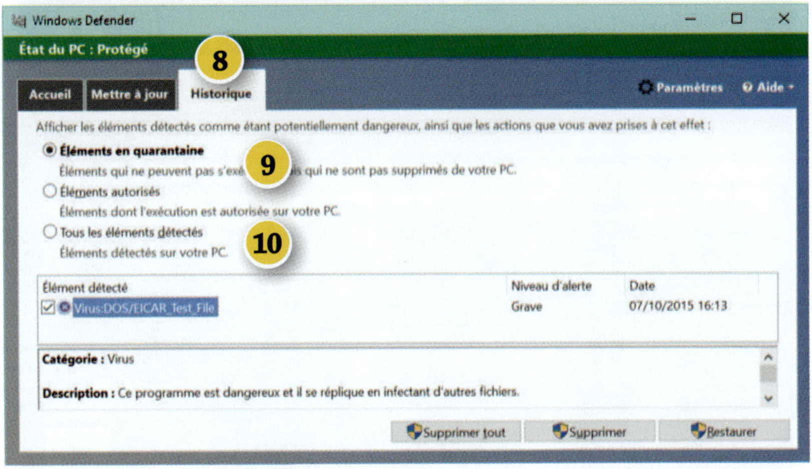

8 Sous l'onglet **Historique**, vous retrouvez les évènements relatifs aux logiciels malicieux détectés.

9 Les éléments en quarantaine ont été bloqués par Windows 10 mais n'ont pas été supprimés. Cliquez sur le bouton **Afficher les détails**. S'il existe des fichiers présents dans la quarantaine et que vous êtes certains qu'ils sont totalement inoffensifs : sélectionnez-les puis cliquez sur le bouton **Restaurer**. Dans le doute, laissez l'élément en quarantaine ou supprimez-le.

10 Les élements autorisés sont les fichiers ayant été détectés en tant que logiciels potentiellement malveillants et que vous avez néanmoins choisi de conserver.

Nettoyer avec RogueKiller

Malheureusement, aucun antivirus n'est infaillible. En effet, les concepteurs de virus ont à cœur de tester leurs logiciels malveillants face aux antivirus du marché. Si votre ordinateur est lent ou possède un comportement suspect : exécutez la dernière version de RogueKiller.

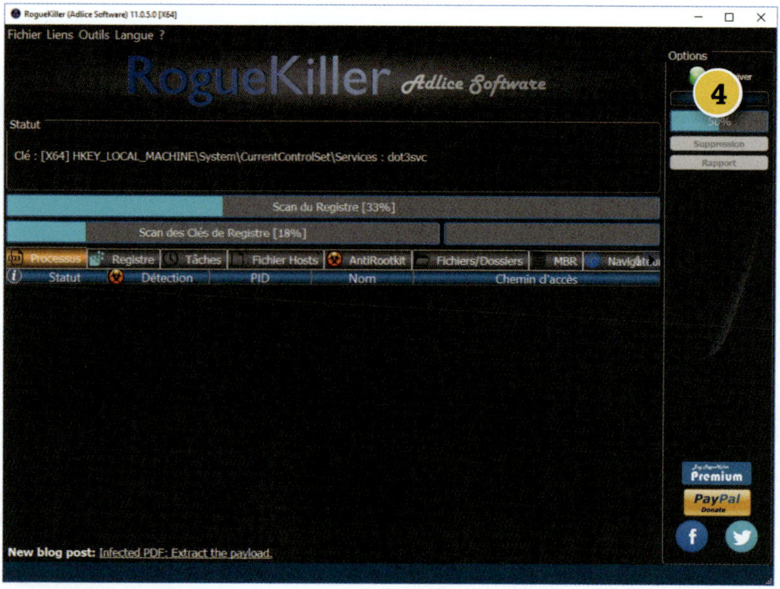

1 Rendez vous à l'adresse **http://www.adlice.com/fr/logiciels/roguekiller/** puis téléchargez RogueKiller. Prenez garde à ne pas cliquer sur le site d'un logiciel malicieux !

2 Choisissez d'installer le logiciel en Français puis cliquez sur le bouton **Suivant** jusqu'à la dernière étape : là cliquez sur le bouton **Terminer**.

3 Cliquez sur le bouton **Accepter**.

4 Cliquez sur le bouton **Scan**.

5 Patientez pendant l'analyse de votre ordinateur. Cette analyse peut durer de quelques minutes à plusieurs dizaines de minutes en fonction du nombre de fichiers présents sur le disque dur ainsi que la vitesse de votre ordinateur.

ROGUEKILLER En anglais, rogue signifie escroc. Certains logiciels escrocs se font passer pour des programmes de sécurité ou accélérant le fonctionnement de votre ordinateur ou vos téléchargements. Souvent, les utilisateurs se font abuser par de fausses alertes présentes sur les sites de téléchargements. Une fois installé, le faux logiciel de sécurité qui ralenti ou crypte les fichiers demande alors de payer pour se désinstaller.

6 Puis cliquez sur chaque onglet et procédez au nettoyage de toutes les lignes surlignées en orange ou rouge.

7 Registre : configurations qui permettent aux logiciels malicieux de se charger automatiquement.

8 Tâches : le maliciel démarre sous forme de tâche.

9 Le fichier hosts permet de détourner la navigation vers certains sites.

10 Antirootkit : malwares les plus furtifs.

11 Fichiers/Dossiers : affiche l'emplacement des fichiers infectés

12 Navigateurs Web : il s'agit d'extensions greffées sur Chrome, Firefox ou IE11 (toujours présent).

Nettoyer avec MalwareBytes

Après une analyse réalisée par Roguekiller, confirmez avec un autre logiciel comme MalwareBytes et éventuellement Rootkit reavealer que votre machine est très probablement saine. En effet, les logiciels malveillants adoptent des comportements les plus furtifs possibles pour ne pas être détectés et éradiqués.

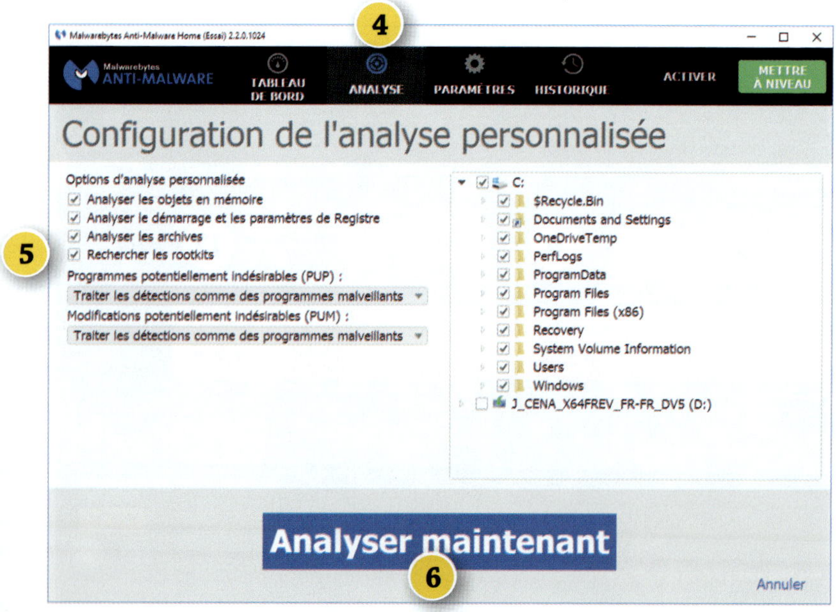

1 Rendez vous sur le site de MalwareBytes à l'adresse **https://fr.malwarebytes.org/** puis téléchargez la version gratuite.

2 Installez MalwareBytes en français en cliquant sur **Suivant** à plusieurs reprises, puis Installer et enfin **Terminer**.

3 Cliquez sur le lien **Mettre à jour maintenant** pour actualiser la liste des signatures et vérifiez qu'aucune mise à jour ne soit disponible.

4 Sous l'onglet **Analyse**, cliquez sur **Analyse personnalisée** puis **Configurer l'analyse**.

5 Cochez la case **Recherche les rootkits** et sélectionnez tous vos disques.

6 Cliquez sur **Analyser maintenant**.

MALWARE Un malware ou maliciel est un programme créé dans le but de nuire, c'est donc un logiciel malveillant au sens large du terme. Les utilisateurs parlent souvent d'un virus, mais finalement peu de logiciels malicieux possèdent les caractéristiques d'un virus : c'est-à-dire la capacité de se multiplier. La plupart des logiciels malveillants sont en fait téléchargés et installés par les utilisateurs eux-mêmes.

7 Une fois l'analyse terminée, cliquez sur le bouton **Supprimer la sélection**.

8 Acceptez de redémarrer l'ordinateur puis relancez une nouvelle analyse.

9 Cliquez sur le bouton **Historique** si vous souhaitez voir l'historique des programmes malveillants trouvés dans l'ordinateur par MalwareBytes.

Configurer le pare-feu

Windows 10 dispose de plusieurs interfaces pour configurer le pare-feu : une interface simplifiée abordée ici, une avec les fonctions avancées de sécurité présentée dans les pages suivantes et deux autres en ligne de commande en utilisant netsh et le contexte advfirewall et enfin PowerShell et le module NetSecurity.

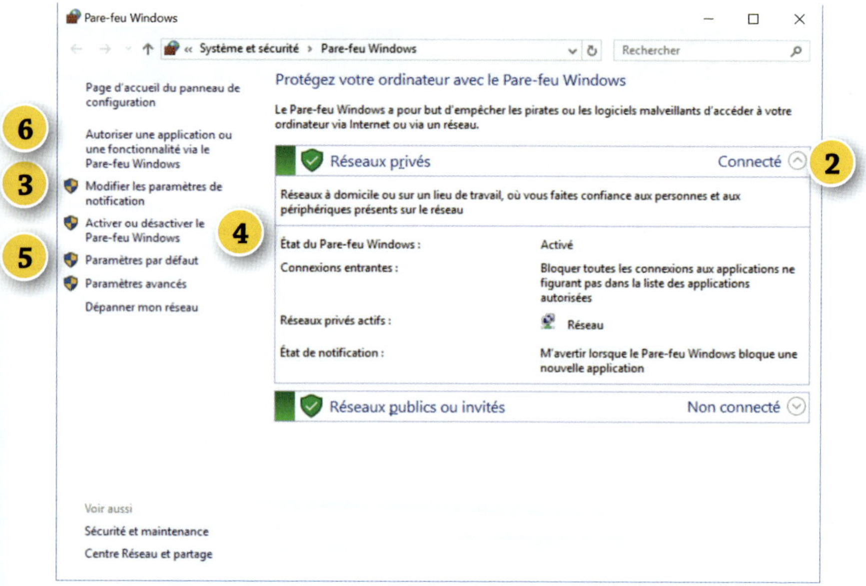

1 Dans le menu **Démarrer**, saisissez Pare puis cliquez sur Pare-feu Windows.

2 Hors d'un domaine Active Directory, votre pare-feu possède deux profils : réseaux privés pour votre domicile ou réseaux publics lorsque vous êtes connecté dans un hotspot Wifi ou en 3/4G par exemple.

3 Modifiez les paramètres d'avertissement lorsqu'une application a besoin de modifier le fonctionnement du pare-feu.

4 Ne désactivez pas le pare-feu sauf de manière très temporaire si vous suspectez un disfonctionnement lié au pare-feu.

5 Réinitialisez toute la configuration.

PARE-FEU Le rôle d'un pare-feu est le même que celui d'un garde barrière : laisser passer ou non certains échanges entre les ordinateurs. Le pare-feu de Windows 10 est un pare-feu installé directement sur l'hôte : il ne peut donc filtrer que ce qui entre ou éventuellement sort de l'ordinateur. En entreprise, les administrateurs chargés de la sécurité du réseau filtrent également les échanges entre ordinateurs.

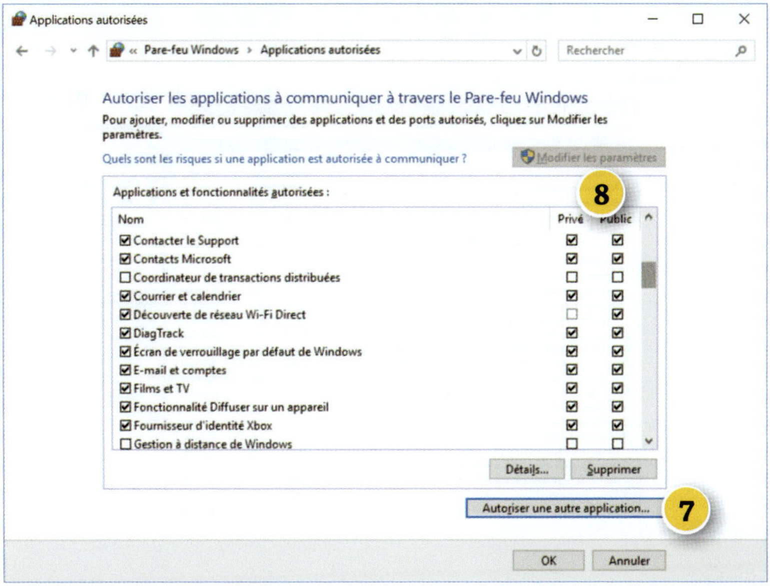

6 Cliquez sur **Autoriser une application ou une fonctionnalité du Pare-feu Windows** pour accéder à l'interface de configuration des applications autorisées.

7 Cliquez sur le bouton **Autoriser une application** puis recherchez-la sur votre disque dur.

8 Vous pourrez autoriser (ou non) l'application à ouvrir des ports soit lorsque votre ordinateur utilise le profil de pare-feu privé, soit public ou enfin dans les deux cas.

9 Contrôlez régulièrement quelles sont les applications qui ont été autorisées à ouvrir des ports sur le pare-feu même si vous êtes derrière une box qui assure un premier niveau de protection grâce à la translation d'adresses (NAT).

Configurer le pare-feu avec fonctions avancées

Le pare-feu Windows avec fonctions avancées de sécurité permet de réaliser des configurations bien plus fines que le Pare-feu Windows. Il nécessite plus de connaissances du fonctionnement des réseaux pour être exploité correctement. Voyons de manière sommaire les paramètres de configurations les plus importants.

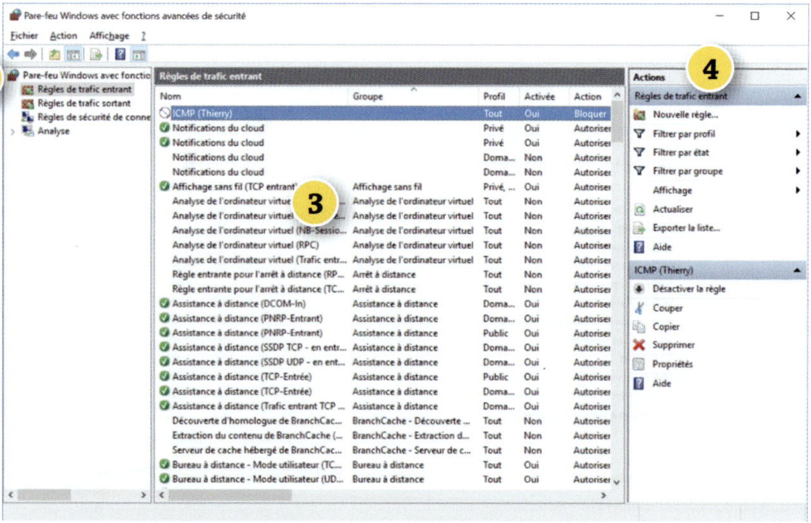

1 Dans le menu **Démarrer**, saisissez pare puis cliquez sur Pare-feu Windows avec fonctions avancées de sécurité.

2 Par un clic droit, vous accédez aux propriétés générales du pare-feu à configurer par profil.

3 Les règles créées s'affichent dans la partie centrale. Si la règle n'est pas activée : c'est comme si elle n'existait pas. Si la règle est activée et autorise : les flux pourront passer à travers le pare-feu. Si la règle est activée et bloque : les flux concernés ne pourront passer même s'il existe une règle qui les autorise.

4 Le volet **Actions** permet d'atteindre rapidement les commandes que vous pouvez également obtenir en utilisant un clic du bouton droit sur les éléments.

FONCTIONS AVANCÉES **L'interface du Pare-feu Windows avec fonctions avancées de sécurité vous permet de configurer le comportement du pare-feu pour les flux entrant mais aussi potentiellement sortants. Il permet de créer des règles par protocoles de manière fine, de journaliser les réussites et les échecs, etc. Tout cela dans trois profils: de réseaux : en présence d'un contrôleur de domaine, en environnement privé ou public.**

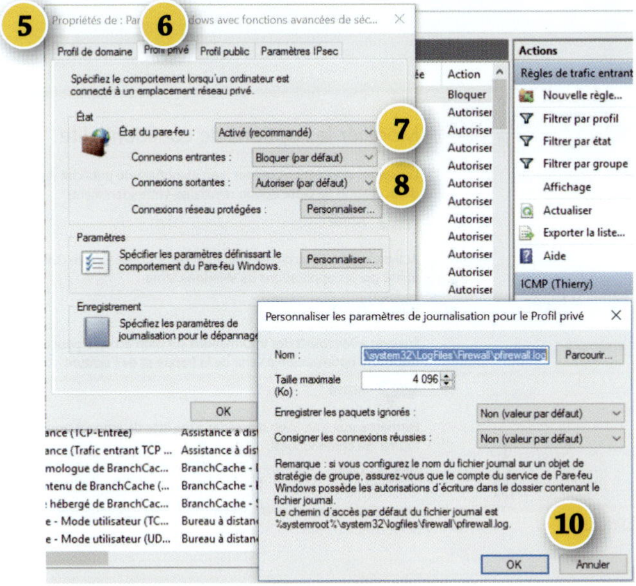

5 Si vous cliquez du bouton droit sur Pare-feu Windows avec fonctions avancées de sécurité puis sur la commande **Propriétés** : vous obtenez cette boîte de dialogue.

6 Changez d'onglet pour configurer chaque profil de manière indépendante.

7 Activez ou désactivez (déconseillé) le pare-feu.

8 Configurez le mode de fonctionnement du pare-feu pour les flux entrants et sortants.

9 Dans la rubrique **Enregistrement**, cliquez sur **Personnaliser**.

10 Vous pouvez spécifier l'emplacement et la taille du journal, si vous souhaitez journaliser les connexions réussies (audit) ou ignorées (dépannage).

Configurer SmartScreen

La technologie SmartScreen a été développée par Microsoft Research. Elle permet de déterminer si un fichier ou un courrier électronique présente un risque potentiel. SmartScreen fonctionne à deux niveaux dans Windows : pour les liens utilisés par les applications du Windows Store et pour les fichiers exécutés.

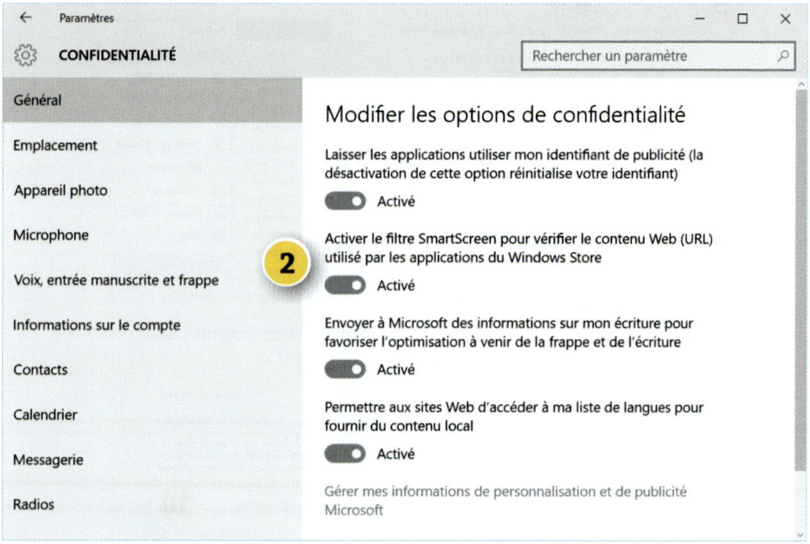

A moins d'être très concerné par le respect de votre vie privée ou afin de mener des tests comme le téléchargement du pseudo virus EICAR : vous ne devriez pas désactiver le filtre SmartScreen.

1 Dans le menu **Démarrer**, saisissez **smartscreen** puis cliquez sur **Activer ou désactiver le filtre SmartScreen pour les applications**.

2 Dans les options générales de confidentialité, vous pouvez désactiver le filtre SmartScreen pour la vérification des adresses web.

SMARTSCREEN La technologie SmartScreen a été introduite dans Internet Explorer 8 et permettait de bloquer 90 % des sites contenant des logiciels malveillants ou d'hameçonnage. Pour certains internautes, SmartScreen pose un problème de confidentialité dans la mesure où les adresses de site web ou les résumés cryptographiques des fichiers exécutés sont échangés avec Microsoft pour vérifier qu'ils ne présentent pas de risque.

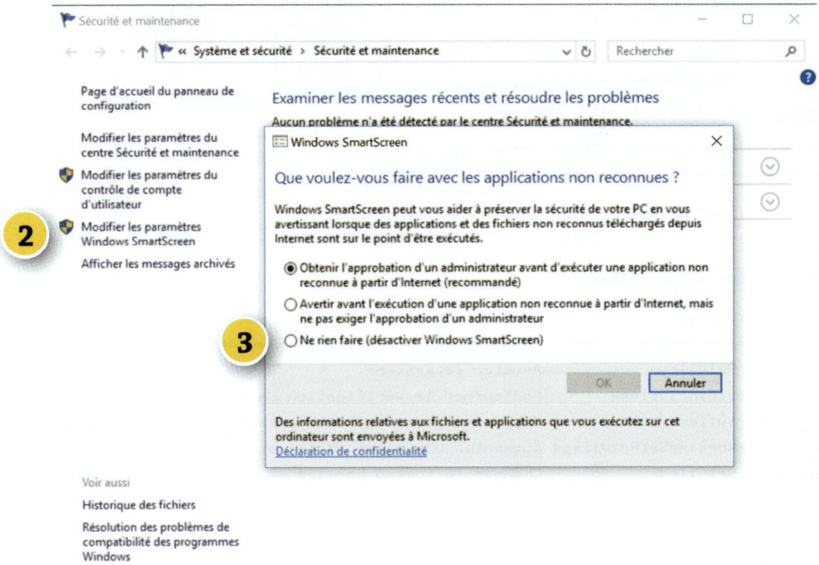

L'autre filtre SmartScreen permet de vérifier que les programmes que vous avez téléchargé sont sains :

1 Dans le menu **Démarrer**, saisissez **smartscreen** puis cliquez sur **Modifier les paramètres SmartScreen**.

2 Cliquez sur **Modifier les paramètres Windwos SmartScreen**.

3 Pour désactiver SmartScreen pour les applications non reconnues, sélectionnez l'option **Ne rien faire (désactiver Windows SmartScreen)**.

4 Cliquez sur le bouton OK.

Configurer le contrôle de compte d'utilisateur

Grâce au contrôle de comptes d'utilisateur, même si vous utilisez un compte qui dispose de privilèges d'administrateur : vous ne disposez pas en permanence de tous ces privilèges. Cela réduit le risque d'infection de votre ordinateur en cas d'exécution d'un programme malveillant.

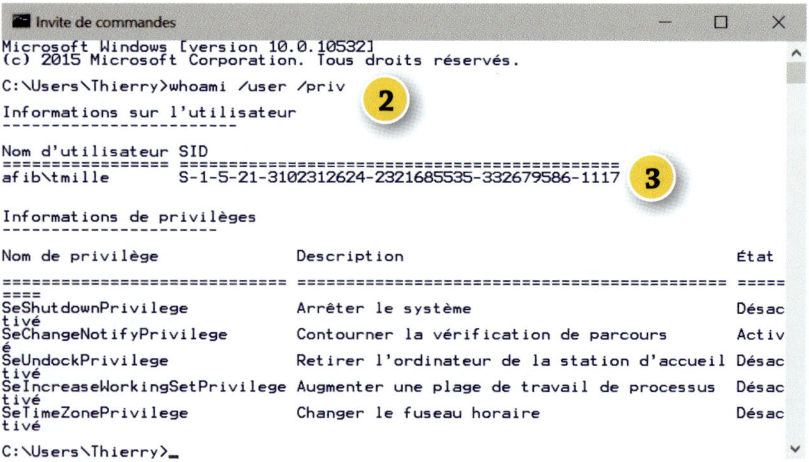

1 Ouvrez une session en tant qu'administrateur, saisissez **cmd** dans le menu **Démarrer**, puis appuyez sur la touche **Entrée**. L'invite de commandes apparaît alors sur le Bureau.

2 Saisissez la commande **whoami / all** (l'illustration étant réalisée avec **whoami /user /priv** pour la lisibilité)

3 Observez quel est le compte utilisé pour l'analyse, notamment votre identifiant de sécurité (SID). Remarquez que vous êtes bien membre du groupe des administrateurs de l'ordinateur. Par contre vous ne disposez que de 5 droits au niveau du système.

4 Dans le menu **Démarrer**, saisissez **cmd** puis cliquez du bouton droit sur **Invite de commandes**, enfin cliquez sur **Exécuter en tant qu'administrateur**.

UAC Apparu sous Windows Vista, le contrôle de compte d'utilisateur fonctionnait en tout ou rien : il était relativement intrusif dans les actions. Régulièrement, il était nécessaire de confirmer les actions à mener. Windows 10 dispose, quant à lui, de quatre niveaux de configuration en fonction du niveau de sécurité souhaité pour rendre l'UAC plus discret.

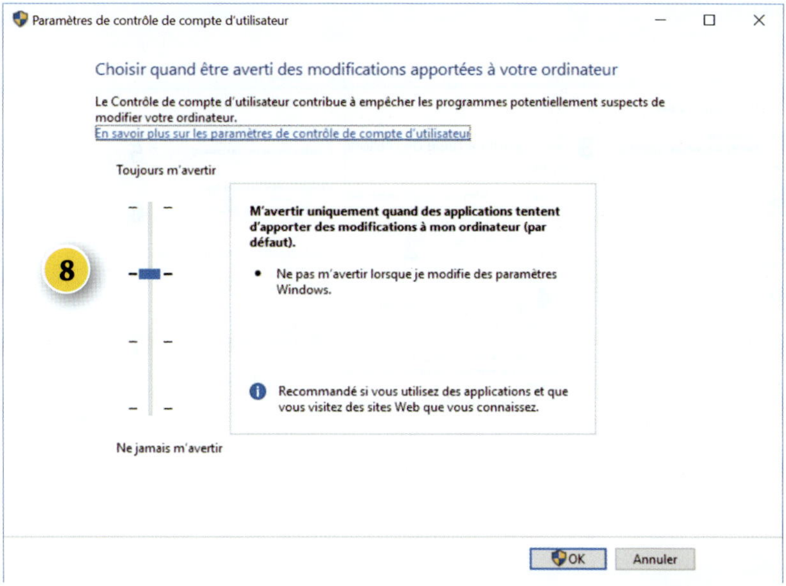

5 Saisissez la même commande que précédemment dans l'invite de commandes : **whoami /all**

6 Vous possédez toujours le même SID et êtes membre des mêmes groupes de sécurité, par contre vous disposez de 23 droits par défaut : vous utilisez le jeton administrateur complet.

Pour configurer l'UAC :

7 Dans le menu **Démarrer**, saisissez **UAC** puis cliquez sur **Modifier les paramètres de contrôle de comptes d'utilisateur**.

8 En déplaçant le curseur vers le bas : vous réduisez les demandes de confirmation pour l'élévation de privilèges. Le niveau le plus élevé est le mode paranoïaque : vous devrez confirmez l'augmentation dès qu'un bouclier apparaît dans les interfaces.

Conserver l'historique des fichiers

L'historique des fichiers fonctionne différemment des versions précédentes : il peut être considéré comme une sauvegarde dans la mesure où vous devez obligatoirement utiliser un autre support physique pour y stocker cet historique. De plus vous possédez une plus grande maîtrise des points de retour en arrière.

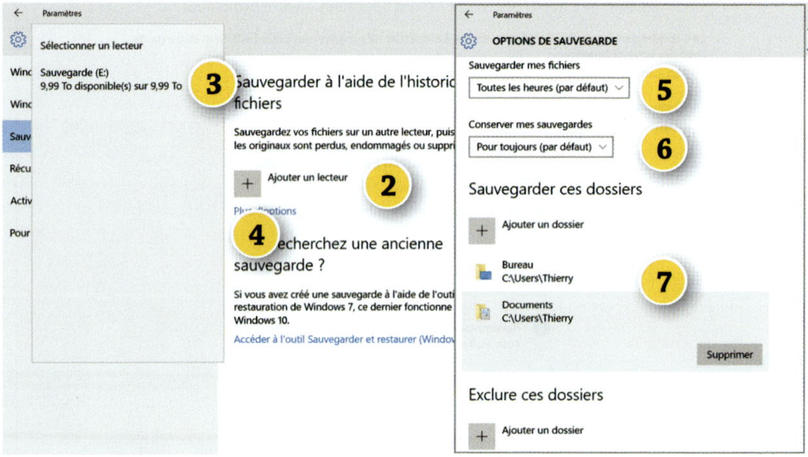

1 Saisissez **historique** dans le menu **Démarrer**, puis cliquez sur **Configuration de l'historique des fichiers**.

2 Cliquez sur **+ Ajouter un lecteur**.

3 Sélectionnez un lecteur qui ne soit pas votre disque dur stockant les données.

4 Cliquez sur **Plus d'options**.

5 Définissez la fréquence des sauvegardes.

6 Choisissez la durée de rétention de sauvegardes.

7 Sélectionnez les dossiers à inclure ou a exclure dans l'historique des fichiers.

8 Cliquez sur **Sauvegarder les données maintenant**.

CHOIX DE L'INTERFACE **Vous pouvez également réaliser la configuration initiale depuis la fenêtre Historique des fichiers en cliquant sur Configurer Historique des fichiers (illustration ci-dessous). L'intérêt majeur étant alors de pouvoir spécifier un chemin réseau pour séparer physiquement les données sauvegardées de celles présentes dans votre disque dur.**

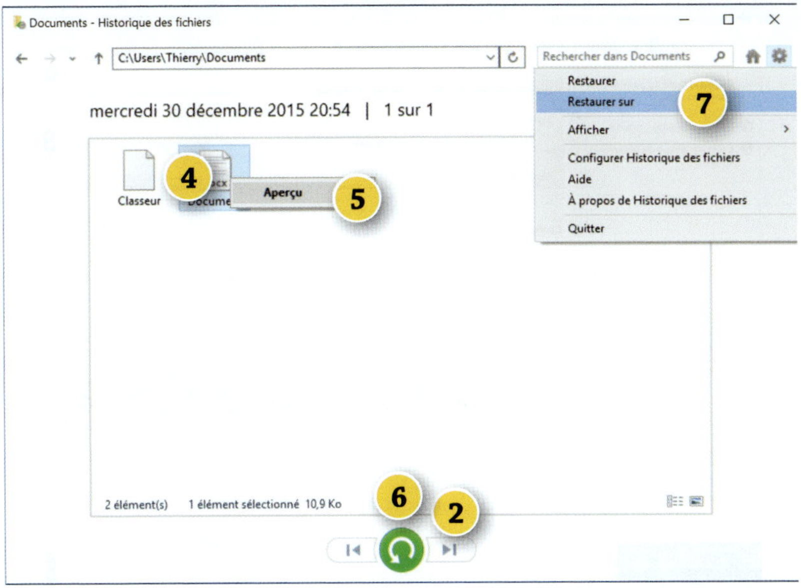

Pour restaurer des fichiers :

1 Dans le menu **Démarrer**, saisissez **restaurer** puis cliquez sur **Restaurer vos fichiers à l'aide de l'Historique des fichiers**.

2 Sélectionnez une date et une heure à laquelle restaurer le fichier.

3 Sélectionnez le dossier qui contenait le fichier à restaurer.

4 Sélectionnez le fichier à restaurer.

5 Cliquez du bouton droit sur le fichier pour un aperçu, si l'aperçu ne fonctionne pas vous pourrez l'ouvrir.

6 Cliquez sur la flèche verte pour restaurer à l'emplacement d'origine

7 Ou utilisez **Restaurer sur** pour choisir un autre emplacement.

Sauvegarder les fichiers

Bien que plutôt enterré, le logiciel de sauvegarde a été remplacé par l'historique des fichiers, néanmoins il est toujours possible de l'utiliser comme c'était déjà le cas dans Windows 8. Vous allez configurer une sauvegarde, la lancer puis restaurer un fichier.

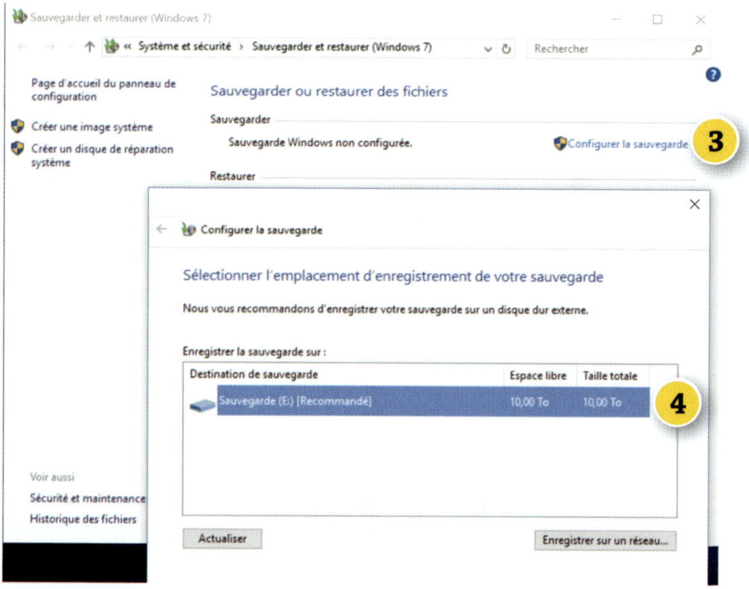

1 Saisissez **historique** dans le menu **Démarrer**, puis cliquez sur **Configuration de l'historique des fichiers**.

2 Cliquez sur **Accéder à l'outil Sauvegarder et restaurer (Windows 7)**.

3 Cliquez sur **Configurer la sauvegarde**.

4 Sélectionnez un disque différent de celui stockant les données puis cliquez sur **Suivant**.

5 Si vous ne savez pas quoi sauvegarder précisément : conservez l'option **Laisser Windows choisir** puis cliquez sur **Suivant**.

6 Cliquez sur **Modifier la planification** pour changer le jour et l'heure de la sauvegarde.

OUTILS TIERS N'oubliez pas que vous pouvez stocker vos données critiques dans le Cloud OneDrive ou chez d'autres fournisseurs de stockage sur Internet comme Dropbox par exemple. Vous pouvez aussi utiliser des logiciels tiers comme Cobian ou distribués avec des NAS (stockage attaché au réseau) : l'important étant de toujours séparer physiquement les données vivantes des données sauvegardées (deux disques ou deux lieux).

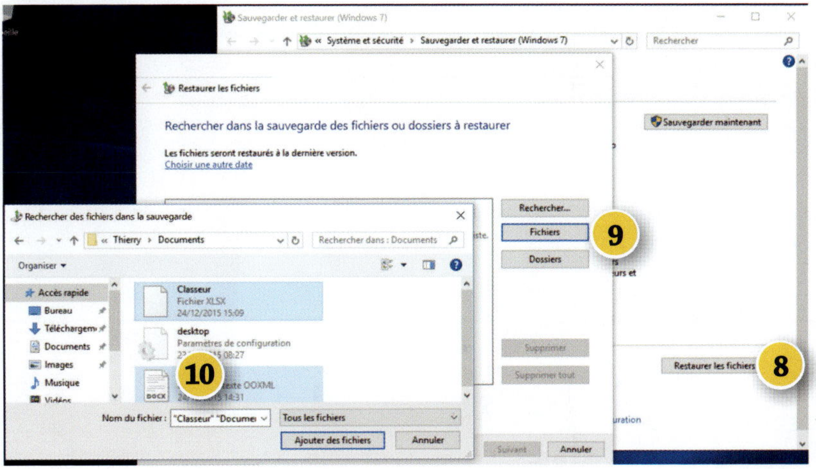

7 Cliquez sur **Enregistrer les paramètres et exécuter la sauvegarde**.

Pour restaurer un ou plusieurs fichiers:

8 Cliquez sur **Restaurer les fichiers**.

9 Cliquez sur **Fichiers**.

10 Sélectionnez les fichiers puis cliquez sur **Ajouter des fichiers**. Recommencez à l'étape 9 plusieurs fois si nécessaire.

11 Cliquez sur **Suivant**.

12 Choisissez de restaurer à l'emplacement d'origine ou ailleurs puis cliquez sur **Restaurer** puis **Terminer**.

CHAPITRE 9

074 • Configurer l'affichage
075 • Configurer l'affichage des couleurs du menu Démarrer
076 • Configurer la résolution d'affichage
077 • Connecter plusieurs écrans
078 • Paramétrer les notifications
079 • Gérer les applications
080 • Gérer l'énergie
081 • Économiser l'énergie
082 • Créer un compte pour un autre utilisateur Windows
083 • Gérer l'accès d'un compte Microsoft
084 • Synchroniser les paramètres et gérer vos mots de passe
085 • Configurer la confidentialité
086 • Configurer Cortana
087 • Ajuster la date et l'heure et leurs formats
088 • Configurer le Narrateur et la Loupe
089 • Connecter l'ordinateur en Wi-Fi
090 • Ajouter un périphérique d'impression réseau
091 • Connecter un périphérique Bluetooth
092 • Configurer les mises à jour Microsoft

LES PARAMÈTRES

Configurer l'affichage

L'une des première personnalisations que vous pouvez réaliser pour vous approprier votre ordinateur sous Windows 10 : c'est modifier le fond d'écran et l'écran de verrouillage pour uitiliser une photo personnelle plutôt que celle fournie par défaut.

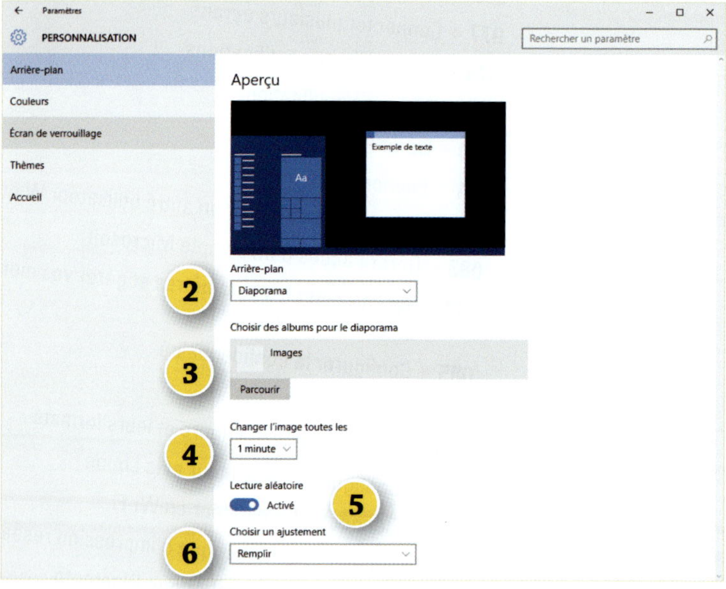

1 Cliquez du bouton droit sur un espace vide du Bureau puis cliquez sur **Personnaliser**.

2 Sélectionnez **Diaporama** pour faire défiler les photos en fond d'écran.

3 Recherchez un dossier sur votre disque qui contient des photos pour qu'elles s'affichent en plein écran.

4 Si vous avez choisi l'option **Diaporama**, modifiez la fréquence du changement des photos.

5 Sélectionnez **Aléatoire** si vous souhaitez un effet de surprise.

6 Conservez la méthode d'ajustement de l'affichage de la photo si ses dimensions ne correspondent pas à la résolution d'affichage.

ÉCRAN DE VERROUILLAGE Cet écran protège votre travail en cours lorsque vous vous absentez. Il permet de masquer les fenêtres des programmes démarrés. Cet écran de verouillage peut être activé après une période d'inactivité à configurer en cliquant sur le lien Paramètres du délai d'expiration de l'écran (illustration ci-dessous) ou manuellement en utilisant le raccourci clavier Windows + L (comme lock).

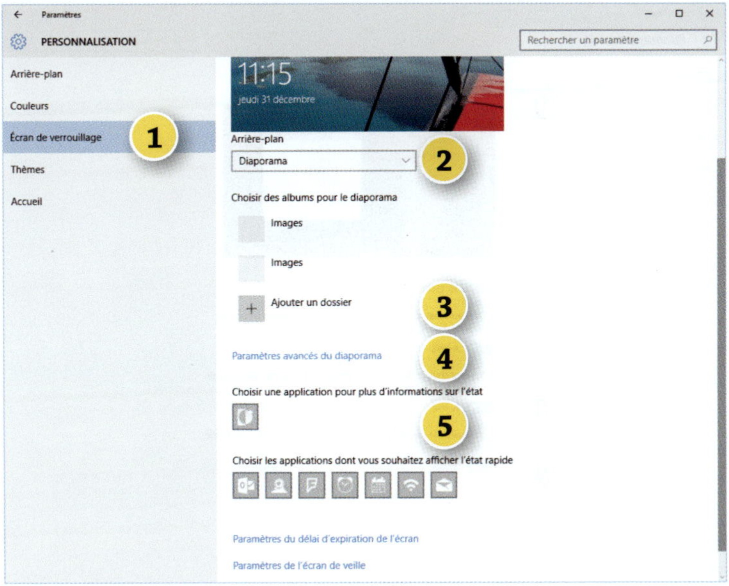

Changez l'écran de verrouillage :

1 Dans la personnalisation de l'affichage, cliquez sur **Écran de verrouillage**.

2 Changez l'affichage d'**Image** pour **Diaporama**.

3 Sélectionnez les dossiers qui contiennent des images à afficher lorsque l'écran sera verrouillé.

4 Dans les paramètres avancés du diaporama, vous pouvez inclure les dossiers Pellicule de l'ordinateur et de OneDrive. Ce dossier stocke les photos prises depuis Windows 10 (ordinateur ou smartphone).

5 Sélectionnez les applications qui peuvent afficher des informations sur l'écran de verrouillage, par exemple la météo, le nombre de courriers non lus, etc.

Configurer l'affichage des couleurs du menu Démarrer

Vous pouvez personnaliser les couleurs du menu Démarrer et configurer l'écran d'accueil. Vous pouvez accorder les couleurs du menu Démarrer, de l'écran d'accueil et de la barre des tâches à celles du fond d'écran.

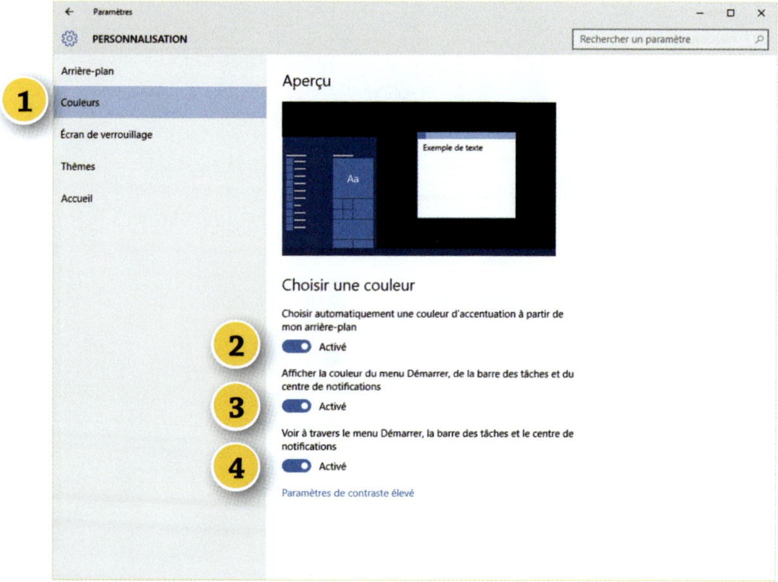

1 Dans la personnalisation de l'affichage, cliquez sur **Couleurs**.

2 Choisissez d'appliquer une couleur d'accentuation à partir de votre arrière-plan. Les couleurs du menu **Démarrer** et de la barre des tâches changeront alors régulièrement en fonction de l'arrière plan si ce dernier est affiché sous forme de diaporama. Si vous désactivez l'option, vous pourrez choisir une couleur dans la palette des couleurs.

3 Conservez l'option activée pour que votre menu **Démarrer** prenne de la couleur.

4 Conservez l'effet activez pour rendre le menu **Démarrer** et l'écran d'accueil translucides.

ÉCRAN D'ACCUEIL Si vous faites partie des rares personnes à regretter l'écran d'accueil de Windows 8 et 8.1, vous pouvez choisir d'utiliser le menu Démarrer en plein écran (étape 4 de illustration ci-dessous) ou passer en mode tablette depuis le centre de notifications dans la zone de notification de la barre des tâches.

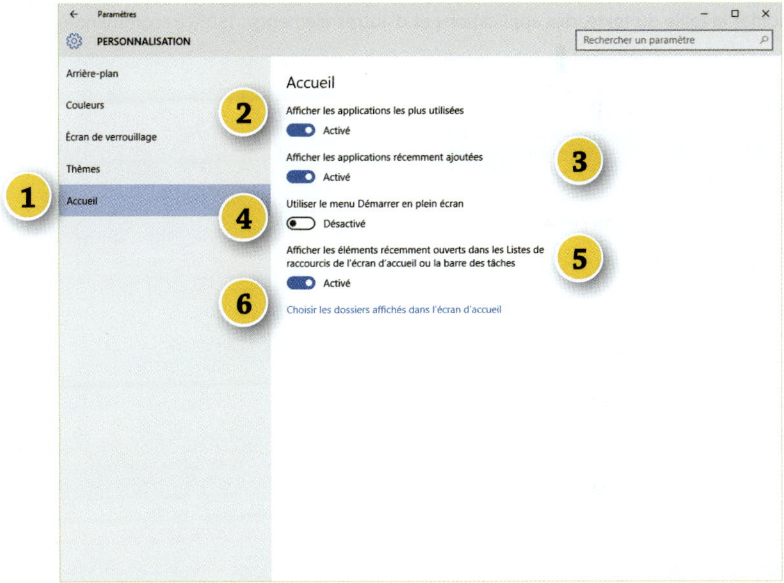

1 Dans la personnalisation de l'affichage, cliquez sur **Accueil**.

2 Conservez l'affichage des applications les plus utilisées : en général, vous utilisez 5 à 6 applications dans l'ordinateur.

3 Affichez les applications récemment installées pour ne pas les chercher dans la liste **Toutes les applications**. Si vous comptez les utiliser fréquemment : pensez à les épingler dans la partie **Accueil**.

4 Si vous ne travaillez qu'en tactile le menu **Démarrer** peut être affiché quasiment comme sous Windows 8.1.

5 Affichez les fichiers ouverts par les applications de l'étape 2.

6 Choisissez des dossiers supplémentaires à afficher.

Configurer la résolution d'affichage

La résolution est le nombre de pixels (points de couleurs) affichés : elle s'exprime sous forme de deux valeurs : la largeur * la hauteur. La résolution choisie dépend de votre écran, votre carte graphique et votre vue ou vos habitudes. Voyons cela !

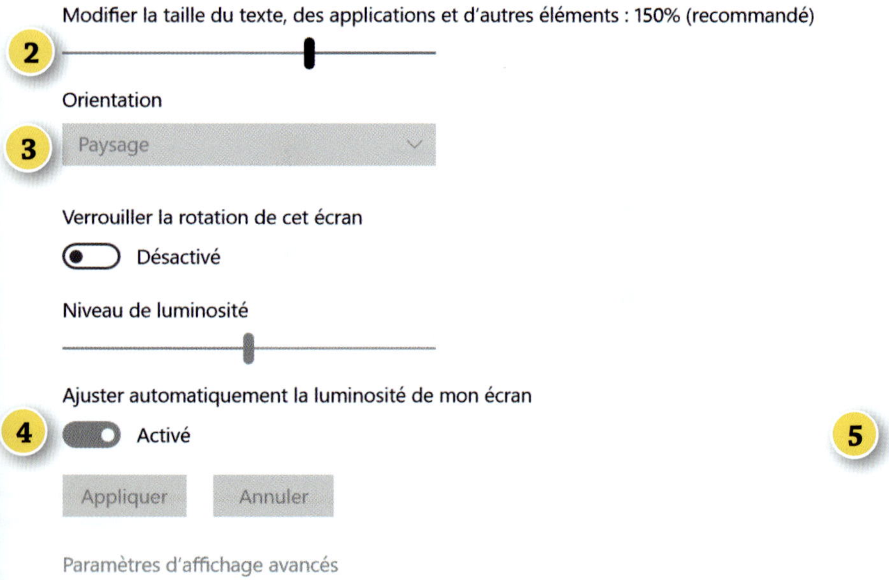

1 Pour configurer la résolution, cliquez du bouton droit sur un espace vide du Bureau puis cliquez sur **Paramètres d'affichage**.

2 Modifiez la taille du texte et des éléments si vous utilisez des hautes résolutions et un écran de petite taille, par exemple une tablette avec un écran de 10".

3 Si vous utilisez un écran qui a été mis dans le sent portrait : changez l'orientation. La rotation automatique peut être pratique pour les tablettes : l'affichage pivote automatiquement.

4 Adaptez le niveau de luminosité de l'écran en fonction de la luminosité ambiante. Avec la webcam ou un capteur, certains ordinateurs peuvent ajuster automatiquement la luminosité de l'écran en fonction de l'environnement.

CLEARTYPE **Cette technologie a été développée par Microsoft afin de limiter le crénelage (traits dentelés) lors de l'affichage de texte. L'objectif étant de profiter des sous pixels des écrans plats qui composent chaque pixel pour rendre les textes mieux affichés. ClearType joue sur le fait que la vision de l'homme est plus sensible aux variations d'intensité (luminance) qu'aux variations de couleurs (chrominance).**

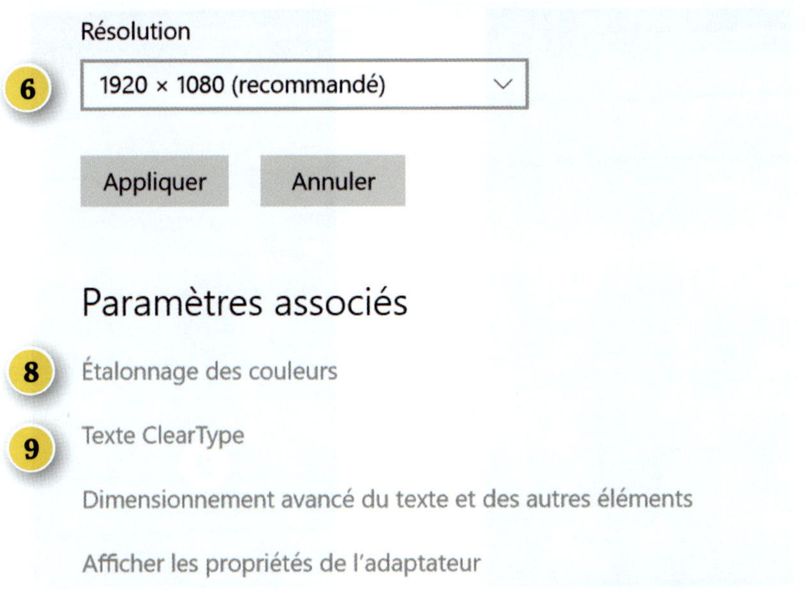

5 Cliquez sur **Afficher les paramètres d'affichage avancés** pour modifier la résolution.

6 Dans la liste **Résolution**, choisissez une résolution puis cliquez sur **Appliquer**.

7 Confirmez que le changement fonctionne. Si votre écran s'éteint ou scintille : patientez jusqu'à ce qu'il refonctionne.

8 Vous pouvez démarrer un assistant d'étalonnage des couleurs pour chacun de vos écrans.

9 ClearType permet de rendre l'affichage des polices plus net sur les écrans plats si vous utilisez la résolution recommandée en utilisant les sous pixels pour lisser les textes (écrits en tant que tels c'est à dire pas les images contenant du texte).

Connecter plusieurs écrans

Si vous disposez d'un ordinateur portable ou d'un ordinateur doté d'une carte vidéo avec plusieurs sorties (VGA, DVI et HDMI par exemple), vous pouvez répartir l'affichage sur plusieurs écrans simultanément. Windows 10 prend également l'affichage sur des vidéo-projecteurs en utilisant un adaptateur Miracast.

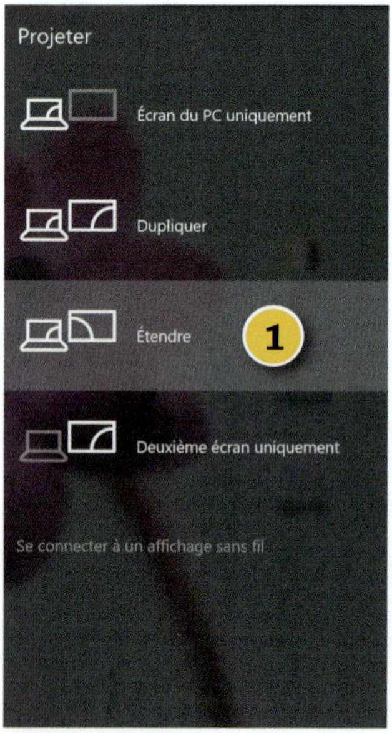

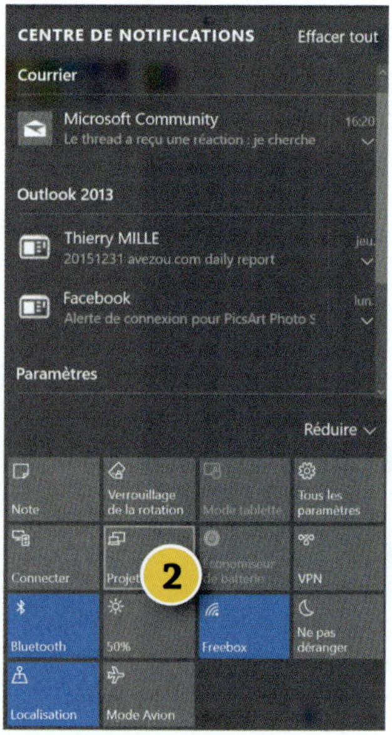

1 Pour choisir d'afficher le Bureau sur un ou plusieurs écrans, utilisez le raccourci clavier **Windows** + **P**.

2 Ou cliquez sur **Projeter** dans le centre de notifications.

3 L'options généralement la plus intéressante est d'étendre l'affichage : cela permet d'avoir une plus grande surface pour organiser les fenêtres si les écrans sont proches.

4 Cliquez du bouton droit sur un espace vide du Bureau puis cliquez sur **Paramètres d'affichage**.

5 Si vous avez choisi d'étendre l'affichage, par cliquer-glisser, déplacez un écran par rapport à l'autre pour les mettre dans la même disposition que physiquement : cela vous permet de déplacer une fenêtre d'un écran à l'autre.

MIRACAST Grâce à la technologie Miracast, vous pouvez projeter l'affichage et même jouer le son de votre ordinateur sur une télévision, un vidéo-projecteur ou un lecteur multimédia de diffusion en continu compatible. Si vous couplez Miracast avec un NUC (Next Unit Computing) et ensemble un clavier/souris Bluetooth : vous n'avez plus d'ordinateur apparent chez vous !

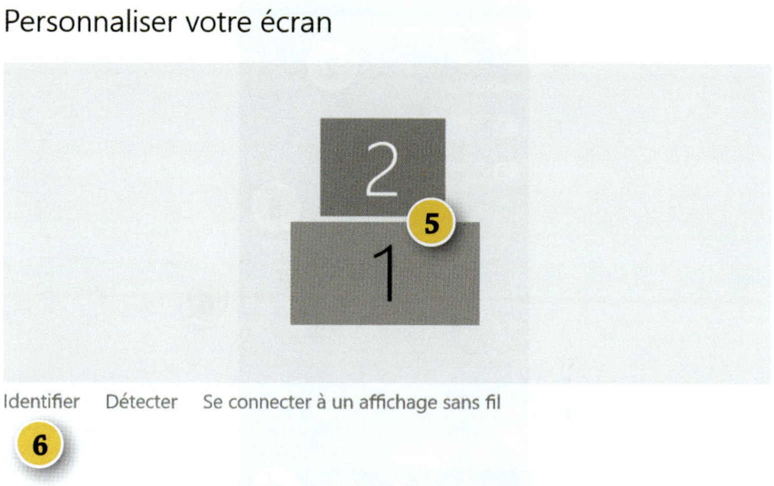

6 Cliquez sur **Identifier** pour savoir quel est l'écran principal si vous utilisez un ordinateur de Bureau par exemple.

7 Cochez la case **Faire de cet écran l'écran principal** si vous souhaitez inverser les écrans.

8 Sachez que si vous souhaitez changer la résolution, l'orientation ou d'autres paramètres : vous devez d'abord sélectionner l'écran à configurer avant de le faire.

Paramétrer les notifications

Windows et les applications peuvent vous afficher régulièrement des informations à l'écran. Windows 10 intègre un centre de notifications pour les rassembler.

1 Cliquez dans la zone de notification sur l'icône du centre de notifications.

2 Les notifications des applications apparaissent dans le centre de maintenance.

3 Pour supprimer toutes les notifications, cliquez sur le lien **Effacer tout**.

4 Lorsqu'une vignette est en couleur c'est que la fonctionnalité est active

5 Lorsque vous cliquez sur **Réduire**, vous voyez les actions rapides apparaître.

6 Cliquez sur la vignette **Tous les paramètres** pour configurer les notifications.

TABLETTE Si vous utilisez une tablette ou un ordinateur doté d'un écran tactile, vous pouvez accéder au Centre de notifications par un toucher glisser depuis le bord droit de l'écran. Vous pouvez alors en profiter pour utiliser la vignette Mode tablette pour profiter d'une interface Windows 10 dédiée au tactile. Sachez que le mode tablette ne peut pas être activé lorsqu'un deuxième écran est branché.

7 Cliquez sur **Système** puis **Notifications et actions**.

8 Affichez les 4 vignettes qui apparaissent lorsque le volet des actions est réduit.

9 Sélectionnez les applications qui peuvent afficher leur icône dans la zone de notification.

10 Choisissez quelles icônes de Windows afficher dans la zone de notification.

11 Définissez comment les notifications et les interactions sont gérées y compris lorsque la session est verrouillée.

12 Pour chaque application, indiquez si elle peut émettre des notifications.

Gérer les applications

Les applications sont les programmes que vous utilisez pour réaliser des tâches précises. Il peut arriver que vous ayez installé des applications devenues inutiles : elles consomment de l'espace disque et parfois peuvent ralentir votre ordinateur si elles chargent certains de leurs modules au démarrage.

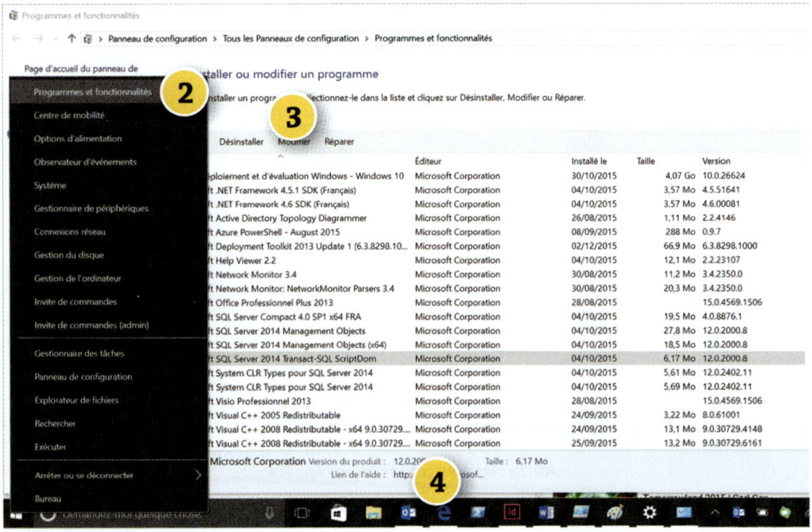

1 Pour désinstaller une application téléchargée depuis le Store : cliquez du bouton droit sur sa vignette puis cliquez sur **Désinstaller**.

2 Pour désinstaller des applications de bureau (classiques), cliquez du bouton droit sur le bouton **Démarrer** ou utilisez le raccourci clavier **Windows** + **X**. Puis cliquez sur **Programmes et fonctionnalités**.

3 Sélectionnez l'application à désinstaller dans la liste puis cliquez sur le bouton **Désinstaller**.
Si vous avez du mal à retrouver l'application, vous pouvez trier les colonnes par ordre de nom, de date ou d'espace disque occupé.

4 Suivez les étapes de désinstallation du programme.

MSI Dans la mesure du possible, privilégiez les applications du Store aux applications classiques : elles se désinstallent bien mieux. Si vous installez des applications classiques, essayez de privilégier le programme d'installation reposant sur la technologie Microsoft Installer (MSI) par rapport à un programme tel que setup.exe. La désinstallation d'un .msi est également beaucoup plus propre.

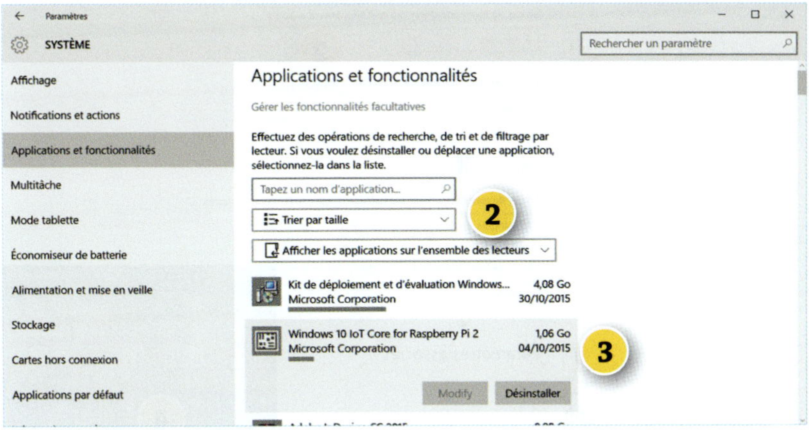

Vous pouvez récupérer de l'espace disque en désinstallant les applications tant du Store que classiques :

1 Dans le menu **Démarrer**, saisissez **Applications et fonctionnalités**. Dès que la commande apparaît : appuyez sur **Entrée**.

2 Vous pouvez modifier le critère de tri pour utiliser le nom ou l'espace disque occupé par l'application.

3 Cliquez sur une application que vous n'utilisez plus puis cliquez sur le bouton **Désinstaller**.

4 Confirmez la désinstallation puis suivez l'assistant spécifique au programme que vous supprimez de l'ordinateur.

Gérer l'énergie

La majorité des ordinateurs commercialisés aujourd'hui étant des ordinateurs portables ou des tablettes : la gestion de la consommation d'énergie est importante pour prolonger la vie des batteries et disposer d'une autonomie plus importante. Apprenez à configurer les options de gestion de l'énergie.

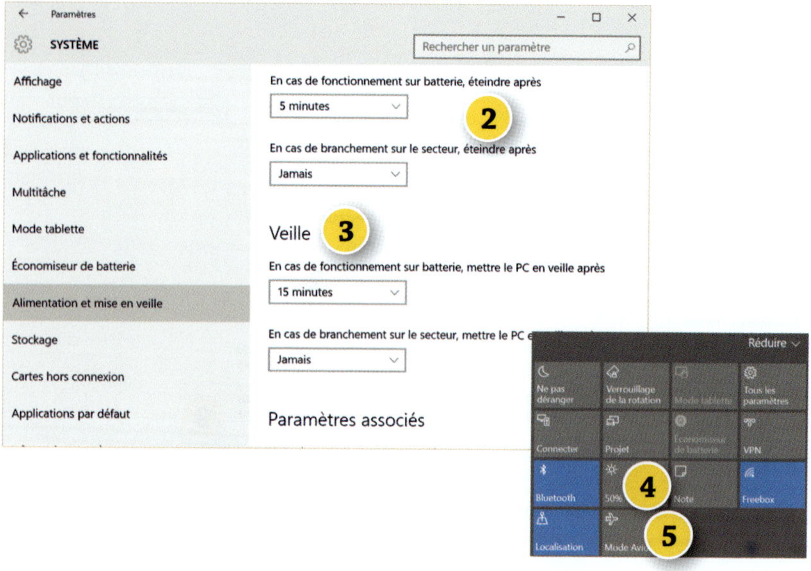

1 Dans le menu **Démarrer**, saisissez alimentation puis cliquez sur **Paramètres d'alimentation et de mise en veille**.

2 Configurez l'extinction de l'écran lorsque votre ordinateur fonctionne sur batterie ou lorsqu' il est branché sur secteur. Cette option est importante pour les ordinateurs portables.

3 Sélectionnez le temps avant la mise en veille de l'ordinateur lorsqu'il est sur batterie ou sur secteur.

Dans le centre de notifications, vous pouvez aussi influer sur :

4 la luminosité de l'écran.

5 la désactivation des communications sans fil.

ÉCONOMISEUR DE BATTERIE L'économiseur de batterie permet d'optimiser la batterie lorsque elle atteint le seuil de 20 % de sa capacité maximale. Il agit notamment en désactivant les communications des applications démarrées en arrière-plan.

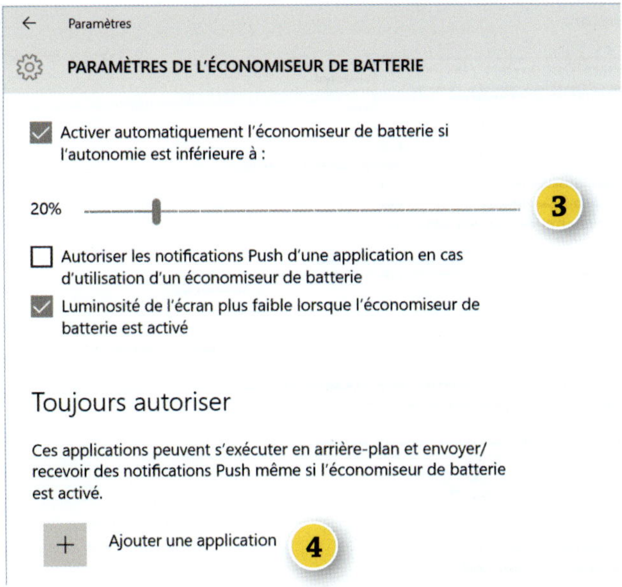

1 Commencez à saisir **économiseur de batterie** dans le menu **Démarrer** et appuyez sur **Entrée** dès que la commande apparaît.

2 Cliquez sur le lien **Paramètres de l'économiseur de batterie**.

3 Ajustez le curseur pour activer de manière plus ou moins tardive l'économiseur de batterie par pas de 5 % lorsque l'ordinateur est sur batterie.

4 Vous pouvez autoriser vos applications importantes à continuer à envoyer/recevoir des informations même si l'économiseur de batterie est activé.

Économiser l'énergie

La mention obligatoire "L'énergie est notre avenir, économisons-la !" s'applique tant pour les publicités que pour les ordinateurs en situation de mobilité : de substantielles d'économies d'énergie permettent de prolonger l'utilisation. Pour maîtriser quelque chose, il faut d'abord le mesurer : vous allez générer deux rapports.

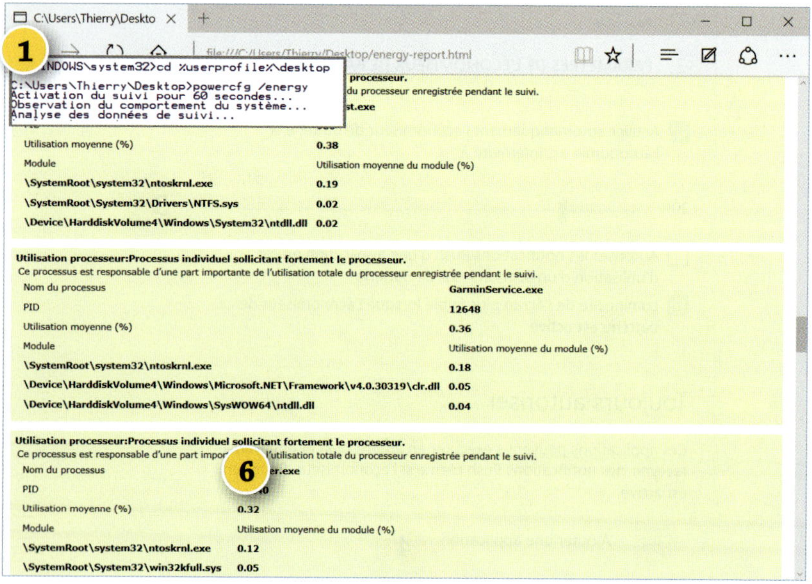

1 Dans le menu **Démarrer**, saisissez **cmd** puis cliquez du bouton droit sur Invite de commandes pour exécuter la commande en tant qu'administrateur.

2 Depuis l'invite de commandes, saisissez **cd %userprofile%\desktop** puis appuyez sur **Entrée**.

3 Saisissez la commande **powercfg /energy** puis appuyez sur **Entrée**.

4 Quittez l'invite de commandes.

5 Double cliquez sur le fichier **energy-report.html** présent sur le Bureau.

6 Corrigez les erreurs (rouge) et regardez quelles applications ont consommé le plus d'énergie pendant la minute d'analyse. Vous saurez lesquelles quitter lorsque vous êtes sur batterie.

OPTIONS D'ALIMENTATION **Vous pouvez toujours accéder à l'ancienne interface de gestion des options d'alimentation par un clic droit sur la batterie présente dans la zone de notification ou par le Panneau de configuration. Vous pouvez alors définir ce que Windows doit faire lorsque vous réalisez certaines actions suivant le mode de gestion de l'énergie (inactivité, appui sur bouton de mise sous tension, fermeture capot, etc.).**

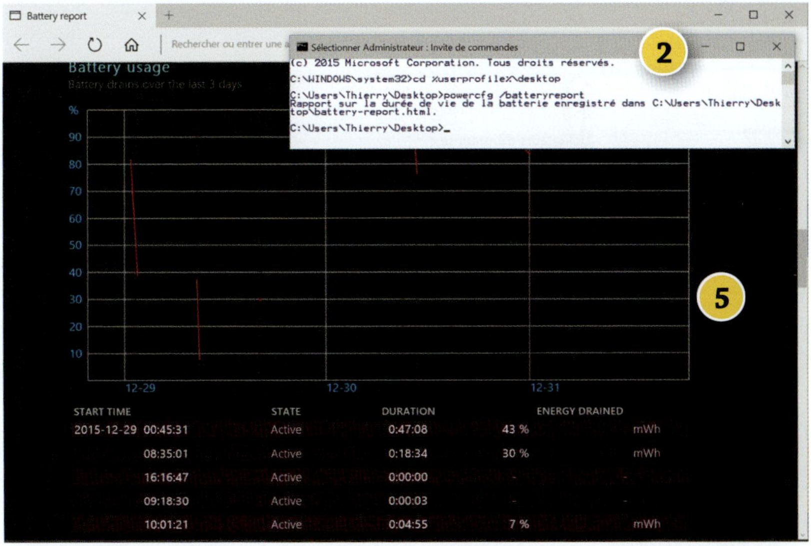

Pour générer un rapport sur l'efficience des batteries :

1 Dans le menu **Démarrer**, saisissez **cmd** puis cliquez du bouton droit sur Invite de commandes pour exécuter la commande en tant qu'administrateur.

2 Depuis l'invite de commandes, saisissez cd %userprofile%\desktop puis appuyez sur **Entrée**.

3 Saisissez la commande **powercfg /batteryreport** puis appuyez sur **Entrée**.

4 Quittez l'invite de commandes en saisissant **Exit** puis appuyez sur **Entrée**.

5 Ouvrez le fichier nommé **battery-report.html** présent sur votre Bureau. Vous retrouvez l'historique des derniers jours du fonctionnement des batteries de votre ordinateur.

Créer un compte pour un autre utilisateur

Chaque utilisateur (humain) devrait utiliser son propre compte utilisateur dans l'ordinateur. L'intérêt est de séparer les données (documents, photos, courriers électroniques) et les configurations (thèmes, navigation Web, etc.) entre utilisateurs. Vous pouvez utiliser deux types de comptes : local ou Microsoft. Commençons par Local.

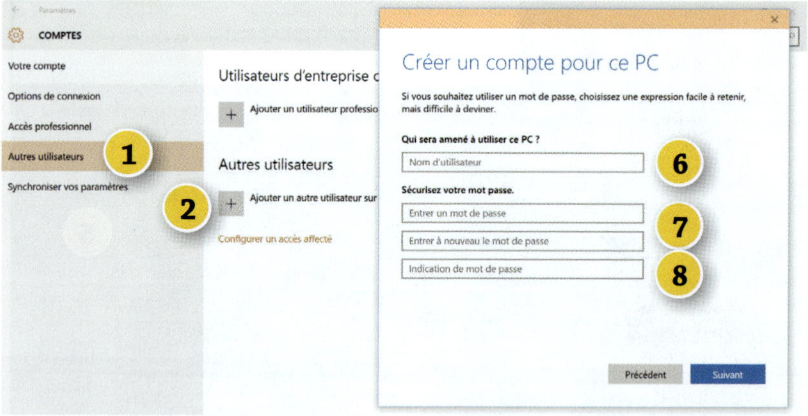

1 Dans le menu **Démarrer**, saisissez **Compte** puis cliquez sur **Gérer votre compte**.

2 Cliquez sur **Autres utilisateurs**.

3 Dans la rubrique **Autres utilisateurs**, cliquez **Ajouter un autre utilisateur sur ce PC**.

4 Cliquez sur **Je ne dispose pas des informations de connexion de cette personne**.

5 Cliquez sur le lien **Ajouter un utilisateur sans compte Microsoft**.

6 Saisissez le nom de l'utilisateur.

7 Saisissez à deux reprises le mot de passe.

8 Saisissez une indication pour retrouver le mot de passe.

GROUPES DE SÉCURITÉ Il existe de nombreux groupes de sécurité avec différents niveaux d'interactions possibles avec le système d'Invités à Administrateurs en passant par Utilisateurs, Opérateur de configuration réseau, Utilisateurs avec pouvoir, etc. L'interface utilisée dans cet ouvrage ne permet d'accéder qu'aux groupes Utilisateurs ou Administrateurs. Utilisez la console lusrmgr.msc pour une gestion fine des groupes.

1 Depuis la gestion des comptes utilisateurs, cliquez sur l'utilisateur préalablement ajouté.

2 Cliquez sur le bouton **Changer le type de compte**.

3 Modifiez le type de compte en **Utilisateur standard** ou **Administrateur**. Par défaut tous les nouveaux comptes créés sont membres du groupe local des Utilisateurs. Si vous configurez un compte Administrateur : il aura tous les privilèges sur l'ordinateur y compris celui de l'endommager en installant des logiciels malveillants par exemple.

4 Cliquez sur le bouton OK.

Gérer l'accès d'un compte Microsoft

Plutôt que d'utiliser des comptes locaux, c'est à dire spécifiques à chaque ordinateur, vous pouvez autoriser des comptes Microsoft à utiliser votre ordinateur. Cela permet de simplifier l'accès aux applications approuvées de Windows 10.

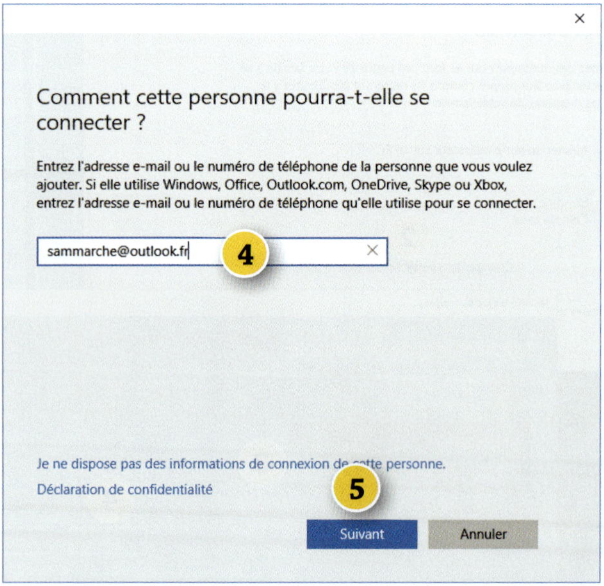

1 Dans le menu **Démarrer**, saisissez **Compte** puis cliquez sur **Gérer votre compte**.

2 Cliquez sur **Autres utilisateurs**.

3 Dans la rubrique **Autres utilisateurs**, cliquez **Ajouter un autre utilisateur sur ce PC**.

4 Saisissez l'adresse du compte Microsoft qui pourra utiliser l'ordinateur. Lors sa première connexion, l'ordinateur devra être connecté à Internet pour valider le mot de passe du compte Microsoft.

5 Cliquez sur le bouton **Suivant**.

6 Cliquez sur le bouton **Terminer**.

AVATAR Une fois connecté, vous pouvez modifier votre AVATAR c'est-à-dire la photo associée à votre profil Windows. Vous retrouverez cette photo à l'ouverture de session Windows ainsi que dans le menu Démarrer.

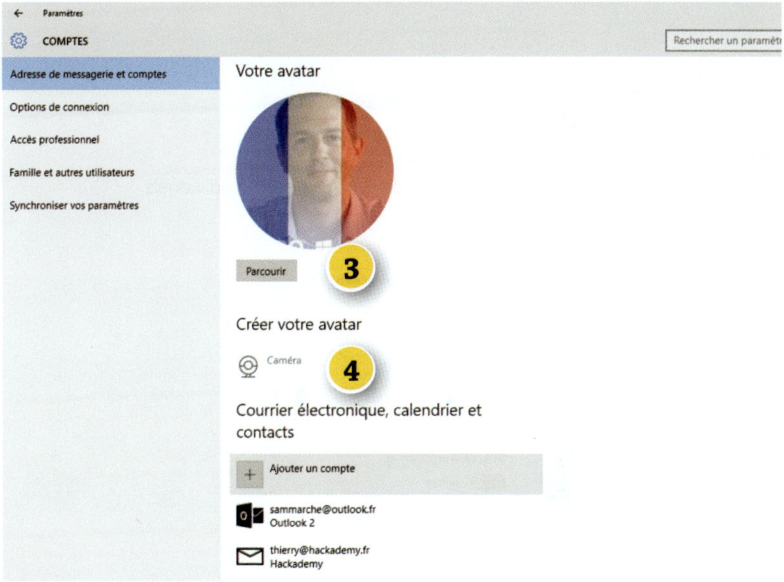

1 Dans le menu **Démarrer**, saisissez **Compte** puis cliquez sur **Gérer votre compte**.

2 Cliquez sur **Votre compte**.

3 Si vous possédez une photo ou une image, cliquez sur le bouton **Parcourir** puis sélectionnez la photo pour la définir en tant qu'avatar.

4 Si vous disposez d'une webcam, vous pouvez l'utiliser pour vous prendre en photo ou en vidéo. Cliquez sur **Camera** puis prenez vous en photo ou en vidéo.

Synchroniser les paramètres et gérer vos mots de passe

Si un compte Microsoft est lié à votre compte Windows ou plus simplement : si vous utilisez un compte Microsoft, vous pouvez faire en sorte que certains paramètres vous suivent quel que soit l'ordinateur sous Windows 10 utilisé avec ce même compte Microsoft.

1 Dans le menu **Démarrer**, saisissez **Synchroniser** puis cliquez sur **Synchroniser vos paramètres**.

2 Activez l'option globale de synchronisation des paramètres.

3 Pour chaque catégorie d'éléments, vous pouvez activer la synchronisation des informations entre cet ordinateur et d'autres ordinateurs.

4 Sachez que toutes ces informations sont alors stockées par Microsoft dans OneDrive.

Si vous souhaitez faire supprimer ces informations, désactivez la synchronisation des paramètres puis cliquez sur le bouton **Supprimer** à l'adresse **https://onedrive.live.com/win8personalsettingsprivacy/**

MOT DE PASSE Pour être authentifié, les programmes vous proposent le plus souvent d'utiliser un mot de passe à saisir. Parfois, il est possible de faire mémoriser ce mot de passe pour éviter d'avoir à le ressaisir trop fréquemment. S'il s'agit d'une authentification réalisée par Windows pour le programme, vous pouvez accéder au gestionnaire de mots de passe pour y supprimer un mot de passe mémorisé.

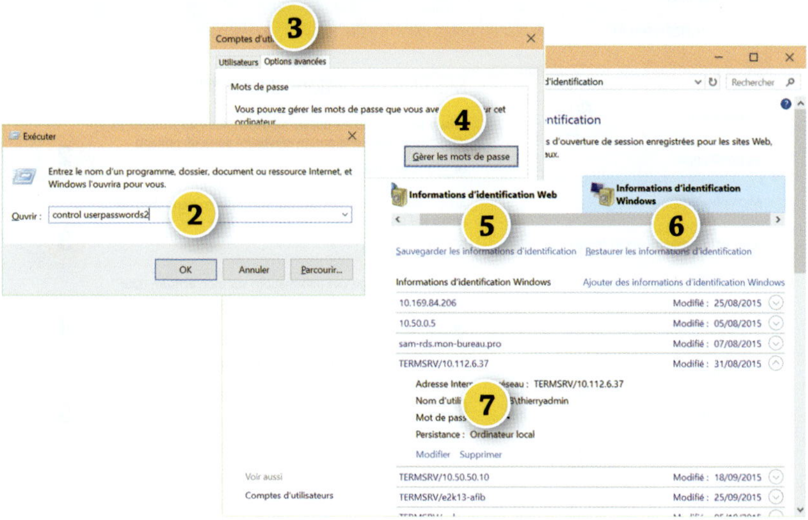

1 Cliquez du bouton droit sur le bouton **Démarrer**, puis cliquez sur **Exécuter**.

2 Dans la zone de texte, saisissez **control userpasswords2**

3 Cliquez sur l'onglet **Options avancées**.

4 Cliquez sur le bouton **Gérer les mots de passe**.

5 Vous pouvez alors configurer les mots de passe stockés pour accéder à des sites web.

6 Vous pouvez aussi configurer les mots de passe mémorisés par Windows pour certaines de vos applications.

7 Cliquez sur un compte puis sur **Supprimer** pour supprimer le mot de passe mémorisé.

Configurer la confidentialité

Windows 10 est souvent décrié pour son atteinte à la vie privée dans la mesure où de nombreuses informations sont envoyées et traitées par Microsoft. Il est possible d'assurer une meilleure confidentialité sachant que dans ce cas certains services ne seront pas disponibles.

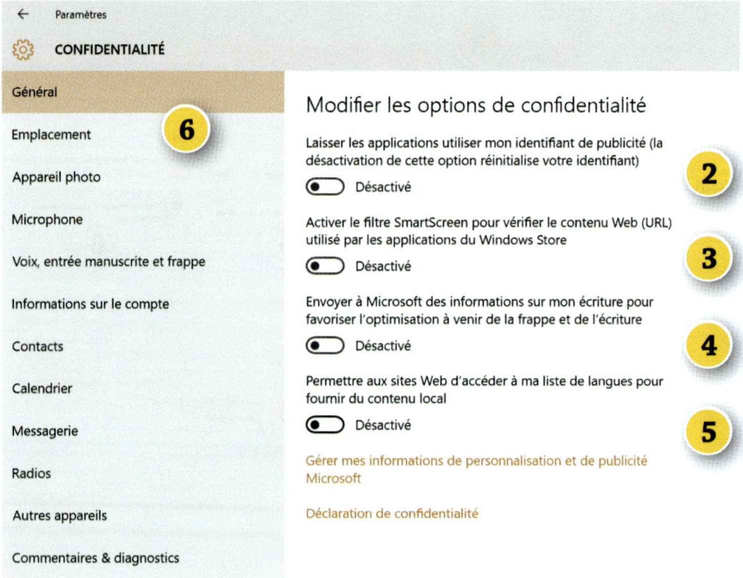

1 Dans le menu **Démarrer**, saisissez **confidentialité** puis cliquez sur **Paramètres de confidentialité**.

2 L'identifiant de publicité permet à Microsoft et ses partenaires de vous proposer publicités ciblées. Cela ne supprimera pour autant les publicités !

3 Le filtre SmartScreen vous protège contre les contenus malveillants.

4 La récupération de votre écriture permet à Microsoft d'améliorer la reconnaissance de l'écriture pour les tablettes dotées d'un stylet.

5 La liste des langues permet à certains sites Web de vous proposer du contenu dans votre langue préférée.

6 Cliquez sur **Emplacement**.

GÉOLOCALISATION Même si vous ne disposez pas de capteur GPS, il est possible de vous géolocaliser lorsque vous êtes connecté à Internet grâce à votre adresse IP notamment si elle est statique. En effet, les fournisseurs d'accès Internet référencent fréquemment la position des abonnés dans des bases de données. Vous pouvez par exemple vous rendre sur www.iplocation.net pour les interroger.

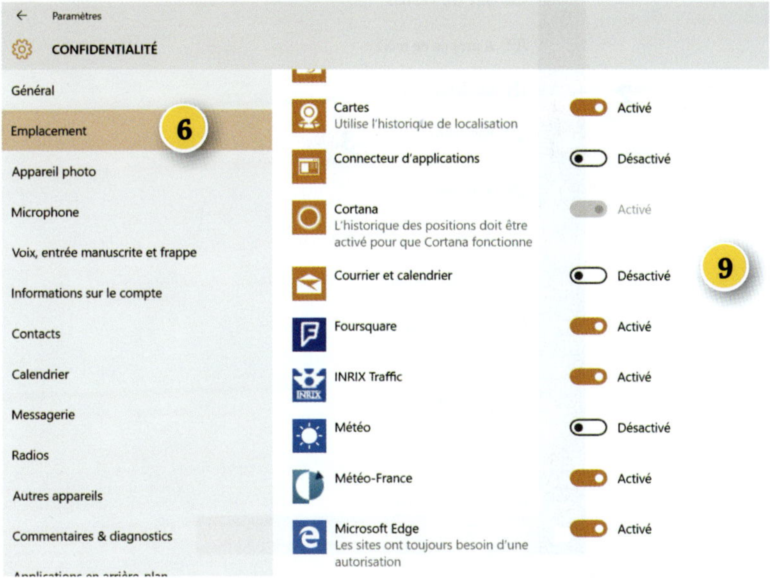

7 Si vous ne souhaitez pas que votre ordinateur soit géolocalisée par son adresse IP ou par GPS s'il dispose d'un capteur : cliquez sur **Modifier**.

8 Vous pouvez également effacer l'historique de vos déplacement (uniquement dans votre ordinateur en cliquant sur Effacer).

9 Si vous avez conservé la localisation activée (utile ou obligatoire pour certaines applications), vous pouvez sélectionner pour chaque application sa capacité à récupérer votre emplacement.

10 En complément, parcourez les autres options de confidentialité dans le volet de gauche pour améliorer votre confidentialité sans vous priver de toutes les fonctionnalités de Windows 10.

Configurer Cortana

Votre assistante Cortana fonctionne plutôt bien par défaut. Néanmoins, il est possible d'optimiser son fonctionnement et même de la faire réagir à la voix une fois configurée.

1 Cliquez dans la zone de recherche de Cortana.

2 Cliquez sur **Carnet de notes** puis patientez quelques secondes.

3 Cliquez sur **Paramètres**.

4 Choisissez si Cortana est active elle peut vous rappeler des évènements, soumettre des idées, etc. Utilisez l'interrupteur pour choisir de l'activer ou non.

5 Bien que très consommatrice de batterie, l'une des fonctionnalités les plus drôle de Cortana est le "Hey Cortana". Lorsque vous prononcez ces deux mots : elle se met alors en écoute. Activez la fonctionnalité puis sélectionnez l'option **A moi**. Enfin, cliquez sur **Apprendre ma voix** : vous devrez alors prononcer 6 phrases pour que Cortana vous reconnaisse.

LOCALISATION OBLIGATOIRE **Pour fonctionner, la géolocalisation de votre ordinateur doit être obligatoirement activée. Théoriquement, il s'agit d'optimiser vos déplacements et vos temps de parcours : cela ne présentant aucun intérêt pour un ordinateur de bureau, l'option reste une obligation. En pratique, les données de géolocalisation, même anonymisées, sont une mine d'or pour les régies publicitaires.**

Cortana étant votre assistante personnelle, elle sait beaucoup de vous pour vous aider au mieux.

6 Pour plus de confidentialité, vous pouvez désactiver les recherches de vols toujours dans les paramètres du **Carnet de notes**.

7 Si vous avez désactivé Cortana parce que vous la trouviez trop intrusive, vous pouvez supprimer les données vous concernant à l'adresse **www.bing.com/account/personalization** chez Microsoft.

8 Cliquez sur le bouton **Effacer**.

9 Si vous vous posez d'autres questions sur Cortana et la confidentialité, rendez vous à l'adresse **http://windows.microsoft.com/fr-fr/windows-10/cortana-privacy-faq**

Ajuster la date et l'heure et leurs formats

Si votre ordinateur est connecté à Internet, il devrait se mettre automatiquement à l'heure à l'aide du protocole NTP (Network Time Protocol). Vous pouvez changer manuellement le fuseau horaire, l'heure et le jour de l'ordinateur et même changer les formats de présentation des informations.

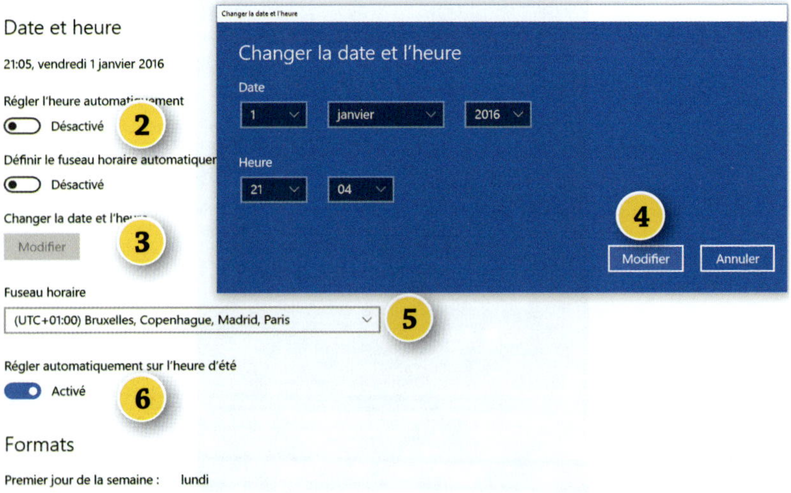

1 Dans le menu **Démarrer**, saisissez heure puis cliquez sur **Modifier la date et l'heure**.

2 Si vous souhaitez régler l'heure manuellement : désactivez l'interrupteur.

3 Cliquez sur le bouton **Modifier**.

4 Vous pouvez alors ajuster la date et l'heure à votre convenance. Cliquez sur le bouton **Modifier** pour appliquer la nouvelle date ou heure.

5 Si vous changez de pays ou d'emplacement dans des pays étendus : adaptez le **fuseau horaire** pour conserver l'heure locale affichée.

6 Le réglage de l'heure d'été et d'hiver peut être réalisé automatiquement en fonction des lois du pays.

COMPATIBILITÉ La plupart des applications récupèrent directement dans Windows la date et l'heure. Certaines applications peuvent présenter des disfonctionnements lorsque les formats de date ou plus rarement d'heures sont mal configurés. Vous vous souvenez peut être du bug de l'an 2000 lié au fait que longtemps, l'année a été stockée sur deux chiffres.

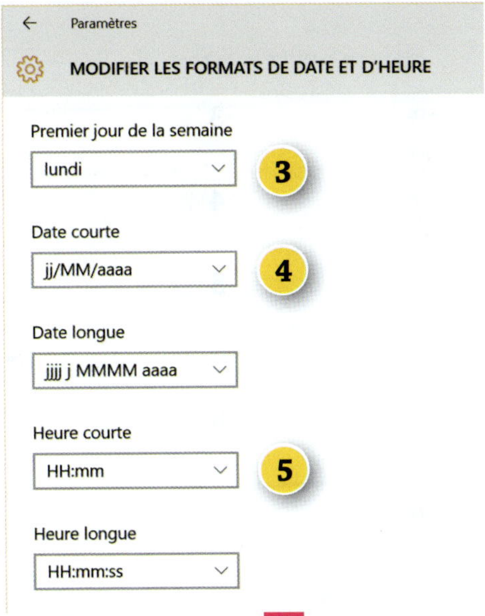

Pour ajuster les formats de date et d'heures :

1 Dans le menu **Démarrer**, saisissez heure puis cliquez sur **Modifier la date et l'heure**.

2 Cliquez sur le lien **Modifier les formats de date et d'heure**.

3 Vous pouvez changer le premier jour de la semaine en fonction de votre pays de résidence.

4 Le style de date courte code l'information de l'année sur 4 chiffres par défaut contrairement aux anciennes versions de Windows. Pour tester son insertion : utilisez la touche **F5** dans le Bloc-notes.

5 Vous pouvez adapter les autres styles de date/heure en fonction de vos habitudes.

Configurer le Narrateur et la Loupe

Si vous êtes déficient visuel ou connaissez une personne qui possède des difficultés physiques, de tous temps Windows a intégré des fonctionnalités d'accessibilité. Dans cet ouvrage, nous allons voir comment activer le Narrateur et la Loupe. N'hésitez pas à utiliser les autres fonctionnalités en cas de besoin.

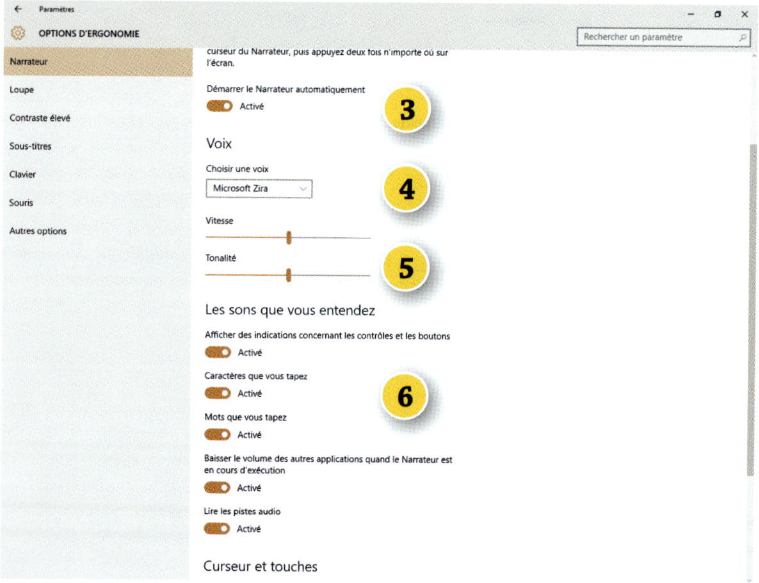

1 Dans le menu **Démarrer**, saisissez Narrateur, puis cliquez sur **Paramètres du Narrateur**.

2 Activez le Narrateur : le narrateur lit tous les textes survolés par la souris.

3 Configurez le démarrage automatique. Si vous n'activez pas le Narrateur maintenant : il le sera à la prochaine ouverture de session.

4 Choisisez la voix d'Hortense ou Zira.

5 Adaptez la vitesse et la tonalité à votre capacité de compréhension

6 Configurez les options de lecture pour que le Narrateur baisse le son des autres applications, vous lise caractère par caractère et/ou mot à mot ce que vous tapez, etc.

ZOOMER SUR L'ÉCRAN L'application loupe permet de zoomer sur une partie de l'écran pour mieux voir la zone survolée par la souris. Plutôt destiné à réaliser des présentations sur vidéo-projecteur, il existe ZoomIt (en téléchargement gratuit chez Microsoft) qui permet de zoomer sur une partie de l'écran. Certaines souris peuvent aussi disposer d'un bouton pour zoomer : généralement si la fonctionnalité est alors plus pratique que Loupe.

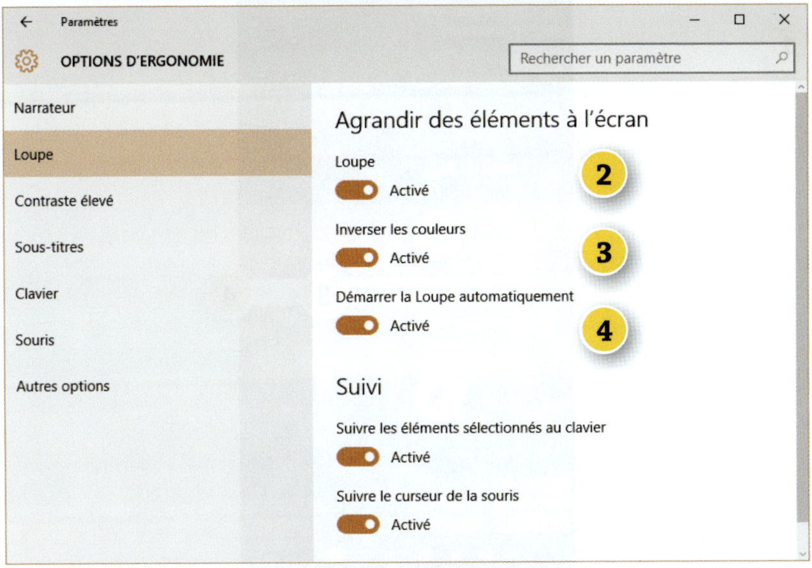

1 Dans le menu **Démarrer**, saisissez **Loupe**, puis cliquez sur **Paramètres de Loupe**.

2 Activez la loupe, toutes les zones survolées par l'écran seront alors grossies à l'écran. Comme pour le Narrateur, si vous activez le démarrage automatique : même si la loupe est actuellement désactivée, elle s'activera à la prochaine ouverture de session.

3 Inversez les couleurs (le blanc devient noir par exemple) si vous lisez mieux ainsi les contenus qui passent dans la Loupe.

4 Choisissez de démarrer la Loupe automatiquement.

Connecter l'ordinateur en Wi-Fi

Avant de vous connecter en Wifi : assurez vous qu'il soit bien activé au niveau de la configuration de votre box. Cette opération doit parfois être réalisée depuis une connexion Ethernet (filaire) la première fois. Consultez votre fournisseur d'accès Internet pour plus de renseignements depuis un ordinateur connecté à Internet.

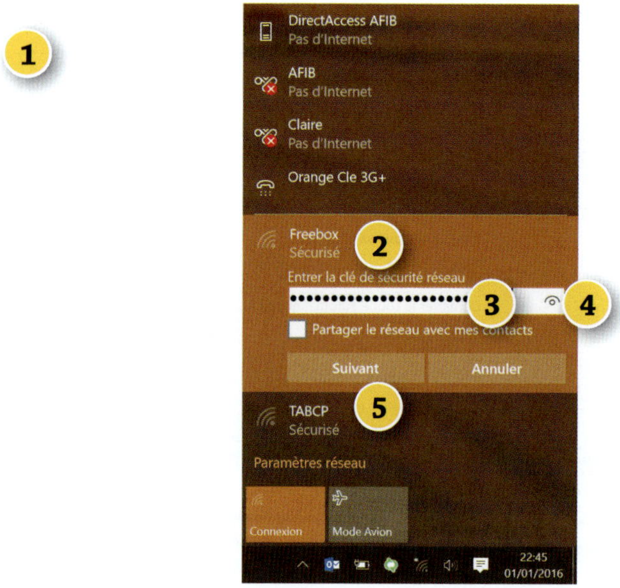

1 Cliquez dans la zone de notification sur l'icône du réseau.

2 Cliquez sur l'identifiant du réseau sans fil (SSID) de votre box. Si vous ne voyez aucun réseau apparaître : vérifiez que votre carte Wifi est active: il existe généralement une touche ou un bouton pour l'activer/désactiver sur les ordinateurs portables.

3 Saisissez la clé WPA : soit elle est collée sur la box (Orange) soit c'est à vous à la choisir (Free).

4 Cliquez sur l'œil avant de valider pour vérifier la clé saisie.

5 Cliquez sur **Suivant** : vous êtes connecté au réseau.

6 Cliquez sur **Oui** si vous êtes à votre domicile, cela simplifiera l'accès aux ordinateurs de votre réseau.

CLÉ PRÉPARTAGEE OUBLIÉE **Si vous avez besoin de récupérer rapidement une clé pré-partagée pour connecter un autre périphérique au réseau sans fil : vous pouvez le faire à condition d'être vous même connecté à ce réseau. Cliquez du bouton droit sur l'icône du réseau puis cliquez sur Ouvrir le Centre Réseau et partage. Cliquez sur Modifier les paramètres de la carte. Double-cliquez sur la carte Wi-Fi. Cliquez sur le bouton Propriétés sans fil. Sous l'onglet Sécurité, cochez la case Afficher les caractères : la clé s'affiche.**

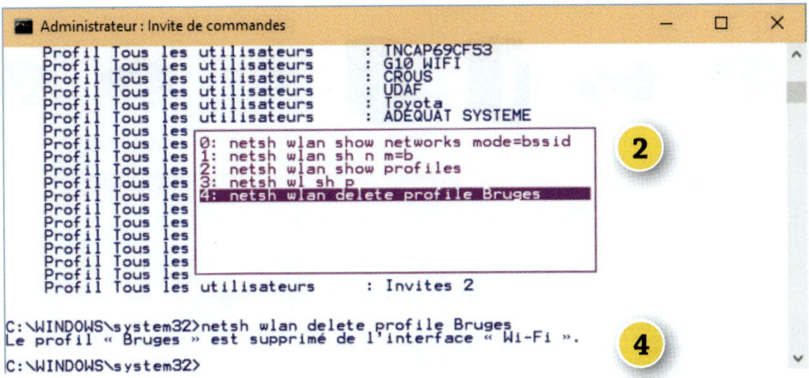

Pour voir les réseaux sans fil, les gérer ou les supprimer vous devez le faire depuis une invite de commandes.

1 Dans le menu **Démarrer**, saisissez **cmd** puis cliquez du bouton droit sur **Invite de commandes** et sur **Exécuter en tant qu'administrateur** puis cliquez sur **Oui**.

2 Pour afficher les réseaux sans fil, leur protection, le protocole 802.11 utilisé, etc, utilisez la commande **netsh wlan show networks mode=bssid**. Vous pouvez la raccourcir en **netsh wl sh n m=b**

3 Pour voir les réseaux enregistrés, saisissez **netsh wlan show profiles** ou **netsh wlan sh p**

4 Pour supprimer un réseau enregistré, tapez **netsh wlan delete profile nomduprofil** relevé en étape 3.

Ajouter un périphérique d'impression en réseau

Si vous utilisez un périphérique d'impression avec une interface USB : branchez-le directement, Windows reconnaîtra automatiquement le périphérique et installera une imprimante. Exceptionnellement, vous aurez besoin de télécharger les pilotes sur le site du constructeur si le modèle n'est pas directement reconnu.

1 Avant d'installer un périphérique d'impression connecté au réseau, assurez-vous qu'il soit branché et dispose d'une adresse IP fixe. Généralement, vous pouvez afficher l'adresse IP depuis l'écran du périphérique d'impression.

2 A l'aide du programme ping démarré dans une invite de commandes : assurez vous d'être sur le même réseau que le périphérique à installer.

3 Dans le menu **Démarrer**, saisissez **Imprimantes** puis cliquez sur **Périphériques et imprimantes**.

4 Cliquez sur **Ajouter une imprimante**.

5 Si le périphérique n'est pas détecté : cliquez sur **L'imprimante souhaitée n'est pas détectée**.

FAITES BONNE IMPRESSION Avant d'imprimer, posez vous toujours la question sur la nécessité d'imprimer, souvent il est plus efficient d'utiliser des moyens électroniques plutôt que papier pour échanger ou conserver des informations. Si vous devez imprimez, essayez d'utiliser la fonctionnalité d'aperçu avant impression lorsqu'elle existe pour vérifier que ce que vous allez imprimer correspond bien à ce que vous souhaitez.

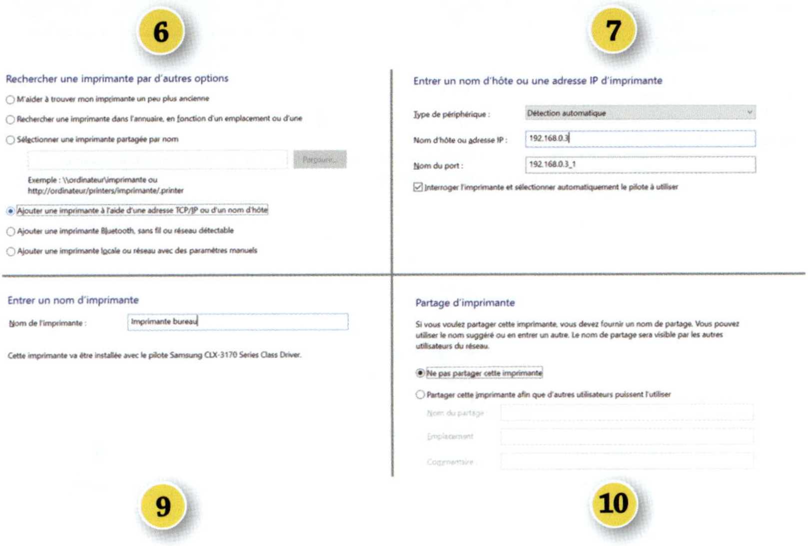

6 Sélectionnez l'option **Ajouter une imprimante à l'aide d'une adresse TCP/IP ou un nom d'hôte** puis cliquez sur **Suivant**.

7 Renseignez l'adresse IP, comme dans cet exemple : 192.168.0.3. Ne modifiez pas les autres options. Cliquez sur **Suivant**.

8 Si nécessaire, sélectionnez le constructeur et le modèle s'il n'est pas détecté automatiquement. Dans de rares cas, vous devrez télécharger le pilote directement sur le site du constructeur.

9 Fournissez le nom de l'imprimante que vous souhaitez voir dans vos applications lorsque vous imprimez.

10 Ne partagez pas l'imprimante, cliquez sur **Suivant** puis imprimez une page de test. Cliquez sur **Terminer**.

Connecter un périphérique Bluetooth

Le standard de communication Bluetooth permet d'échanger des données entre deux périphériques sur une distance de quelques mètres sans visibilité ni contact direct. Il est donc très pratique pour connecter une grande variété de périphériques tels que clavier, souris, enceintes, imprimantes, appareils photo-numériques, etc.

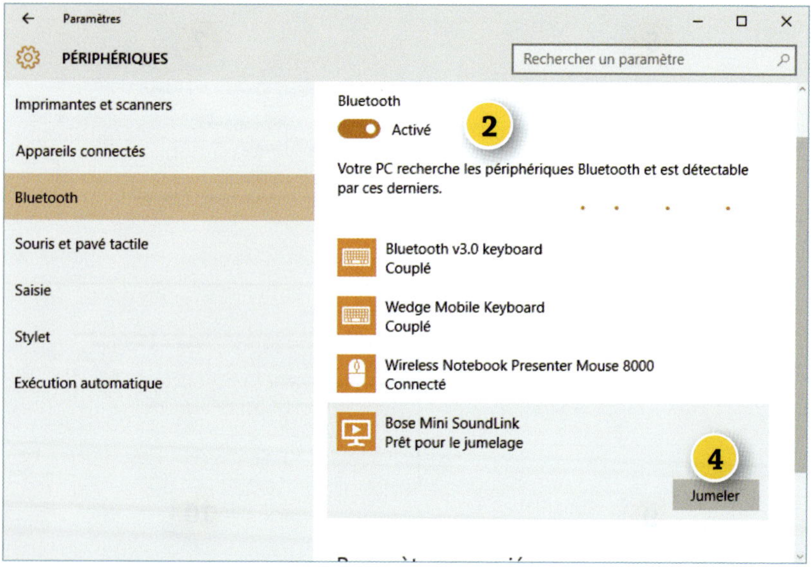

1 Dans le menu **Démarrer**, saisissez **Bluetooth** puis cliquez sur **Paramètres Bluetooth**.

2 Vérifiez que Bluetooth est bien activé. Si vous ne pouvez l'activer : vérifiez que Windows ne soit pas en mode avion depuis le Centre de notifications. Vérifiez aussi dans le Gestionnaire des périphériques que la carte Bluetooth est correctement installée.

3 Configurez votre périphérique pour le rendre détectable. Vous devrez très probablement consulter la notice du constructeur pour savoir comment procéder : parfois il existe un bouton ad'hoc, parfois il est nécessaire de suivre une procédure particulière.

4 Une fois le périphérique détecté, il est prêt pour le jumelage : cliquez sur le bouton **Jumeler**.

LA DENT BLEUE Le nom Bluetooth est inspiré du surnom du roi danois Harald Blatand. Anglicisé son surnom aurait donné Harald Bluetooth, en français : Harald à la dent bleue. Ce roi était connu pour avoir réussi à unifier plusieurs tribus danoises au sein d'un même royaume. Le logo du Bluetooth est inspiré des initiales en alphabet runique de Harald Blatand.

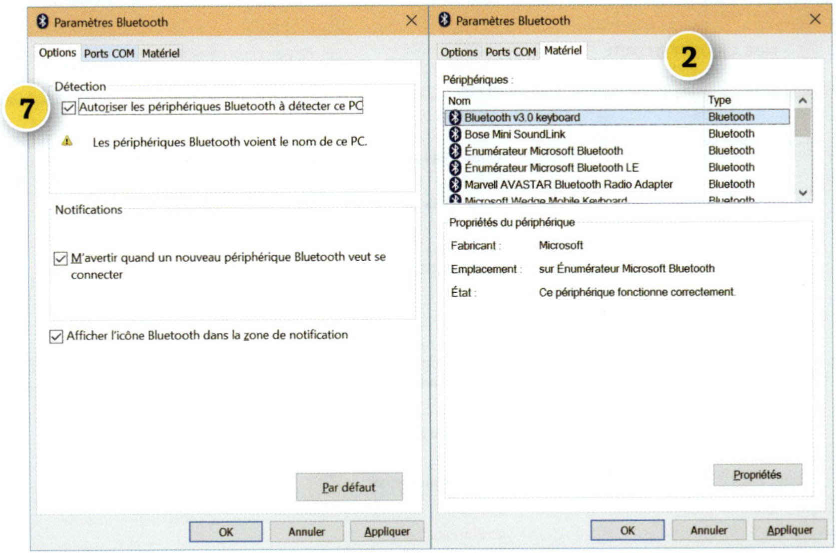

5 Si vous jumelez un clavier, le code de confirmation affiché à l'écran doit être saisi sur le clavier pour confirmer l'association.

Si vous souhaitez procéder dans l'autre sens, par exemple connecter un périphérique à Windows :

6 Depuis les paramètres Bluetooth, cliquez sur **Paramètres Bluetooth avancés**.

7 Cochez la case **Autoriser les périphériques Bluetooth à détecter ce PC** puis cliquez sur **Appliquer**.

8 Lorsque vous tentez de jumeler votre téléphone ou votre voiture à l'ordinateur, il vous sera généralement proposé de saisir un code de sécurité dans Windows.

9 Pensez à décocher la case de l'étape 7 une fois le jumelage réalisé.

Configurer les mises à jour Microsoft

Pour assurer la sécurité et le bon fonctionnement de votre ordinateur, il est critique d'installer régulièrement les mises à jour de sécurité. Ces mises à jour sont gratuites et fournies pendant toute la durée de vie de Windows 10.

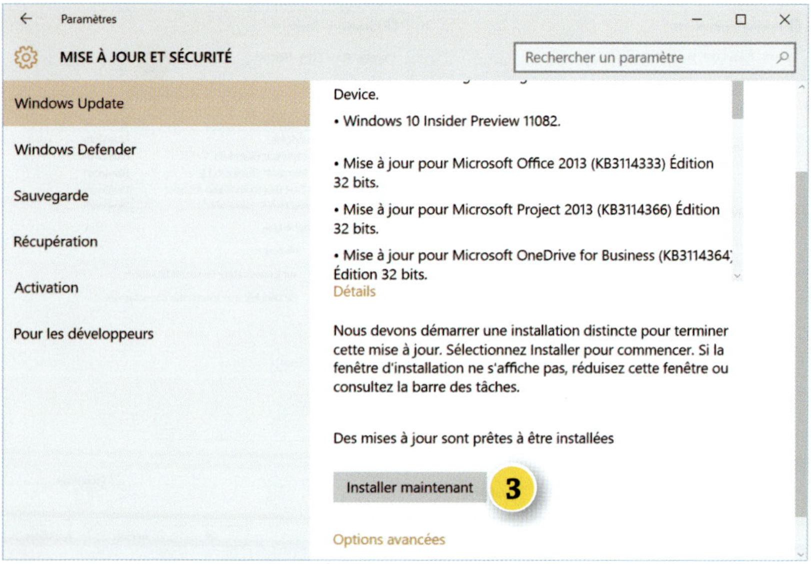

1 Dans le menu **Démarrer**, saisissez **update** puis cliquez sur **Consulter les mises à jour**.

2 Pour forcer la recherche de mises à jour, cliquez sur le bouton **Rechercher des mises à jour**.

3 Si des mises à jour sont disponibles, cliquez sur le bouton **Installer maintenant**.

4 Pour configurer les options, cliquez sur le lien **Options avancées**.

5 Vous pouvez demander à être informé afin de planifier un redémarrage si vous ne souhaitez pas l'installation automatique des mises à jour pendant que vous utilisez l'ordinateur. Dans le premier cas, il n'y aura pas de ralentissement pendant votre travail par contre le redémarrage pourra être très long.

WINDOWS INSIDERS **En plus de ses salariés, d'entreprises partenaires et de MVP (Most Valuable Professional), Microsoft a étendu son réseau de testeurs à tous les volontaires : les Windows Insiders. Vous pouvez vous inscire dans ce cursus et ainsi bénéficier en avance de phase des futures versions de Windows pour remonter les bugs (car il y en a forcément !) aux équipes de développement chez Microsoft.**

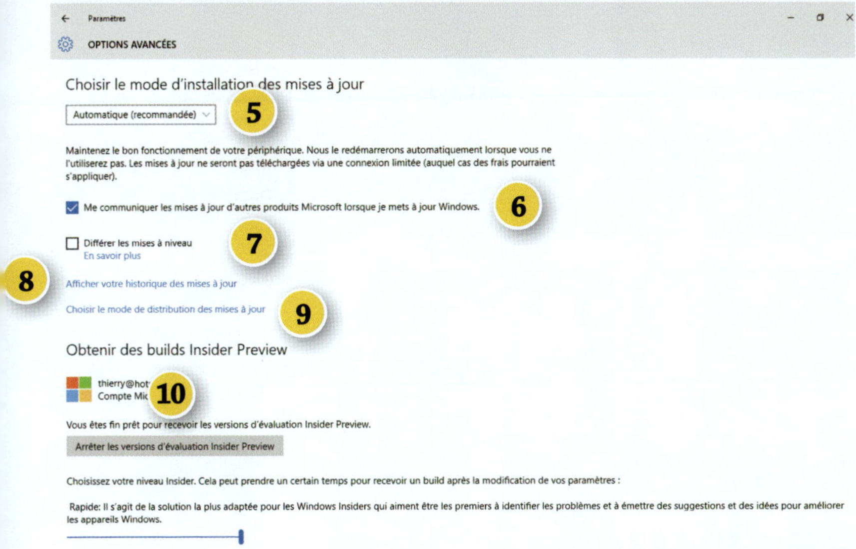

6 Cochez la case pour récupérer les mises à jour du pack Office ou d'autres applications Microsoft.

7 Certaines éditions à destination des entreprises permettent de retarder l'installation de nouvelles fonctionnalités. Cela n'influe pas sur les mises à jour de sécurité.

8 Vous pouvez afficher l'**historique des mises à jour** pour notamment voir celles qui sont en échec.

9 Cliquez **Choisir le mode de distribution des mises à jour** et vérifiez que vous avez bien activé l'option **PC sur mon réseau local**.

10 Les builds insider sont des versions de qualité insuffisante pour être mises à disposition du grand public : elles sont à utiliser à vos risques et parfois périls.

CHAPITRE 10

093 • Utiliser le Gestionnaire des tâches
094 • Accéder aux services
095 • Suivre les performances de l'ordinateur
096 • Collecter les données de performances
097 • Reproduire des problèmes
098 • Analyser l'historique de fiabilité
099 • Observer les événements
100 • Diagnostiquer sa mémoire vive
101 • Utiliser le Centre Réseau et partage
102 • Créer un groupe résidentiel
103 • Gérer les périphériques
104 • Planifier des tâches
105 • Rendre compatible des applications
106 • Actualiser ou réinstaller Windows

OPTIMISER ET DÉPANNER

Utiliser le Gestionnaire des tâches

Le Gestionnaire des tâches permet de voir quelles sont les applications en cours d'exécution, l'utilisation des ressources système et les utilisateurs ayant ouvert une session.

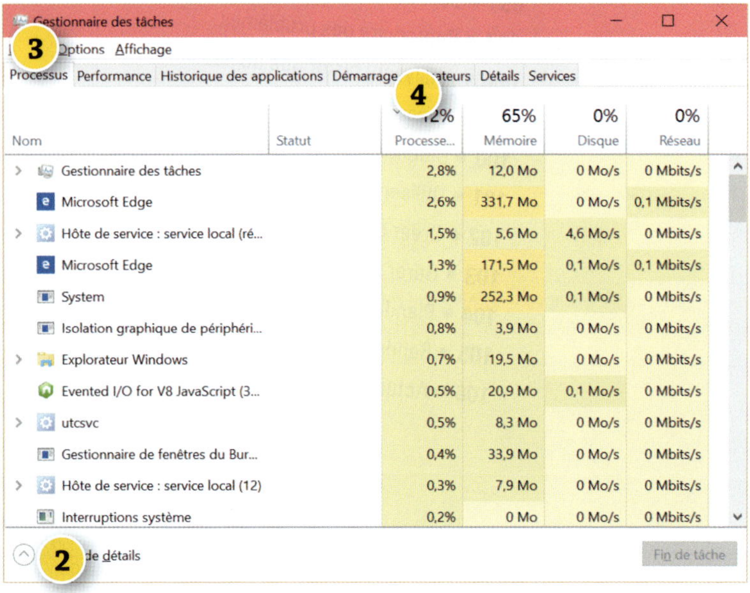

1 Pour démarrer le Gestionnaire des tâches, utilisez le raccourci clavier **Ctrl** + **Maj** + **Échap** ou cliquez du bouton droit sur la barre des tâches puis cliquez sur la commande **Gestionnaire des tâches**.

2 Cliquez sur **Plus de détails** pour passer en affichage par onglets.

3 Sous l'onglet **Processus**, vous retrouvez à la fois les applications (fenêtres) et les processus qui fonctionnent en arrière-plan.

4 Classez les lignes en cliquant sur les entêtes des colonnes, par exemple affichez les processus consommant le plus de temps processeur ou de mémoire vive. Les gradients de couleur indiquent la part relative consommée. Plus la couleur tend vers l'orange foncé et plus le processus consomme de ressources.

ROOTKITS Les logiciels malicieux fonctionnant sous forme de rootkit seront généralement invisibles depuis le Gestionnaire des tâches ou d'autres outils conventionnels. Utilisez le programme Rootkit Revealer (http://technet.microsoft.com/en-us/sysinternals/bb897445.aspx), RogueKiller ou Malwarebytes pour les détecter et de tenter de les éradiquer.

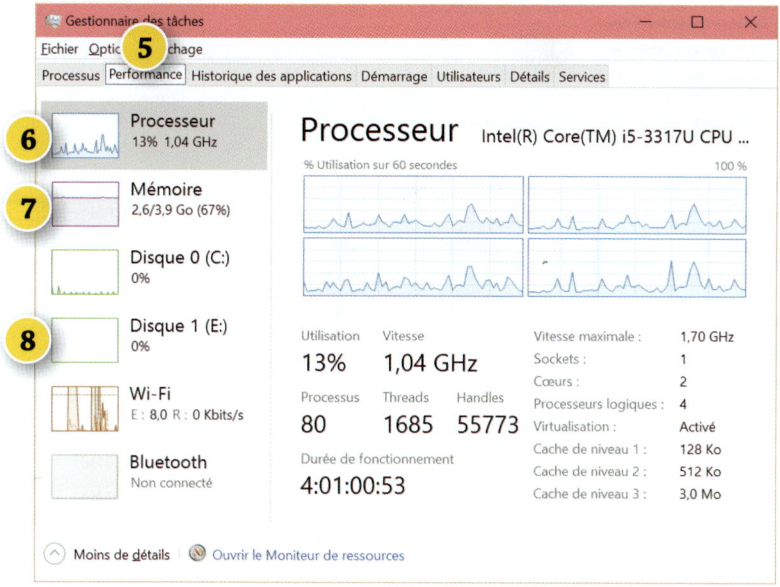

5 Sous l'onglet **Performances**, vous retrouvez les quatre composants essentiels pour le fonctionnement et les performances de l'ordinateur : le processeur, la mémoire vive, le disque et le réseau.

6 Dans la partie processeur, cliquez sur le graphique du bouton droit puis affichez par unités logiques. Vous pourrez retrouver le modèle du processeur, leur nombre, le nombre de coeurs et le nombre d'unité logiques en tenant compte de l'hyperthreading s'il est activé.

7 Sur mémoire, vous pouvez voir le type de barrettes présentes (en haut à droite), les emplacements occupés en survolant **Emplacements utilisés.**

8 Au niveau Disque et Réseau, voyez quelles sont les vitesses de transfert.

Utiliser le Gestionnaire des tâches

Le gestionnaire des tâches vous permet de suivre ce qu'il se passe en temps réel mais peut aussi maintenir des statistiques sur la consommation de certains processus comme les applications approuvées du Store.

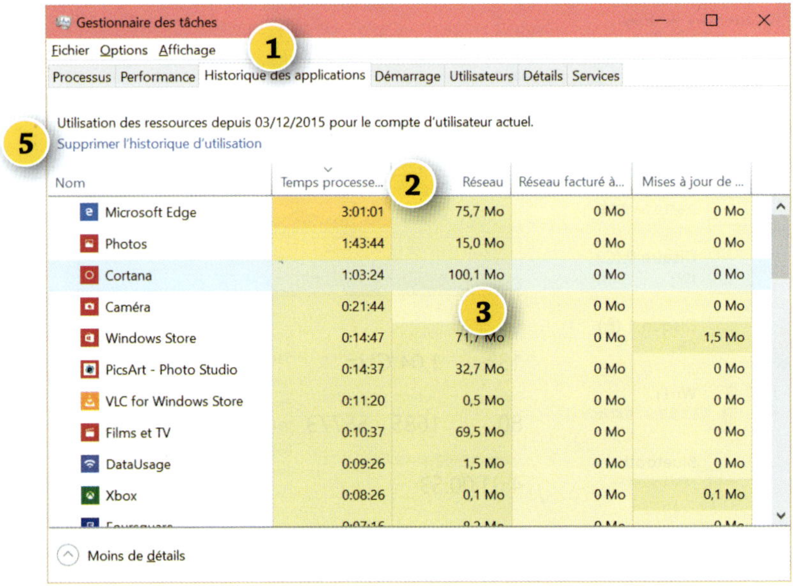

1 Cliquez sur l'onglet **Historique des applications**.

2 Cliquez du bouton droit sur l'une des entêtes de colonne puis choisissez d'ajouter des colonnes supplémentaires sir vous êtes fréquemment connecté en 3/4G.

3 Vous pourrez alors suivre la consommation de chaque application tant en quantité de données globalement échangées donc facturées, qu'en réception/envoi.

4 Éventuellement, voyez comment limiter la consommation de certaines applications en désactivant leur mode push lorsque c'est possible.

5 Cliquez sur **Supprimer l'historique d'utilisation** pour remettre les statistiques à zéro en début de mois.

MSCONFIG Jusqu'à Windows 7, le démarrage automatique des applications était centralisé avec le programme MSConfig.exe. Depuis Windows 8.1, le démarrage des programmes peut être géré depuis le Gestionnaire des tâches et son onglet démarrage. MS Config conserve son intérêt pour configurer certaines options de démarrage ou accéder aux commandes permettant d'ouvrir les anciennes applets du Panneau de configuration.

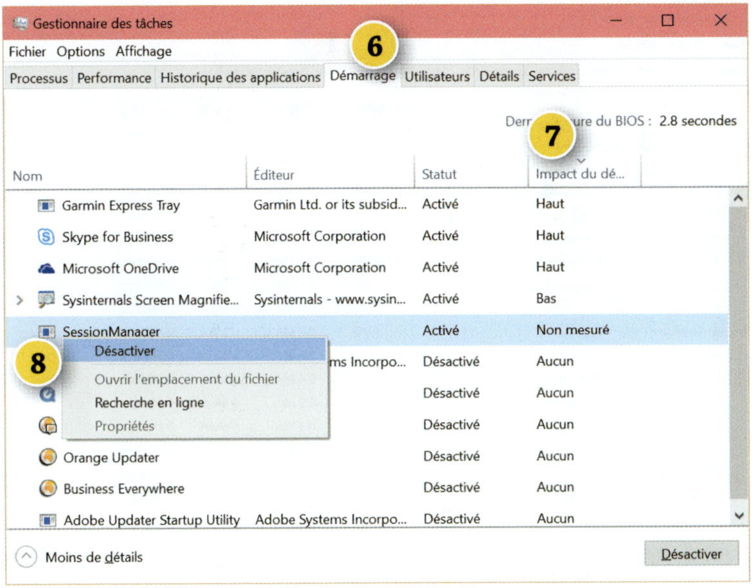

6 Sous l'onglet **Démarrage**, vous pouvez voir les applications qui démarrent automatiquement avec Windows ou à l'ouverture de votre session.

7 Pour chaque application, Windows mesure l'impact de l'application dans le temps de chargement de Windows

8 Éventuellement, vous pouvez désactiver les programmes qui ne vous sont pas essentiels et qui ont un impact haut dans la dégradation des performances lors de l'ouverture de la session. Cliquez du bouton droit sur le programme puis sur la commande **Désactiver**.
Redémarrez l'ordinateur pour vérifier que le programme désactivé n'a pas une utilité particulière que vous ignoriez (gestionnaire de touches du clavier par exemple).

Utiliser le Gestionnaire des tâches

Si vous êtes membre du groupe des administrateurs de l'ordinateur, il est possible depuis le Gestionnaire des tâches de voir les applications démarrées par un autre utilisateur ayant laissé sa session ouverte et éventuellement forcer la fermeture de sa session.

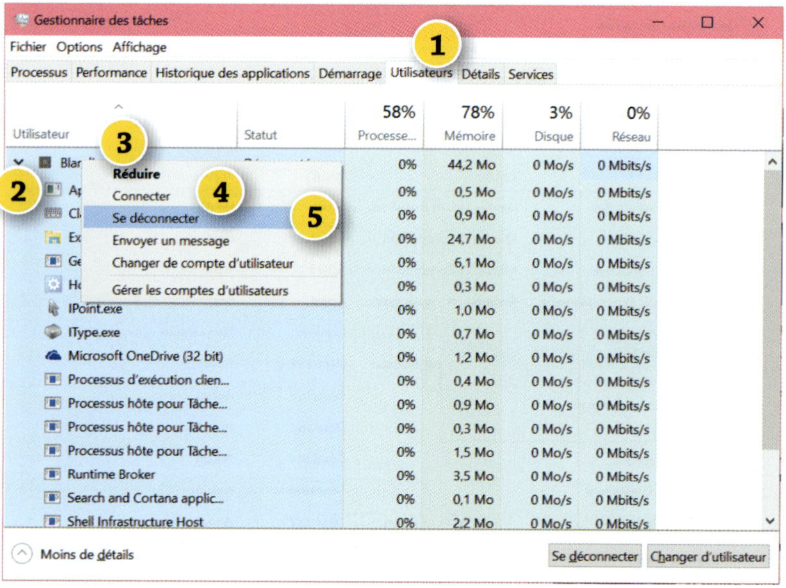

1 Sous l'onglet **Utilisateurs**, vous pouvez voir la liste de toutes les sessions des utilisateurs qui ont une session ouverte.

2 Cliquez sur le triangle en face d'un utilisateur pour voir quelles sont les applications qu'il a démarré.

3 Cliquez du bouton droit sur l'utilisateur pour interagir avec lui.

4 Si vous connaissez son mot de passe, vous pouvez cliquer sur **Connecter** puis saisir son mot de passe pour reprendre sa session en main.

5 La commande contextuelle **Se déconnecter** ferme la session de l'utilisateur. Confirmez en cliquant sur **Déconnecter l'utilisateur** : sa session sera alors fermée, tous les travaux non enregistrés seront alors perdus.

POWERSHELL Vous pouvez obtenir le même niveau d'information en ligne de commande avec PowerShell et son applet de commande : Get-Process. Par exemple, pour récupérer la liste des 10 processus et placer le résultat sur votre Bureau dans un fichier processus.html, utilisez les commandes : Get-Process | Sort -Descending cpu | Select -First 10 name,cpu | ConvertTo-Html | Out-File "$HOME\desktop\processus.html"

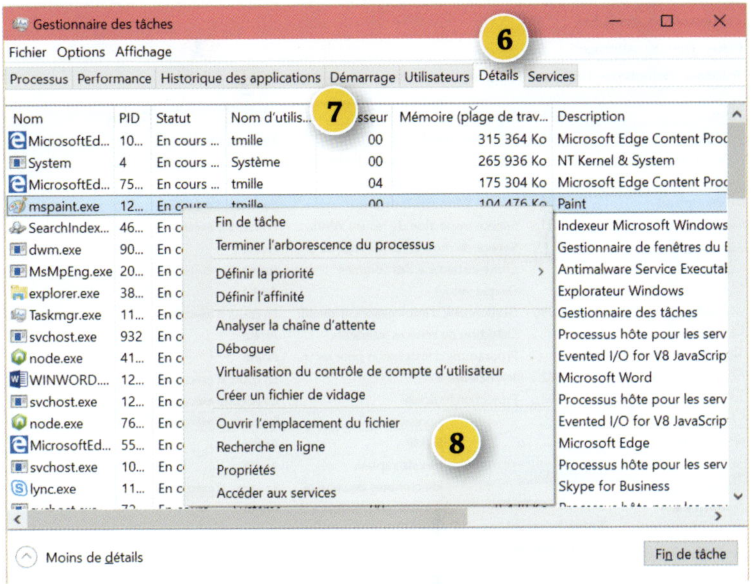

6 Sous l'onglet **Détails**, vous retrouvez les processus en cours d'exécution.

7 Cliquez du bouton droit sur un entête de colonne puis cliquez sur **Sélectionner les colonnes** pour ajouter ou supprimer les colonnes que vous souhaitez afficher.

8 Si vous cliquez sur un processus, comme sous l'onglet **Processus** : vous retrouvez des commandes contextuelles qui permettent d'ouvrir l'emplacement du fichier exécutable, lancer une recherche avec Bing pour en savoir plus sur le nom du programme.
Pour les processus svchost : en ligne de commandes, utilisez **tasklist** avec les commutateurs **/svc** ou **/m** pour savoir quels sont les composants chargés par cette instance. Aidez-vous de la colonne PID (à ajouter).

Accéder aux services

Les services sont des programmes qui démarrent le plus souvent automatiquement et sans interaction avec les sessions utilisateurs ouvertes. Ils sont les composants essentiels pour le bon fonctionnement de Windows : par exemple, si le service Spouleur d'impression est arrêté, vous ne pourrez pas imprimer.

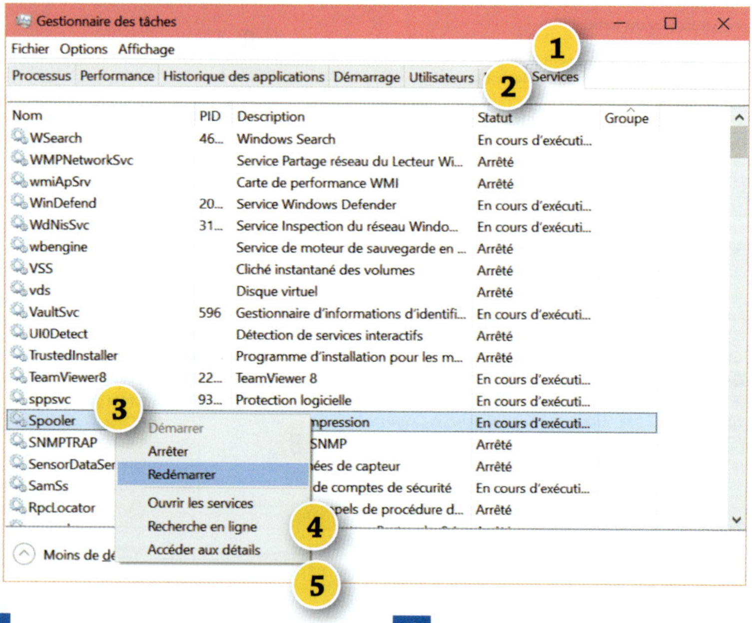

1 Cliquez sur l'onglet **Services**.

2 Rapidement, vous pouvez voir l'état de chaque service installé dans Windows.

3 Si un composant lié à un service fonctionne mal, par un clic du bouton droit, vous pouvez choisir de le redémarrer. Cela évite de redémarrer complètement l'ordinateur.

4 En cas de doute sur la présence d'un service, cliquez du bouton droit sur le service listé puis cliquez sur **Recherche en ligne** pour que Bing vous en dise plus.

5 Cette fenêtre étant relativement limitée, cliquez sur **Ouvrir les services** pour accéder à la console des Services ou saisissez **services.msc** dans la zone de recherche du menu **Démarrer**.

POWERHSELL Si vous souhaitez démarrer tous les services qui sont en type de démarrage automatique et dont l'état est arrêté, vous pouvez le faire facilement en PowerShell en utilisant la commande démarrée en tant qu'administrateur :
Get-WmiObject Win32_Service | ?{$_.StartMode -eq "Auto" -and $_.State -eq "Stopped"} | Start-Service

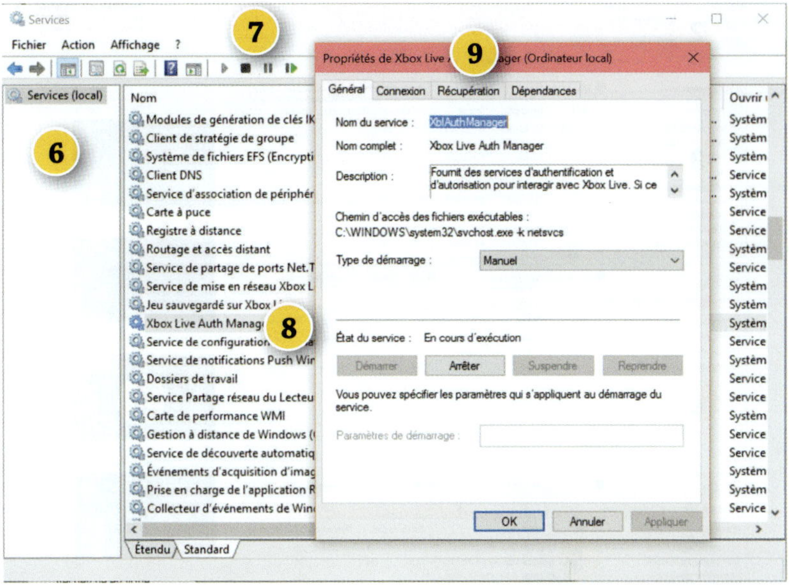

6 Dans la console **services.msc**, cliquez sur la colonne **Type de démarrage**. Tous les services dont le type de démarrage est automatique devraient être dans l'état démarré.

7 Sélectionnez un service et utilisez le menu contextuel ou la barre d'outils pour l'arrêter, le démarrer ou le redémarrer.

8 Double cliquez sur un service pour en modifier son fonctionnement. **ATTENTION cela peut bloquer votre système selon les services modifiés !**

9 Sous l'onglet **Général**, vous pourrez modifier le type de démarrage. Sous **Connexion**, vous pouvez changer le compte qui démarre le service. L'onglet **Récupération** permet de définir quoi faire lorsque le service plante. L'onglet **Dépendances** permet de voir la relation du service avec les autres.

Suivre les performances de l'ordinateur

Le gestionnaire des tâches offre un premier niveau de diagnostique pour repérer les applications qui consomment beaucoup de temps processeur ou de mémoire vive. Mais il n'offre pas une vision très fine des dernières secondes, ni de l'activité disque qui est pourtant une source importante dans la dégradation des performances.

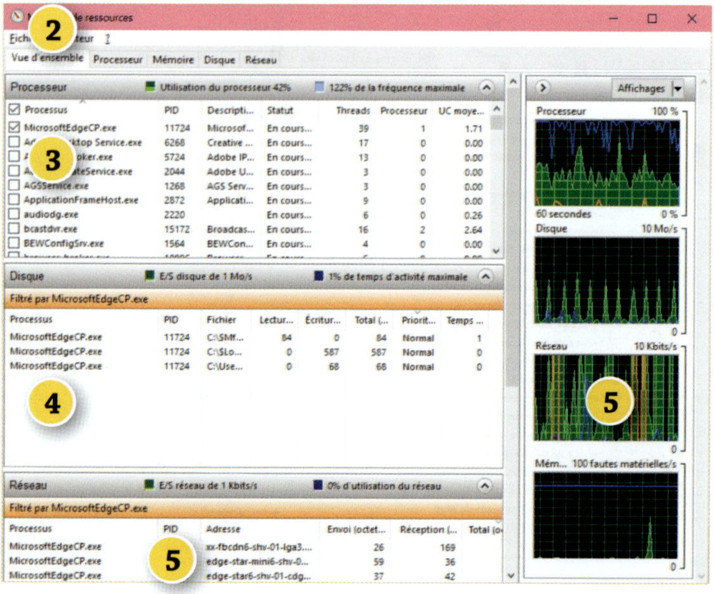

1 Dans le menu **Démarrer**, saisissez **moniteur** puis cliquez sur **Moniteur de ressources**.

2 Vous pouvez voir les processus listés dans la vue d'ensemble.

3 Dans le volet **Processeur**, si vous cochez la case correspondant à un processus, celui-ci apparaîtra en orange dans les courbes qui représentent l'activité processeur, l'activité disque, la bande passante consommée ainsi que le nombre de fautes matérielles en mémoire vive.

4 Vous pouvez afficher les informations sur l'activité disque : quels fichiers sont accédés, le nombre de lectures et d'écritures, etc. Vous pouvez cliquer du bouton droit sur un entête de colonne pour ajouter ou supprimer d'autres colonnes.

RALENTISSEMENT Les sources de ralentissements des programmes sous Windows peuvent être liées à du calcul intensif : le temps processeur consommé sera élevé, des gros traitements : la mémoire vive sera surutilisée (pagination), des enregistrements de fichiers volumineux : activité disque ou des échanges de données en réseau. Après avoir vu la source du ralentissement : optez pour du matériel plus performant.

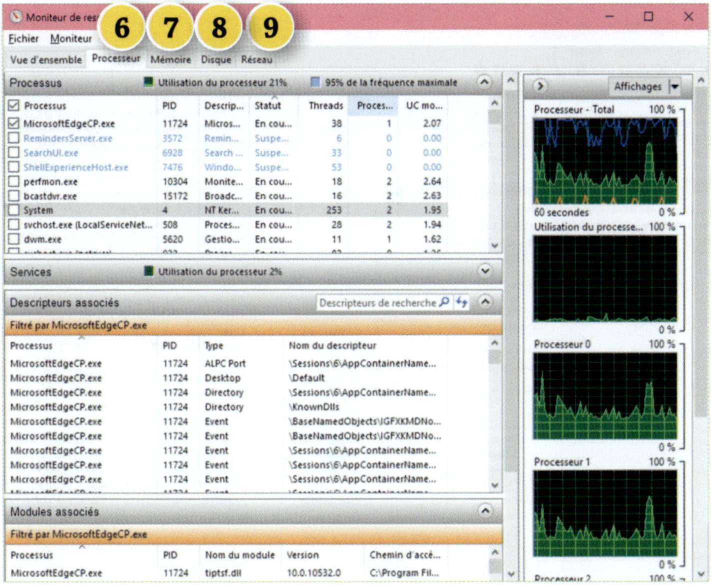

5 Pour les processus utilisant le réseau, il peut être pratique de voir la quantité de bande passante consommée et avec quelles adresses IP le programme communique le plus.

6 Sous l'onglet **Processeur**, vous retrouverez le détail de chaque processus sélectionné notamment les modules telles que les bibliothèques de liens dynamique (DLL) associés au programme.

7 L'onglet **Mémoire** montre la consommation de mémoire vive des processus sélectionnés.

8 L'onglet **Disque** vous permet de voir quels fichiers sont accédés.

9 L'onglet **Réseau** affiche les processus qui utilisent le réseau ainsi que les destinations (adresse IP et port), les quantités échangées, la latence et les pertes de paquets.

Collecter les données de performances

L'analyse des informations fournies par le moniteur de ressources et éventuellement l'analyseur de performances (outil plutôt utilisé par les ingénieurs systèmes sur les serveurs) étant relativement complexe, vous pouvez utiliser les ensembles collecteurs de données.

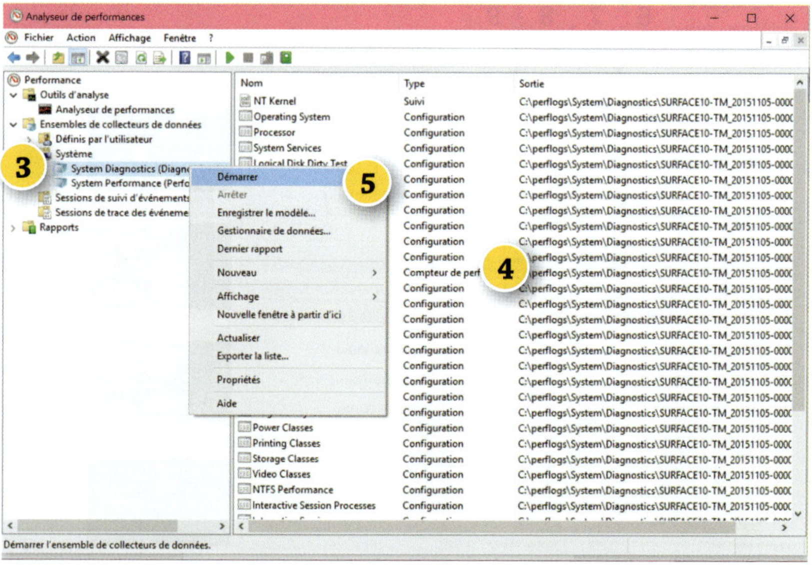

1 Dans le menu **Démarrer**, saisissez perfmon puis cliquez sur **Analyseur de performances**.

2 Cliquez sur **Analyseur de performances**.

3 Développez l'arborescence **Performance\Ensembles de collecteurs de données\Système\System Diagnostics (Diagnostics du système)**.

4 En double-cliquant sur **Performances Counters** dans le volet de droite, vous pouvez voir tous les compteurs des objets qui seront analysés pendant une minute.

5 Pour démarrer l'analyse, cliquez du bouton droit sur **Diagnostics Performance (Diagnostics du système)**, puis cliquez sur la commande **Démarrer**.

AFFICHER LES RAPPORTS Les rapports sont enregistrés au format .html dans le dossier C:\perflogs\System\ et des sous-dossiers en fonction du type d'analyse réalisée. Vous pouvez même les mettre dans un dossier compressé et les envoyer par courrier électronique à un autre utilisateur pour qu'il les analyse.

6 Patientez pendant une minute : ce temps est nécessaire pour établir des statistiques cohérentes sur la période d'analyse.

7 Une fois l'analyse réalisée, vous retrouvez le rapport dans l'arborescence **Fiabilité et performances\Rapports\Système\System Performance**, puis la date notée au format AAAAMMJJ suivie du numéro du rapport.

8 Dans la mesure du possible, corrigez les problèmes relevés pour amélirorer les performances. S'il s'agit du processeur : peu de choses peuvent être envisagées, par contre il n'est pas très onéreux et plôt simple d'ajouter de la mémoire vive (RAM), utiliser un disque dur plus performant (SSD) ou ajouter une carte vidéo plus performante si vous souhaitez jouer avec l'ordinateur.

Reproduire des problèmes

Lorsque vous rencontrez un problème, il peut être intéressant d'enregistrer la succession des étapes qui permettent de reproduire le problème. Vous pourrez enregistrer ces captures d'écrans accompagnées d'un descriptif des actions réalisées.

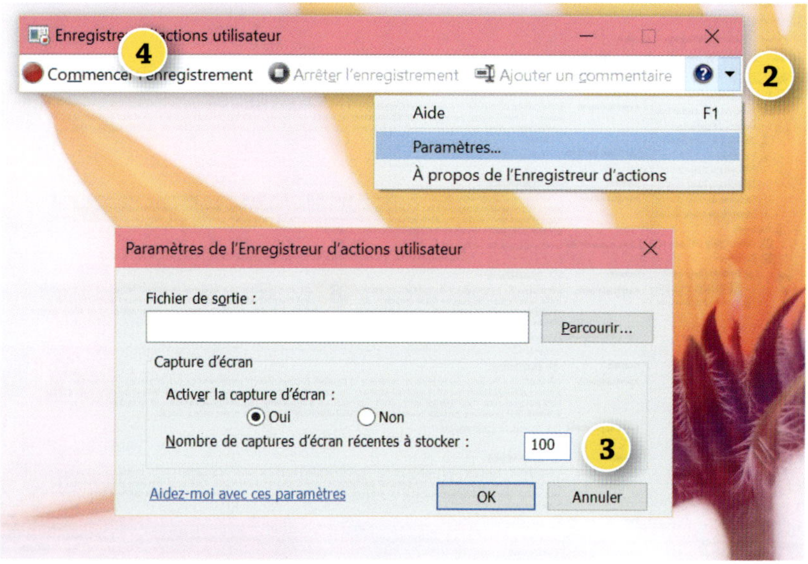

1 Dans le menu **Démarrer**, saisissez **enregistreur**, puis cliquez sur Enregistreur d'actions utilisateurs.

2 Cliquez sur la flèche à droite du bouton **Aide**, puis cliquez sur la commande **Paramètres**.

3 Modifiez le nombre de captures d'écran récentes à stocker pour définir la valeur à 100 (le maximum étant 999). Cela signifie que si vous réalisez 105 actions, les 5 premières captures d'écran ne seront pas conservées. Cliquez sur le bouton OK.

4 Cliquez sur le bouton **Commencer l'enregistrement**. À partir de ce moment, à chaque fois que vous cliquez avec la souris ou validez une entrée avec la touche **Entrée**, une capture d'écran est réalisée.

CONTRÔLE DE COMPTE D'UTILISATEUR **Si le contrôle de compte d'utilisateur (UAC) est activé (ce qui est fortement recommandé) et si vous souhaitez capturer des évènements qui nécessitent une élévation de privilèges, cliquez du bouton droit sur la vignette Enregistreur d'actions utilisateur, puis cliquez sur le bouton Exécuter comme administrateur. Enfin, confirmez l'augmentation de vos droits en cliquant sur le bouton Oui.**

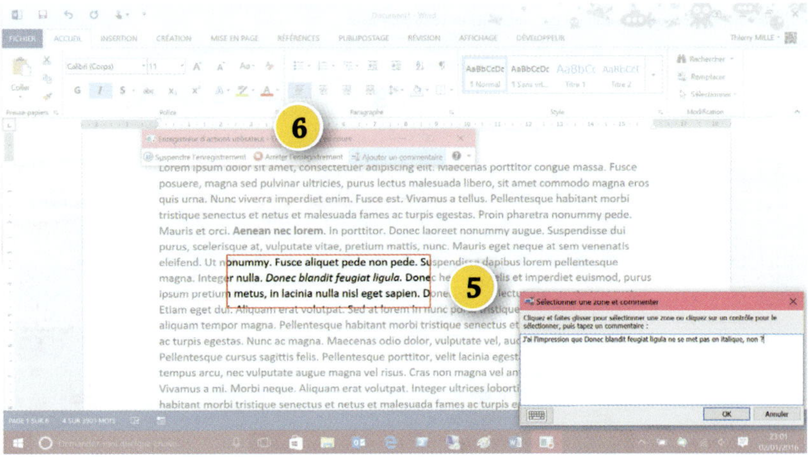

5 Éventuellement, vous pouvez encadrer une zone de l'écran puis saisir un commentaire en utilisant le bouton **Ajouter un commentaire**.

6 Une fois que le problème a été reproduit, cliquez sur le bouton **Arrêter l'enregistrement**.

7 Vous pouvez afficher toutes les étapes enregistrées, avec la zone activée par le clavier ou la souris encadrée en vert.

8 Cliquez sur le bouton **Enregistrer** pour conserver une copie des actions utilisateurs.

9 Dans la zone de texte **Nom du fichier**, saisissez directement le nom du problème. Puis cliquez sur le bouton **Enregistrer**.

Analyser l'historique de fiabilité

L'historique de fiabilité permet de recenser les évènements anormaux relevés par le système. Il peut s'agir par exemple d'arrêts soudains d'applications, d'erreurs matérielles ou même d'écrans bleus de la mort (BSOD).

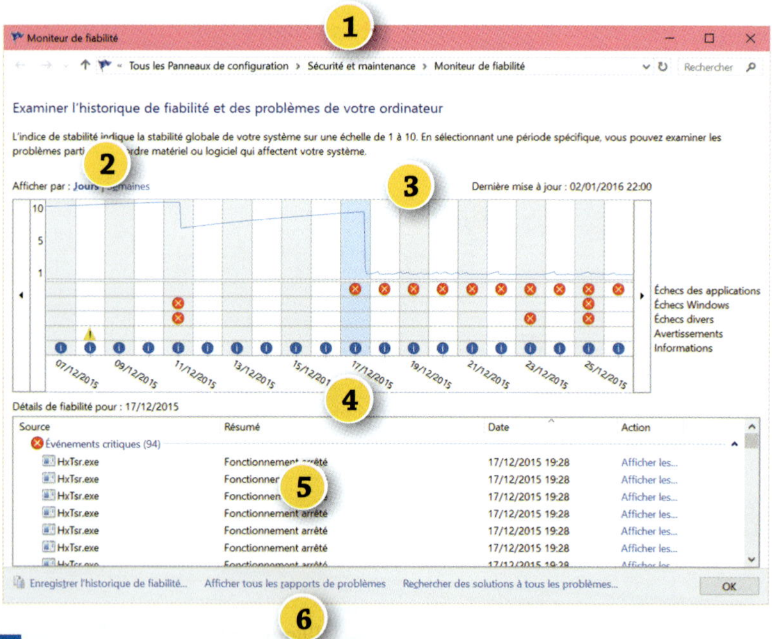

1 Dans le menu **Démarrer**, saisissez **fiabilité** puis cliquez sur **Afficher l'historique de fiabilité**.

2 Dans la fenêtre **Moniteur de fiabilité**, sélectionnez l'affichage par jour ou semaine puis sélectionnez une date.

3 Vous pouvez voir pour chaque jour les évènements qui concernent les installations/désinstallations de programmes, les défaillances d'applications y compris Windows, les défaillances matérielles.

4 Tentez de trouver la cause du problème rencontré : un système qui ne subit aucune modification reste dans un état stable. Essayez de trouver une corrélation entre l'installation d'une mise à jour, un changement de configuration ou l'installation d'un logiciel et la survenue du problème.

ÉCOLE DES FANS La note de départ est égale à 10. Si vous constatez qu'elle baisse de manière significative, voyez s'il n'existe pas une relation de cause à effet entre l'installation d'un nouveau logiciel ou pilote et la baisse de fiabilité de Windows 10. La mise à jour du logiciel ou sa désinstallation vous permettra alors d'améliorer la fiabilité de votre ordinateur et donc votre expérience en tant qu'utilisateur.

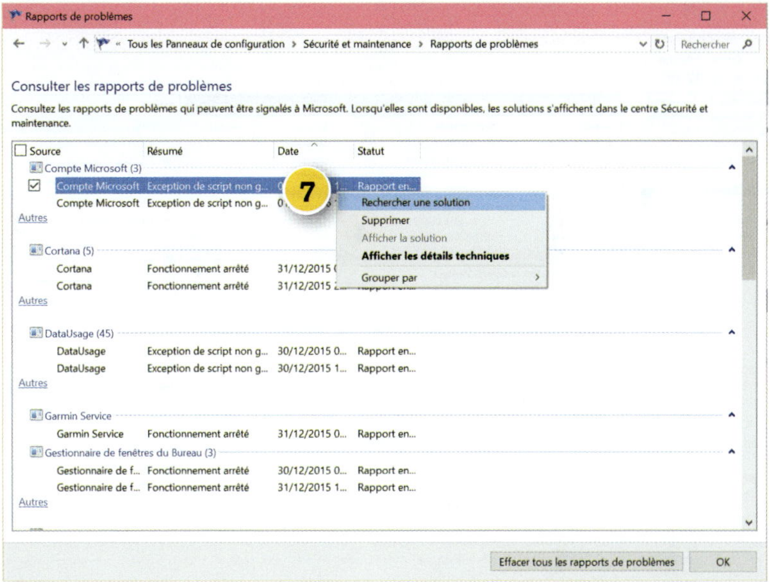

5 Si vous double cliquez sur un événement en particulier, vous pouvez retrouver le logiciel impacté ainsi que le message d'erreur.

6 A partir des informations relevées précédemment : recherchez une solution automatiquement en cliquant sur **Afficher tous les rapports aux problèmes**.

7 Puis cliquez du bouton droit sur le problème relevé et sur la commande **Rechercher une solution**. Lorsqu'une solution est disponible, elle s'affiche directement sur votre écran.

8 Si la recherche de solution automatique ne donne rien, utilisez un moteur de recherche comme Google.

9 Enfin, en l'absence de solution : désinstallez le logiciel s'il ne vous est pas indispensable.

Observer les événements

Les journaux d'évènements enregistrent en permanence ce qu'il se passe au niveau de l'ordinateur. Trois grands journaux loguent, c'est-à-dire enregistrent, les évènements au niveau du système, des applications et de la sécurité si l'audit est activé. Il existe également d'autres journaux, quasiment un par composant de Windows

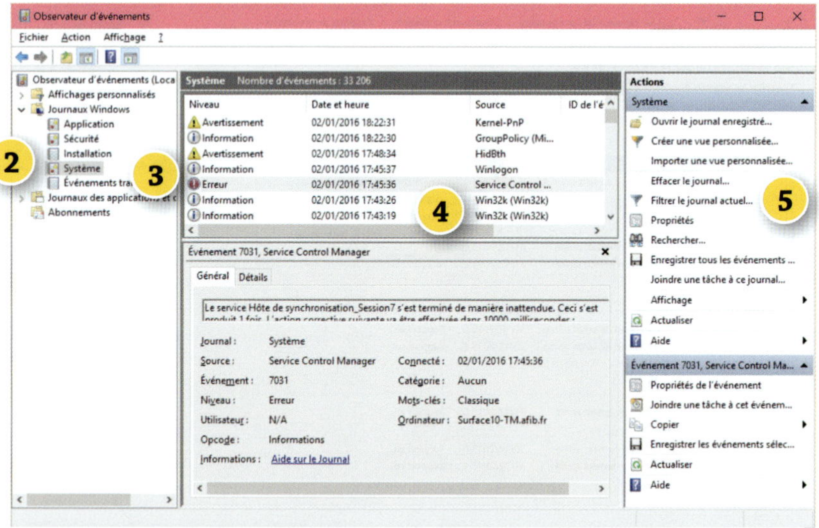

1 Cliquez du bouton droit sur le bouton **Démarrer** puis sur **Observateur d'événements**.

2 Développez **Journaux Windows** puis **Système**.

3 Vous pouvez observer trois types d'évènements : les informations en bleu, les avertissements en jaune et les erreurs en rouge.

4 Double-cliquez sur l'évènement qui vous intéresse pour en afficher les détails. Les points les plus importants à collecter pour entreprendre la recherche d'une solution sont le numéro de l'évènement, la source et les détails de l'évènement. Avec les deux premières informations, lancez une recherche depuis le site **www.eventid.net** pour trouver des pistes dans la résolution de l'erreur ou de l'avertissement.

RECHERCHE SUR LE WEB Avec l'identifiant de l'évènement et sa source, utilisez un moteur de recherche et la syntaxe suivante dans la zone de recherche de Google : site:microsoft.com ID source. Par exemple, pour l'évènement 36888 provenant de la source SChannel, saisissez site:microsoft.com 36888 SChannel.

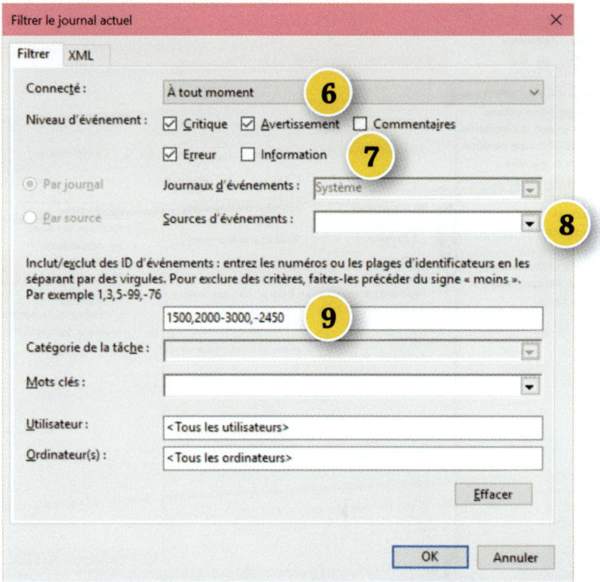

Pour filtrer un journal :

5 Cliquez dans le volet **Actions** sur le lien **Filtrer le journal actuel**.

6 Dans la liste **Connecté**, vous pouvez filtrer sur une plage de temps soit prédéfinie, soit personnalisée, par exemple entre deux dates/heures.

7 Sélectionnez les niveaux d'évènements qui doivent apparaître.

8 Filtrez en cochant les sources qui doivent apparaître. Si aucune n'est cochée, elles sont alors toutes sélectionnées.

9 Indiquez les numéros d'événements qui doivent être affichés. Par exemple, si vous souhaitez tous les évènements 1500 et entre 2000 et 3000 sauf le 2450, saisissez : **1500,2000-3000,-2450**.

Observer les événements

L'intérêt de créer des filtres est de pouvoir obtenir les événements les plus pertinents par rapport à une problématique donnée. Par contre, ces filtres sont à refaire à chaque démarrage de l'observateur d'événements. Pour conserver un affichage, il faut créer une vue personnalisée.

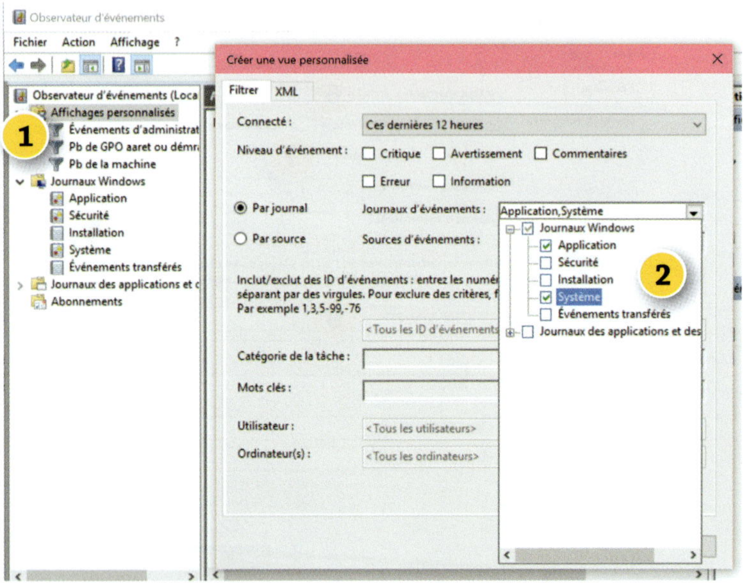

1 Depuis l'observateur d'événements, cliquez du bouton droit sur **Affichage personnalisé** dans le volet de gauche, puis cliquez sur la commande **Créer une vue personnalisée**.

2 Sélectionnez vos critères de filtrage comme pour les filtres d'affichage sur un journal d'événements. L'intérêt majeur étant de pouvoir choisir plusieurs journaux simultanément, sélectionnez par exemple les journaux application et système.

3 Une fois vos critères de filtrage définis, cliquez sur le bouton OK.

4 Nommez la vue dans la zone de texte **Nom**. Éventuellement, vous pouvez saisir une description et organiser vos vues dans des dossiers d'affichage personnalisés.

JOURNAUX UTILES En plus de système, application et sécurité, d'autres journaux enregistrent des événements utiles dans le diagnostic du fonctionnement des composants de Windows. Dans la partie Journaux des applications et des services, puis Microsoft et enfin Windows. Par exemple, le journal Diagnostics-Performance\Opérationnel vous renseigne sur les sources de ralentissement dès le démarrage du système.

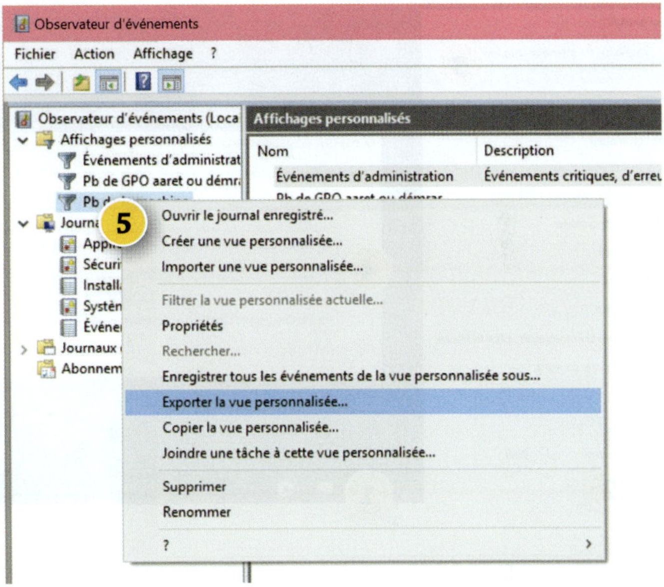

Vous pouvez exporter une vue :

5 Cliquez du bouton droit sur la vue à exporter, puis cliquez sur **Exporter la vue personnalisée**.

6 Sélectionnez le dossier de destination, puis saisissez un nom pour votre vue.

7 Cliquez sur le bouton **Enregistrer**.

Pour importer une vue préalablement exportée au format .xml :

8 Cliquez du bouton droit sur **Affichage personnalisé**, puis cliquez sur **Importer une vue personnalisée**.

9 Sélectionnez le dossier qui contient le fichier .xml, puis sélectionnez le fichier.

10 Cliquez sur le bouton **Ouvrir**.

Diagnostiquer sa mémoire vive

La mémoire vive est l'espace de stockage qui permet de charger Windows ainsi que les applications et vos données pour y accéder extrêmement rapidement. Si une adresse de la mémoire est défectueuse et que Windows l'utilise : cela peut entraîner un écran bleu de la mort (BSOD). En cas de doute, testez la mémoire vive.

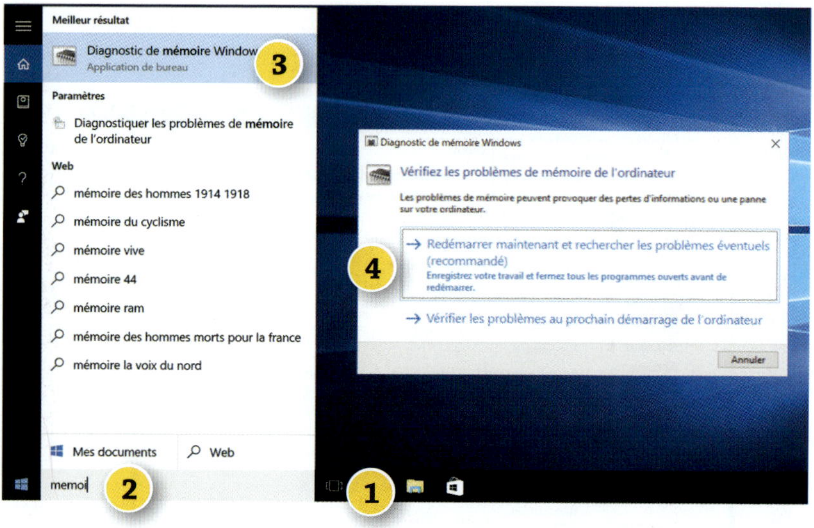

1 Quittez toutes les applications démarrées.

2 Dans le menu **Démarrer**, saisissez mémoire.

3 Cliquez sur **Diagnostic de mémoire Windows**.

4 Cliquez sur le bouton **Redémarrer maintenant et rechercher les problèmes éventuels (recommandé)**.

5 Patientez pendant que l'ordinateur redémarre en mode diagnostic.

BSOD Même si depuis Windows 8, Microsoft a ajouté un smiley :(lorsque l'ordinateur rencontre un écran bleu de la mort (Blue Screen Of Death), les BSOD ne sont pas sympathiques. Généralement, ils sont liés à un problème matériel (physique ou pilote) ou un composant du système. En cas de BSOD, relevez le code STOP ainsi que le message et les 4 valeurs hexadécimales pour démarrer une recherche avec Google.

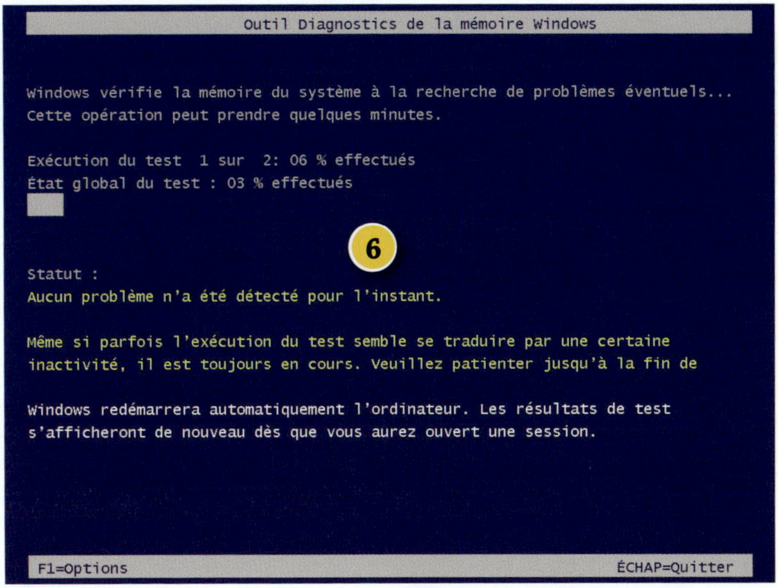

6 Après le redémarrage de l'ordinateur, des tests sont réalisés : une information est inscrite dans la mémoire vive de l'ordinateur .

7 Un peu plus tard, le programme de diagnostic vérifie si l'information est toujours stockée en mémoire vive.

8 Une fois les tests terminés l'ordinateur redémarre automatiquement et vous affiche le résultat dans votre session utilisateur.

9 Si des erreurs sont détectées : vous devrez déterminer quelle barrette pose problème.

Si l'ordinateur est sous garantie, faites procéder au changement du module de mémoire vive défectueux. Sinon, vous pouvez généralement le remplacer à peu de frais.

Utiliser le Centre Réseau et partage et modifier un profil

Depuis le Centre Réseau et partage, vous pouvez visualiser toutes les connexions réseau établies (filaires, sans fil et accès distant par numérotation, VPN ou 3G) et éventuellement en modifier leurs propriétés.

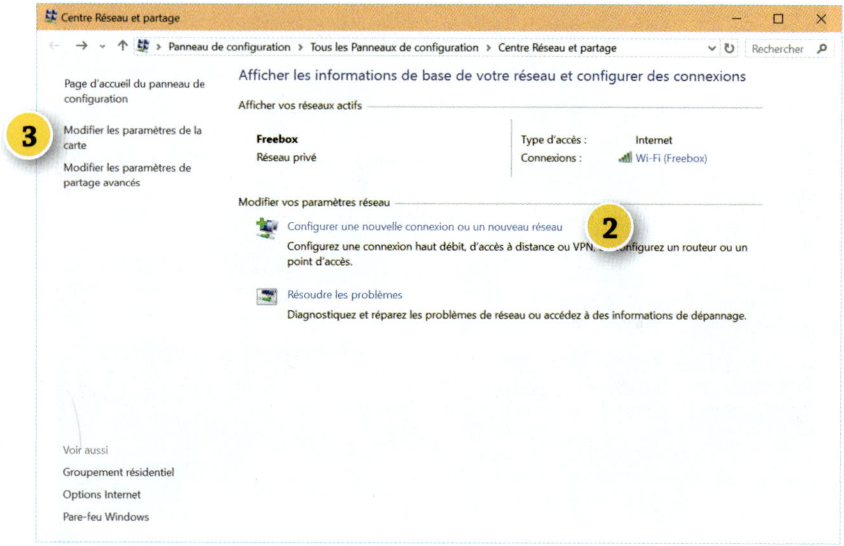

1 Cliquez du bouton droit sur l'icône du réseau dans la zone de notification, puis cliquez sur la commande **Ouvrir le Centre Réseau et partage.**

2 Si vous devez configurer une nouvelle connexion VPN (réseau privé virtuel) ou un réseau sans fil dont le SSID n'est pas visible, cliquez sur le lien **Configurer une nouvelle connexion ou un nouveau réseau** depuis le Centre Réseau et partage.

3 Pour afficher, modifier ou supprimer toutes les connexions réseaux définies dans l'ordinateur, cliquez sur le lien **Modifier les paramètres de la carte**. Vous voyez alors apparaître toutes les connexions réseau Wifi, Ethernet, 3G, VPN, xDSL ou par numérotation via un modem.

PROFIL RÉSEAU Il n'est plus possible de modifier graphiquement le type de réseau, à savoir le réseau Domaine, Privé ou Public, cette configuration influant directement sur le fonctionnement du pare-feu et de fonctionnalités telles que les groupes résidentiels. Le type de réseau est défini automatiquement pour les ordinateurs membres d'un domaine, en groupe de travail : vous allez utiliser PowerShell.

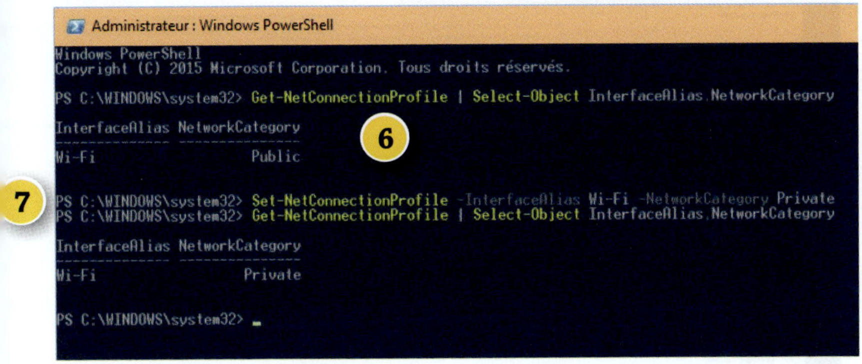

4 Saisissez powershell dans le menu **Démarrer**, puis cliquez du bouton droit sur **Windows PowerShell**.

5 Cliquez sur le bouton **Exécuter en tant qu'administrateur**, puis confirmez l'augmentation de vos privilèges en cliquant sur **Oui**.

6 Pour voir le type de réseau, utilisez l'applet de commandes **Get-NetConnectionProfile | Select InterfaceAlias,NetworkCategory**

7 Pour modifier le type de réseau, utilisez l'applet de commandes **Set-NetConnectionProfile -InterfaceAlias "Wi-Fi" -NetworkCategory Private**, les trois possibilités pour le paramètre NetworkCategory étant DomainAuthenticated, Private et Public.

Créer un groupe résidentiel

Un groupe résidentiel permet de partager des fichiers, des imprimantes ou des contenus multimédias en toute simplicité. Il est compatible avec les ordinateurs Windows 7 et 8. Si votre ordinateur est membre d'un domaine AD, vous ne pouvez pas créer de groupe résidentiel, par contre vous pouvez en rejoindre un.

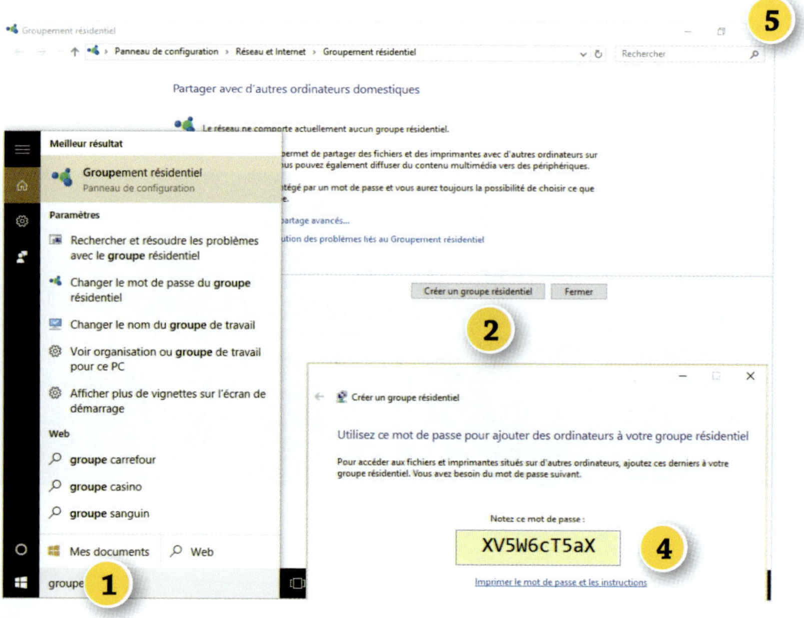

1 Dans le menu **Démarrer**, saisissez **groupement résidentiel**, puis cliquez sur **Groupement résidentiel**.

2 Cliquez sur **Créer un groupe résidentiel**, puis patientez quelques secondes pendant la création du groupe résidentiel.

3 Sélectionnez les types de contenus que vous souhaitez partager avec d'autres utilisateurs, indiquez également si des périphériques peuvent accéder aux fichiers multimédias, puis cliquez sur **Suivant**.

4 Notez le mot de passe en tenant compte de la casse, c'est-à-dire la différence entre majuscules et minuscules, puis cliquez sur **Terminer**.

5 Fermez la fenêtre sur le premier ordinateur et passez sur un autre qui doit rejoindre le groupe résidentiel.

SANS GROUPE RÉSIDENTIEL Si vous disposez de bonnes connaissances en réseau, vous pouvez vous passer des groupes résidentiels et continuer à utiliser le partage de fichiers traditionnel. Vous pourrez ensuite accéder aux partages grâce à un chemin UNC (Universal Naming Convention) pour accéder aux dossiers de l'ordinateur distant. Un chemin UNC utilise la syntaxe \\nomduserveur\nomdupartage.

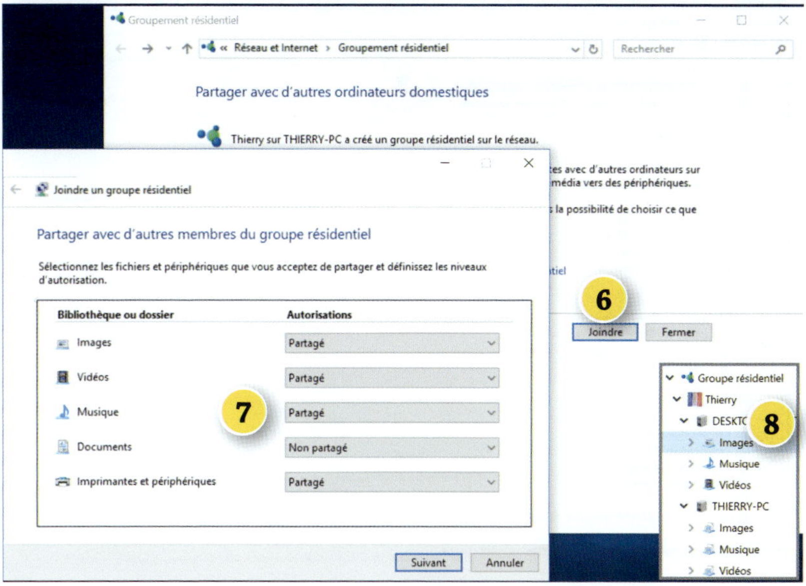

6 Sur un autre ordinateur depuis la fenêtre **Groupement résidentiel**, cliquez sur le bouton **Joindre** si un réseau de type groupe résidentiel a été identifié puis suivez l'assistant.

7 Indiquez quels types de fichiers vous souhaitez partager au sein du groupe résidentiel, puis cliquez sur le bouton **Suivant**.

8 Lorsque vous avez rejoint le groupe, vous retrouvez alors les ordinateurs membres du groupe résidentiel ainsi que les dossiers partagés depuis l'Explorateur Windows.

Gérer les périphériques

Avec le Gestionnaire des périphériques, vous disposez d'une interface qui permet de voir les différents composants matériels de l'ordinateur et leur fonctionnement. C'est depuis cette console que vous pouvez mettre à jour les pilotes.

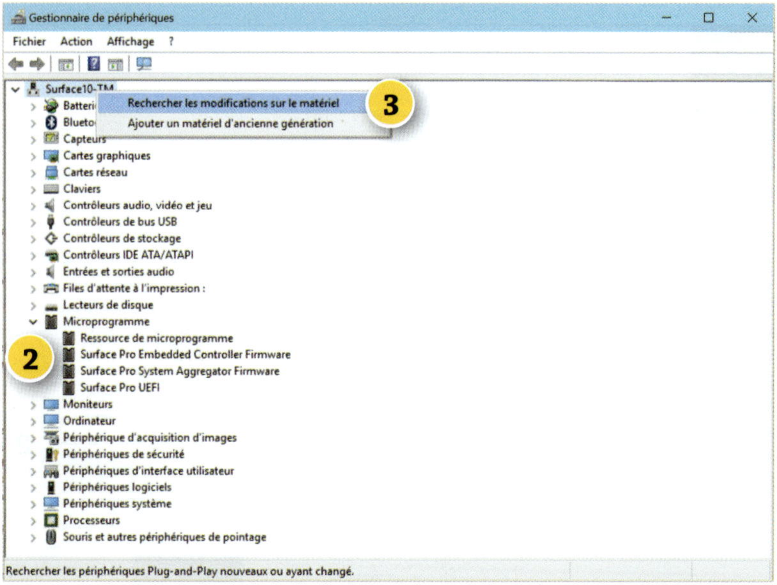

1 Cliquez du bouton droit sur le bouton **Démarrer** (**Windows** + **X**) puis cliquez sur la commande **Gestionnaire de périphériques**.

2 Si des périphériques sont en erreur, vous les voyez apparaître soit en haut de la console soit avec un pont d'exclamation.

3 Si le périphérique a déjà fonctionné, désinstallez le pilote en cliquant du droit sur le périphérique puis en choisissant la commande **Désinstaller**. Une fois la désinstallation réalisée : cliquez du bouton droit sur le nom de l'ordinateur puis cliquez sur **Rechercher les modifications sur le matériel**.

4 Si le pilote n'est pas installé : double cliquez sur le périphérique non reconnu.

32 OU 64 BITS Lorsque vous installez ou mettez à jour un pilote pour un périphérique, vous devez choisir la version 32 ou 64 bits. Pour connaitre la version de Windows installée, cliquez du bouton droit sur le bouton Démarrer puis cliquez sur Système (Windows + Pause). Regardez la ligne Type du système. Généralement les systèmes récents sont en 64 bits, quoiqu'il en soit si vous vous trompez de pilote : il ne s'installera pas.

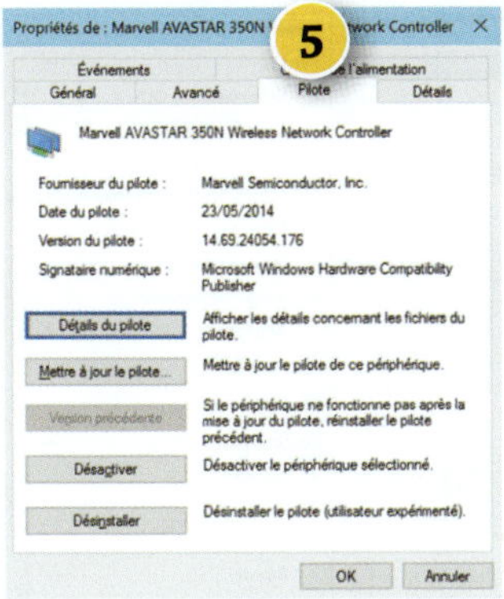

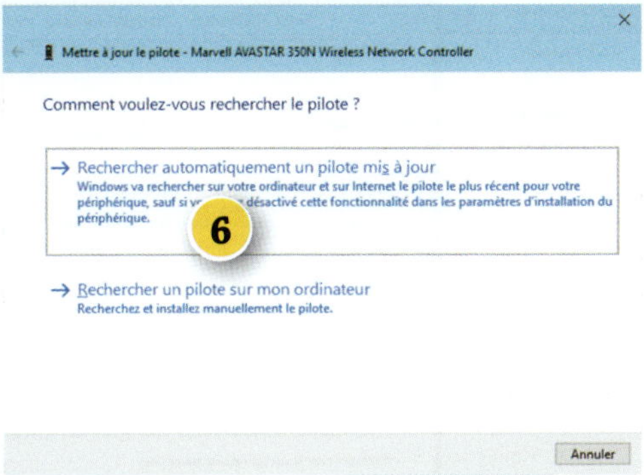

5 Sous l'onglet **Pilote**, cliquez sur **Mettre à jour le pilote**. Si le pilote est déjà installé et que le matériel fonctionne déjà correctement : ne mettez pas à jour le pilote : le mieux est l'ennemi du bien dans ce domaine.

6 Lancez une recherche automatique du pilote.

7 Si le pilote ne peut être installé automatiquement par les services Microsoft Update : rendez vous sur le site du constructeur du matériel pour télécharger puis installer le pilote du périphérique. Ne téléchargez jamais un pilote depuis un site qui vous paraît suspect : de nombreux logiciels sont ainsi installés à l'insu des utilisateurs.

Utilisez le site **www.ma-config.com** en cas besoin : il est capable de détecter quels sont les pilotes nécessaires puis vous aider à les télécharger.

Planifier des tâches

Le Planificateur de tâches permet de faire exécuter des programmes, des scripts ou des actions lorsque certaines conditions sont remplies. Ces conditions sont appelées des déclencheurs.

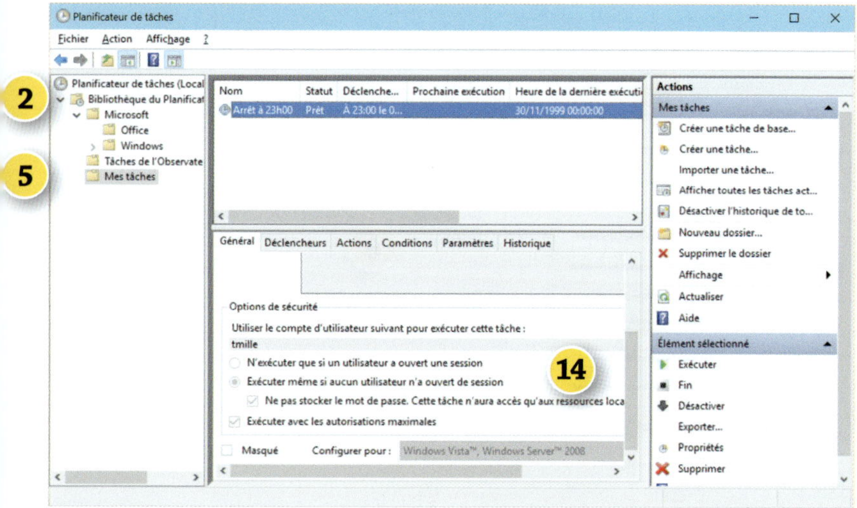

1 Dans le menu **Démarrer**, saisissez **planificateur de tâches** puis cliquez sur **Planificateur de tâches**.

2 Développez **Bibliothèque du Planificateur de tâches**. Vous voyez alors les dossiers regroupant les tâches par éditeur. Généralement, il n'existe qu'un dossier Microsoft.

3 Par exemple, si vous développez Windows, puis Defrag, vous pouvez voir qu'une défragmentation peut être réalisée.

Avant de créer une nouvelle tâche créez un dossier de tâches :

4 Cliquez du bouton droit sur **Bibliothèque du Planificateur de tâches**, cliquez sur **Nouveau dossier**.

5 Saisissez le nom du dossier, par exemple **Mes tâches**, puis validez.

JOINDRE UNE TACHE A UN ÉVÉNEMENT **Si vous souhaitez déclencher une tâche lorsqu'un événement particulier est rencontré dans l'un des journaux : cliquez du bouton droit sur l'évènement puis choisissez la commande Joindre une tâche à cet évènement. Vous pourrez alors démarrer un script ou un programme qui réalisera des actions comme par exemple l'envoi d'un courrier électronique.**

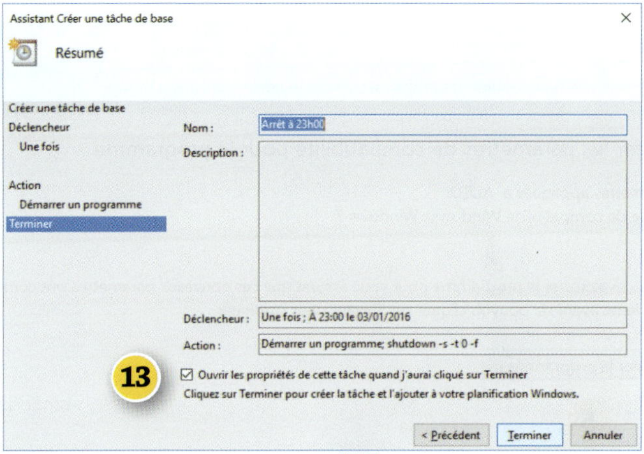

Pour créer une tâche qui arrête votre ordinateur à 23h00 :

6 Dans le dossier **Mes tâches,** cliquez du bouton droit puis cliquez sur **Créer une tâche de base**.

7 Dans **Nom**, tapez **Arrêt à 23h00**.

8 Choisissez **Une seule fois**.

9 Choisissez à quelle date et quelle heure la tâche sera exécutée : dans le calendrier cliquez sur **Aujourd'hui**. Indiquez **23:00:00** comme heure.

10 Choisissez **Démarrer un programme** puis cliquez sur **Suivant**.

11 Saisissez **shutdown** dans la zone de texte programme

12 Saisissez **-s -t 0 -f** pour forcer l'arrêt immédiat comme argument puis cliquez sur **Suivant**.

13 Cochez **Ouvrir les propriétés de cette tâche [...]**. Cliquez sur **Terminer**.

14 Sélectionnez les options **Exécuter même si un utilisateur n'est pas connecté, n'enregistrez pas le mot de passe et exécutez avec les autorisations maximales**.

Rendre compatibles des applications

Si un programme refuse de démarrer sous Windows 8.1 alors qu'il fonctionnait bien avec l'ancienne version de Windows, vous pouvez tester les modes de compatibilité.

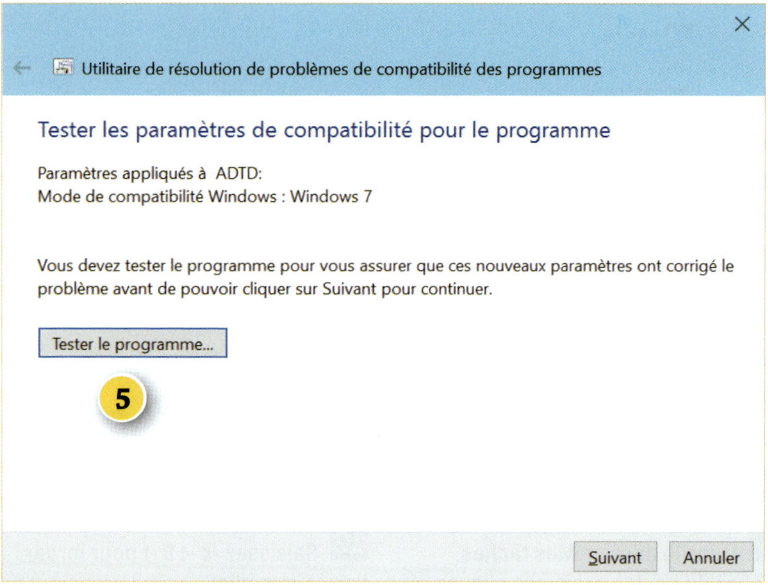

1 Depuis le menu **Démarrer**, cliquez du bouton droit sur l'application qui ne démarre pas ou fonctionne mal, puis cliquez sur **Emplacement du fichier**.

2 Depuis l'Explorateur Windows, cliquez du bouton droit sur l'application ou sur son raccourci (la mise en œuvre d'un mode de compatibilité affectera au final l'exécutable), puis cliquez sur **Propriétés**.

3 Sous l'onglet **Compatibilité**, démarrez l'assistant en cliquant sur le bouton **Lancer la résolution des problèmes de compatibilité**.

4 Cliquez sur le bouton E**ssayer les paramètres recommandés** depuis l'Utilitaire de résolution des problèmes de compatibilité des programmes.

SYSTÈMES 64 BITS ET APPLICATIONS 16 BITS Si votre système d'exploitation est 64 bits [visible depuis les propriétés du système (Windows+Pause)], vous ne pouvez exécuter d'applications contenant du code 16 bits. Pour savoir si une application a été compilée en 16 bits : lorsqu'elle s'exécute sur un ancien système comme Windows XP, vous pouvez observer un processus nommé ntvdm.exe qui encapsule votre application 16 bits.

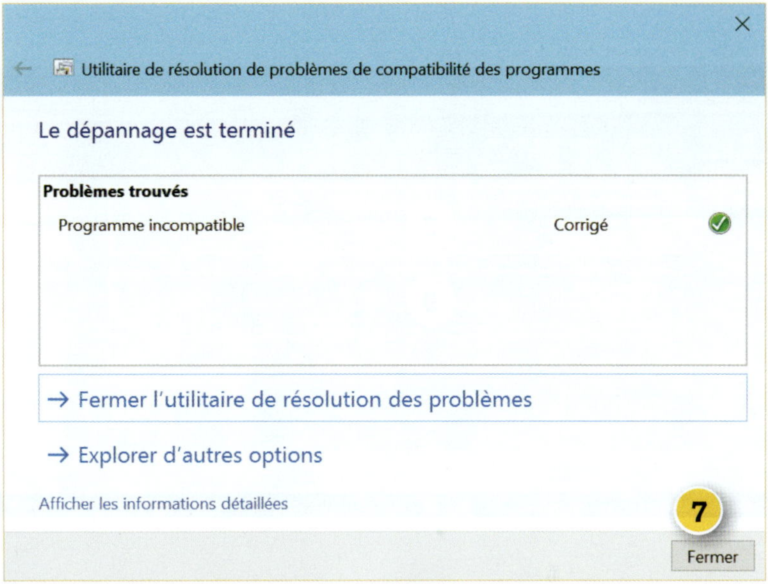

5 Un mode de compatibilité est automatiquement appliqué. Cliquez sur **Tester le programme** pour vérifier qu'il fonctionne dans ce mode de compatibilité.

6 Quittez le programme, puis cliquez sur **Suivant**. En fonction de l'exécution correcte ou non du programme dans le premier mode de compatibilité proposé, indiquez si le problème est résolu.

7 Si vous avez trouvé le bon mode de compatibilité, cliquez sur **Oui, enregistrer ces paramètres pour le programme** puis sur **Fermer**. Si aucune solution n'a été trouvée, vous pouvez cliquer sur **Explorer d'autres options** pour être aidé par d'autres utilisateurs. Vous pouvez aussi télécharger l'Application Compatibility Toolkit disponible dans le WADK à l'addresse http://go.microsoft.com/fwlink/p/?LinkId=526740 si vous êtes un utilisateur d'un niveau avancé.

Actualiser ou réinstaller Windows

Si votre ordinateur donne des signes de ralentissements depuis quelques jours et notamment suite à l'installation de logiciels, vous pouvez utiliser l'actualisation du PC pour conserver vos fichiers. Les paramètres de Windows sont reconfigurés à leur valeur par défaut. Les applications du Store sont désinstallées.

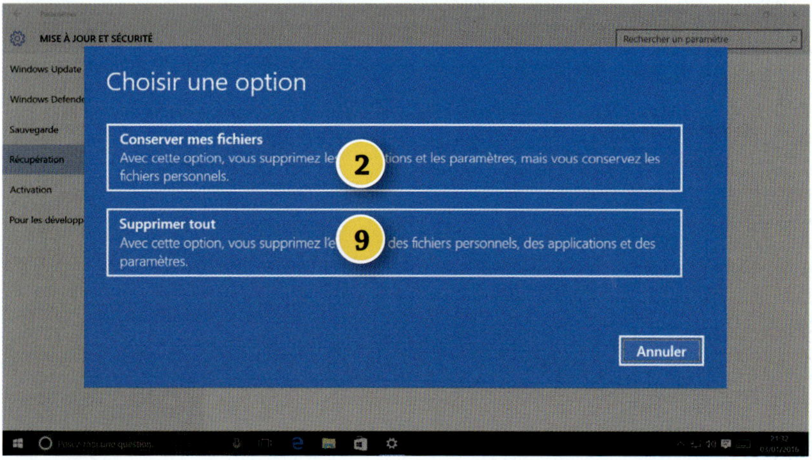

1 Dans le menu **Démarer**, saisissez réinitialiser ce PC puis cliquez sur **Réinitialiser ce PC**.

2 Dans la rubrique Réinitialiser ce PC, cliquez sur **Commencer**.

3 Cliquez sur **Conserver mes fichiers**.

4 La liste des applications incompatibles qui devront être réinstallées apparaît à l'écran. Elles seront également présentes dans un fichier nommé **Applications supprimées** et placé sur le Bureau de l'utilisateur qui initie l'actualisation de l'ordinateur. Cliquez sur **Suivant**.

5 Cliquez sur le bouton **Réinitialiser**.

6 Patientez pendant le redémarrage de l'ordinateur.